U0819263

中共中央党校（国家行政学院）
马克思主义理论研究丛书

新时代中国基层协商的理论与实践

THEORY AND PRACTICE OF GRASSROOTS CONSULTATION IN CHINA IN THE NEW ERA

刘文郡◎著

社会科学文献出版社
SOCIAL SCIENCES ACADEMIC PRESS (CHINA)

中共中央党校（国家行政学院）
马克思主义理论研究丛书
编委会

主　编　牛先锋

副主编　陈曙光　王中汝　李海青　王虎学
　　　　　薛伟江

成　员　（按姓氏笔画排序）：
　　　　　王　巍　王海燕　刘莹珠　邱耕田
　　　　　辛　鸣　张　严　张占斌　赵　培
　　　　　唐爱军　黄　锟　崔丽华　蒋　茜
　　　　　韩庆祥　魏静茹

丛书前言

党的二十大报告指出："马克思主义是我们立党立国、兴党兴国的根本指导思想。中国共产党为什么能，中国特色社会主义为什么好，归根到底是马克思主义行，是中国化时代化的马克思主义行。"马克思主义科学理论指导是我们党鲜明的政治品格和强大的政治优势。任何时候，我们都不能淡化这个政治品格，都不能丢掉这个政治优势；任何时候，我们都要彰显这个鲜明的政治品格，都要发挥这个强大的政治优势。

中共中央党校（国家行政学院）是党中央培训全国高中级领导干部和优秀中青年干部的学校，是研究宣传习近平新时代中国特色社会主义思想、推进党的思想理论建设的重要阵地，是党和国家哲学社会科学研究机构和中国特色新型高端智库，是党中央直属事业单位。在习近平总书记的亲切关怀下，全体教职工在校（院）委领导下正致力于将中共中央党校（国家行政学院）"建设成为党内外公认的、具有相当国际影响力的中国共产党名副其实的最高学府，建设成为在党的思想理论建设特别是研究宣传习近平新时代中国特色社会主义思想上不断开拓创新、走在前列的思想理论高地，建设成为英才荟萃、名师辈出、'马'字号和'党'字号学科乃至其他一些学科的学术水准在全国明显处于领先地位的社科学术殿堂，建设成为对党和国家重大问题研究和决策提供高质量咨询参考作用的国家知名高端智库"。

中共中央党校（国家行政学院）马克思主义学院是党中央批准成立的。2015 年 12 月 11 日，习近平总书记在全国党校工作会议上强调："中央批准中央党校成立马克思主义学院，就是坚持党校姓'马'姓'共'之举。"习近平总书记的重要讲话和中共中央党校（国家行政学院）"四个建成"目标的提出，为我们建设好马克思主义学院指明了方向。

为了展示中共中央党校（国家行政学院）马克思主义学院政治过硬、理论自觉、本领高强、作风优良、建功立业党校人的学术风范和最新研究成果，学好用好习近平新时代中国特色社会主义思想，推动中共中央党校（国家行政学院）马克思主义学院建成一流的马克思主义教学基地、一流的马克思主义研究高地、一流的马克思主义思想阵地，努力在国内乃至国际上产生重要的政治影响力、学术影响力和社会影响力，我们编辑出版了"中共中央党校（国家行政学院）马克思主义理论研究丛书"。

第一批丛书献礼新中国成立 70 周年，共出版 11 册，包括《探求中国道路密码》《对外开放与中国经济发展》《国家治理现代化的唯物史观基础》《中国道路的哲学自觉》《历史唯物主义的"名"与"实"》《马克思主义中国化的理论逻辑》《发展：在人与自然之间》《马克思主义基本原理若干问题研究》《马克思人学的存在论阐释》《新时代中国特色新型城镇化道路》《比较视野下的中国道路》，社会科学文献出版社 2019 年出版。该批丛书被中共中央宣传部推荐参加了庆祝新中国成立 70 周年大型成就展。

第二批丛书共 12 册，包括《马克思主义经典著作与当代中国》《马克思主义政治经济学与当代中国经济发展》《马克思早期思想文本分析：批判中的理论建构》《出场语境中的马克思话语》《当代资本主义新变化：金融化、积累危机与社会主义的未来》《当代马克思主义若干问题研究》《中国道路与中国话语》《历史唯物主义的返本开新》《新时代中国乡村振兴问题研究》《被遮蔽的马克思精神哲学》《论现代性与现代化》《青年马克思与施泰因：社会概念的比较研究》，社会科学文献出版社 2020~2021 年出版。

第三批丛书共 6 册，包括《异化劳动与劳动过程：理论、历史与现实》《政党治理的逻辑：中国共产党治党理论与实践研究》《身份政治的历史演进研究：以社会批判理论为视角》《西方马克思主义文化批判理论研究》《马克思利润率趋向下降规律研究》《马克思恩格斯对黑格尔历史观的批判与超越》，社会科学文献出版社 2022~2024 年出版。

现在继续组织出版的第四批丛书共 6 册，包括《构建与超越：中国式现代化道路研究》《新时代中国基层协商的理论与实践》《马克思所有权理论研究》《历史唯物主义视域中的“精神”研究》《防范金融风险与稳定经济增长——以宏观调控为视角》《阿尔都塞的哲学思想研究》。

社会科学文献出版社社长冀祥德、该社马克思主义分社社长曹义恒及各本书的编辑为丛书出版作出了重要贡献，在此一并感谢。由于水平有限，丛书不足之处在所难免，请读者批评指正。

丛书编委会

2024 年 12 月 19 日

目　录

第一部分　理论篇

第二部分　实践篇

第三部分　发展篇

附　录

第一部分

理论篇

第一章　中国特色基层协商的理论渊源

当代中国的社会主义协商民主实践及其蓬勃发展，是在党的十八大以来的一系列治国理政新理念新思想新战略指导下得以实现的。党的十八大以来，以习近平同志为核心的党中央以前所未有的勇气和定力，全面推进社会主义协商民主的实践创新、理论创新、制度创新，创造了“社会主义协商民主”这一独特的民主形式及其理论体系，进一步坚定了中国特色社会主义的道路自信、理论自信、制度自信、文化自信。必须开宗明义强调的是，虽然协商民主不仅存在于中国，但社会主义协商民主是中国所独创独有的。西方协商民主种种理论①，抛开其存在的局限和缺陷不论，既不符合中国国情，也远远落后于推进中国式现代化建设的步伐，因此不可能应用于指导中国特色社会主义协商民主的实践发展。而作为习近平新时代中国特色社会主义思想的组成部分，社会主义协商民主理论开辟了新境界、提供了新方案、指明了新方向，是指引我国在新征程上把党领导下的社会主义协商民主实践不断推向前进的根本遵循和行动指南。基层协商是社会主义协商民主中最为广泛、最有活力、最接地气的实践形式，具有广阔发展空间和深厚群众基础。把准中国特色基层协商的基本含义、特色意蕴、文化内涵和时代价值，对于大力推进基层协商民主的实践创新、打造新时代共建共治共享的社会治

① 本书不涉及西方民主理论知识的介绍和评述，理论研究和阐释以党的十八大以来党的民主政治理论创新成果为统领。

理新格局、实现国家治理体系和治理能力现代化，有着理论和现实的双重意义。

第一节 社会主义协商民主理论概要

一 概念提出和发展脉络

党的十八大报告首次提出“社会主义协商民主是我国人民民主的重要形式”① 的重要论断，并系统论述了“健全社会主义协商民主制度”，科学地解释了社会主义协商民主的本质属性。这一概念的确立，是党的十八大的重要历史贡献，对于我国加强社会主义协商民主建设、发展全过程人民民主和始终不渝地走中国特色社会主义政治发展道路，具有里程碑意义。

（一）社会主义协商民主概念的提出背景

2015 年 2 月，中共中央印发《关于加强社会主义协商民主建设的意见》② （中发〔2015〕3 号），着眼于发展社会主义民主政治、建设社会主义政治文明与推进国家治理体系和治理能力现代化，就加强社会主义协商民主建设作出了总体部署和顶层设计。其中，以“四个面对”和“四个新”阐明了协商民主提出的时代背景，蕴含着深刻的含义和深远的战略考量，具有鲜明的问题导向性。这有利于深化对社会主义协商民主的认识和理解，增强新时代推进社会主义协商民主发展的自觉性。

1. 面对改革开放进程中利益格局深刻调整的新形势

党的十八大报告明确指出，“必须以更大的政治勇气和智慧，不失时机深化重要领域改革”③。我国正在进行的全方位改革是一场重塑利益格局的深刻变革，是社会主义制度的自我完善和发展，涉及重

---

① 《十八大以来重要文献选编》上，中央文献出版社，2014，第 21 页。

② 《中共中央印发〈关于加强社会主义协商民主建设的意见〉》，《人民日报》2015 年 2 月 10 日。

③ 《十八大以来重要文献选编》上，中央文献出版社，2014，第 14 页。

大利益关系调整和各方面体制机制完善，必然要求进行利益调整、体制变革和观念更新。围绕党的十八大以来党中央统筹推进“五位一体”总体布局、协调推进“四个全面”战略布局①的具体实践，完成好改革发展稳定既定的各项任务，就需要从加强基层民主政治建设、推进基层治理体系和治理能力现代化的高度，运用协商民主平衡、调整社会利益，及时真实回应群众愿望诉求，更好地引导群众理解改革、支持改革、参与改革、推进改革，在协商中达成共识、在协商中完善决策、在协商中形成合力，为全面深化改革营造良好社会环境。

2. 面对社会新旧矛盾相互交织的新变化

进入21世纪以来，我国人民群众非物质需要、高层次需要、综合性需要和个性化需要更加突出，社会新旧矛盾随之交织叠加，有些甚至还很突出。社会主要矛盾的新变化，对党和国家工作提出了许多新要求，包括民主政治等各方面都要适应这种新变化和新要求。在这样的新形势下，发展更加广泛、更加充分、更加健全的人民民主，既需要选举民主，也需要协商民主，而且依靠协商民主化解社会矛盾的办法更加有力有效。健全协商民主制度、丰富协商民主形式，使不同阶层、不同群体都能自由平等地参与国家管理和公共生活，就经济社会发展重大问题和涉及群众切身利益的实际问题依法有序开展协商，寻求最大公约数、凝聚最大共识、化解矛盾冲突，推动社会治理向深耕善转型，促进社会和谐稳定。

3. 面对市场经济条件下思想观念多元多样的新情况

伴随着40多年来一以贯之的改革开放，人们的价值取向、思想观念、行为方式、社会风尚等诸多方面都发生了深刻变化。在市场经济的大潮中，各种思想文化相互激荡，人们思想活动的独立性、选择性、多变性、差异性明显增强，价值取向日益多样化，通过协商民主引导社会舆论的工作格外重要。② 面对新的社会条件，社会主

---

① “五位一体”总体布局是指经济建设、政治建设、文化建设、社会建设、生态文明建设；“四个全面”战略布局涵盖全面建成小康社会（2020年更新为“全面建设社会主义现代化国家”）、全面深化改革、全面依法治国和全面从严治党。

② 张峰等：《推进协商民主广泛多层制度化发展研究》，人民出版社，2021，第126页。

义协商民主的提出及其制度的健全，为合理引导多元化社会思想提供了全新思路和科学路径：依托这一有效参与形式，用中国特色协商民主价值认同、制度认同引领社会思潮，才能在尊重差异、包容多样的基础上，尽可能寻求全社会的思想共识、整合全社会的价值取向，汇集人民智慧、激发人民创造性，把不同阶层、不同群体的意志与力量凝聚和统一起来。

4. 面对世界范围内不同政治发展道路竞争博弈的新挑战

随着国际战略格局和国际政治斗争加速演变，有效应对来自西方国家的意识形态渗透，在政治发展道路竞争博弈中把握主动权，已成为社会主义中国面临的严峻挑战之一。加强社会主义协商民主建设，是应对世界百年未有之大变局的现实选择。这要求必须大力发展协商民主，彰显中国特色社会主义政治发展道路的巨大优越性，增强走中国特色社会主义政治发展道路的信心和决心，运用制度威力应对“新的伟大斗争”①，击碎西方强权政治和霸权国家对我国进行意识形态渗透和民主政治模式输出的险恶图谋。

（二）社会主义协商民主的基本含义

《中共中央关于加强社会主义协商民主建设的意见》指出：“协商民主是在中国共产党领导下，人民内部各方面围绕改革发展稳定重大问题和涉及群众切身利益的实际问题，在决策之前和决策实施之中开展广泛协商，努力形成共识的重要民主形式。”这是党中央对“协商民主”概念最权威、最准确的定义，全面准确地阐明了协商民主的基本要素和科学内涵。这一严谨的定义明确了社会主义协商民

① 党的十八大报告首次郑重提出“必须准备进行具有许多新的历史特点的伟大斗争”（参见《十八大以来重要文献选编》上，中央文献出版社，2014，第11页）；党的十九大报告重申“必须进行具有许多新的历史特点的伟大斗争”（参见习近平《决胜全面建成小康社会　夺取新时代中国特色社会主义伟大胜利——在中国共产党第十九次全国代表大会上的报告》，人民出版社，2017，第15页）；党的二十大报告进一步指出应“义无反顾进行具有许多新的历史特点的伟大斗争”（参见习近平《高举中国特色社会主义伟大旗帜　为全面建设社会主义现代化国家而团结奋斗——在中国共产党第二十次全国代表大会上的报告》，人民出版社，2022，第6页）。

主的领导者是“中国共产党”，协商的主体是“人民内部各方面”，协商的内容是“改革发展稳定重大问题和涉及群众切身利益的实际问题”，协商的基本要求是“在决策之前和决策实施之中开展广泛协商”，协商的目的是“努力形成共识”。

1. 领导力量方面

协商民主必须“在中国共产党领导下”发展。习近平指出，应“坚持党对一切工作的领导”，“党政军民学，东西南北中，党是领导一切的”[①]。中国共产党的领导是中国社会主义协商民主区别于当代西方政治学中协商民主的最本质特征，是我国社会主义协商民主健康有序发展的前提条件和根本政治保证。协商民主是中国社会主义民主政治中独特的、独有的、独到的民主形式，也是实现党的领导的重要方式。全面发展协商民主，必须旗帜鲜明地坚持党的全面领导这一重大政治原则，坚定不移走中国特色社会主义政治发展道路，全面贯彻发展全过程人民民主的要求。协商民主之所以能够在中国产生和不断发展，是因为中国共产党始终发挥着总揽全局、协调各方的领导核心作用，既能从根本上保证协商民主实践的正确方向，又能把商量着办事、协商治理推及国家发展和社会和谐的方方面面，使人民当家作主时时处处都能得到具体的、现实的体现，团结和带领广大人民群众创造出世所罕见的经济快速发展和社会长期稳定“两大奇迹”。

2. 主体范畴方面

协商民主的主体是“人民内部各方面”。社会主义协商民主发生和发展于人民内部。“人民内部各方面”既指社会群体，也指全社会。社会群体即紧密团结在中国共产党周围，拥护、支持和投身中国特色社会主义建设事业的各民主党派、各人民团体、各民族、各阶层、各界人士等社会群体，这些群体能够以不同形式参与到国家和社会事务的决策过程中；全社会包括国家政权机关、政协组织、

① 习近平：《决胜全面建成小康社会　夺取新时代中国特色社会主义伟大胜利——在中国共产党第十九次全国代表大会上的报告》，人民出版社，2017，第 20 页。

党派团体、基层组织、社会组织等，它们都可深入开展各自领域的协商。协商民主就是“人民内部各方面”在根本利益、总体利益一致而具体利益诉求不同的背景下展开的，着力要解决的是新形势下人民内部各方面矛盾，要找到全社会意愿和要求的最大公约数，保障人民安居乐业、社会安定有序、国家长治久安。

3. 内容议题方面

协商民主必须围绕和服务“两个问题”。习近平同志指出：“要通过各种途径、各种渠道、各种方式就改革发展稳定重大问题特别是事关人民群众切身利益的问题进行广泛协商。”[①] 一句话，协商民主既要抓住关涉改革与发展的全局性、战略性问题，又要瞄准补齐民生保障短板、增进人民福祉，千方百计让老百姓过上好日子。其一，改革发展稳定（经济社会发展）重大问题。围绕“国之大者”这一领域开展协商，更好满足人民群众在经济、政治、文化、社会、生态文明等方面日益增长的需要，不断实现人民对美好生活的向往。这一层面的协商民主以政党协商、人大协商、政府协商、政协协商等为基本实现方式。其二，涉及群众切身利益的实际问题。聚焦人民群众这一社会主义协商民主的重点，始终坚持以人民为中心，回应“民之关切”——群众关心的就业、教育、社保、医疗、住房、养老、食品安全、社会治安等实际问题，一件一件抓落实，一年接着一年干，努力让群众看到变化、得到实惠。唯有以人民群众的根本利益为立足点、落脚点、结合点，改革的科学性与协调性、发展的全面性、稳定的长期性才能得到充分保障。这一层面的协商民主以基层协商、社会组织协商等为主要实现方式。

4. 基本要求方面

协商民主需要贯穿“在决策之前和决策实施之中”。协商就要真协商，真协商才是真民主，而真协商就要树立全过程协商的理念，做到制定经济和社会发展中长期规划先协商后决策，对关系人民群众切身利益的重大问题先协商后决定，在出台重要地方性行政措施时先协

① 习近平：《论坚持人民当家作主》，中央文献出版社，2021，第103页。

商后审议。不断完善协商于决策之前和决策实施之中的落实机制，广泛畅通各种利益要求和诉求进入决策程序的渠道，丰富有事好商量、众人的事情由众人商量的制度化实践，是社会主义协商民主的一大鲜明特点。在决策之前和决策实施之中开展广泛协商，有利于凝聚各方面智慧、促进科学民主决策，有利于化解矛盾冲突、维护人民群众利益，有利于推动协商成果决策转化、增强协商成效实效。

5. 结果导向方面

协商民主以“形成共识”为目标追求。协商民主的核心之一，就在于引导协商主体围绕“两个问题”，通过深化认识、达成共识，形成各方都能接受的方案。协商民主的过程实质是寻求最大公约数、画出最大同心圆的过程，是凝聚广泛共识、形成统一意志的过程。增进共识、凝聚共识、达成共识作为协商民主的中心环节，是检验协商实效的重要标尺。实践表明，不能达成共识的协商就没有意义，也没有生命力。进入新时代以来，我国已基本构建程序合理、环节完整的协商民主体系，不同协商渠道都要以“形成共识”为导向，有序有力有效地开展协商，通过协商形成共识，以共识体现民主、以民主促进团结，最大限度地汇集同心同德推进中国式现代化的强大力量。

（三）社会主义协商民主的发展脉络

在中国的政治体系中，协商民主与中国共产党的统一战线、群众路线、人民民主共同发展，在中国特色社会主义政治发展道路上铿锵前行。早在新中国成立初期，我们党就十分重视协商民主在国家治理中的作用。毛泽东提出“国家各方面的关系都要协商”①，新中国政府的性格是与人民商量办事，可以称作“商量政府”②。周恩来提出“新民主主义的议事精神不在于最后的表决，主要是在于事前的协商和反复的讨论”③，深刻指出协商是新民主主义的议事精神，阐明了协商民主的优势。改革开放以来，人民政协的协商民主

① 《毛泽东文集》第6卷，人民出版社，1999，第386页。
② 《毛泽东文集》第7卷，人民出版社，1999，第178页。
③ 《周恩来统一战线文选》，人民出版社，1984，第134页。

作用不断加强。与此同时，我们党在国家治理和社会治理中不断探索以协商民主实现人民群众参与各层次协商治理的有效形式，致力于“发展更加广泛、更加充分、更加健全的人民民主”[①]。党的十八大以来，习近平在不同重要会议发表了一系列重要讲话，多次周密部署推进社会主义协商民主建设（见表1-1），凝聚了以习近平同志为核心的党中央在推动中国特色社会主义民主政治建设中的集体智慧和深刻思考。党的十八大至党的二十大，我们党发展社会主义民主政治的视野不断拓展、认识更加深刻、部署日益丰富，充分体现出我国社会主义协商民主发展方向具有高度的确定性、连贯性和延续性，社会主义协商民主在各领域、各方面、各环节的生动实践和经验创造进一步完善，在中国大地展现出蓬勃生命力和强大影响力。

表1-1　党的十八大以来包含习近平总书记关于社会主义协商民主重要论述的重要文献篇目

时间	文献篇目
2013年11月15日	《关于〈中共中央关于全面深化改革若干重大问题的决定〉的说明》（中国共产党第十八届中央委员会第三次全体会议）
2014年9月21日	《在庆祝中国人民政治协商会议成立65周年大会上的讲话》
2014年10月27日	《在中央全面深化改革领导小组第六次会议上的讲话》
2017年10月18日	《决胜全面建成小康社会　夺取新时代中国特色社会主义伟大胜利——在中国共产党第十九次全国代表大会上的报告》
2018年3月4日	《在看望参加全国政协十三届一次会议的民盟、致公党、无党派人士、侨联界委员并参加联组会时的讲话》
2019年9月20日	《在中央政协工作会议暨庆祝中国人民政治协商会议成立70周年大会上的讲话》
2021年10月13日	《在中央人大工作会议上的讲话》
2022年10月16日	《高举中国特色社会主义伟大旗帜　为全面建设社会主义现代化国家而团结奋斗——在中国共产党第二十次全国代表大会上的报告》
2023年6月2日	《在文化传承发展座谈会上的讲话》

① 《习近平关于社会主义政治建设论述摘编》，中央文献出版社，2017，第42页。

续表

时间	文献篇目
2024 年 3 月 1 日	《加强和改进人民政协工作 全面发展协商民主》（《求是》2024 年第 5 期）
2024 年 7 月 21 日	《关于〈中共中央关于进一步全面深化改革　推进中国式现代化的决定〉的说明》（中国共产党第二十届中央委员会第三次全体会议）
2024 年 9 月 20 日	《在庆祝中国人民政治协商会议成立 75 周年大会上的讲话》

1. 党的十八大后的五年：锚定“加强社会主义协商民主建设”

党的十八大提出“健全社会主义协商民主制度”，明确“推进协商民主广泛、多层、制度化发展”① 的要求，对发展协商民主的战略任务、主要渠道、重点领域和关键路径等方面作出重大部署，翻开了我国协商民主建设的新篇章。党的十八届三中全会强调“在全社会开展广泛协商”②，党的十八届四中全会强调“构建程序合理、环节完整的协商民主体系”③，加快构建中国特色协商民主体系步入快车道。2014 年 9 月，习近平同志在庆祝中国人民政治协商会议成立 65 周年大会上发表重要讲话，就我国社会主义协商民主作出全面系统论述，科学回答了社会主义协商民主的性质定位、价值真谛、基本定性、战略任务等若干重大理论问题，深刻阐述了社会主义协商民主的重大战略思想。2015 年 2 月，中共中央印发《关于加强社会主义协商民主建设的意见》，在总结我们党历年有关文件关于协商民主的认识的基础上，从顶层设计的高度明确了社会主义协商民主的本质属性和基本内涵，阐述了加强社会主义协商民主建设的重要意义、指导思想、基本原则和渠道程序，对新形势下开展协商作出全面部署。这是党的历史上第一份以协商民主为主题的中央文件，成为指导我国社会主义协商民主建设的纲领性文件。

① 《十八大以来重要文献选编》上，中央文献出版社，2014，第 21 页。
② 《十八大以来重要文献选编》上，中央文献出版社，2014，第 527 页。
③ 《十八大以来重要文献选编》中，中央文献出版社，2016，第 163 页。

2. 党的十九大后的五年：聚焦“发挥社会主义协商民主重要作用”

在新的历史方位下，党的十九大报告提出“发展社会主义协商民主”“发挥社会主义协商民主重要作用”，为社会主义协商民主的发展进一步指明了方向；进一步强调“要推动协商民主广泛、多层、制度化发展”和“加强协商民主制度建设”①，明确了新时代社会主义协商民主建设的战略任务和基本路径。2021 年 11 月，党的十九届六中全会通过的《中共中央关于党的百年奋斗重大成就和历史经验的决议》指出，党的十八大以来，中国共产党“推进社会主义协商民主广泛多层制度化发展，形成中国特色协商民主体系”②。这标志着中国特色协商民主体系已经形成，社会主义协商民主建设迈向体系化建设新阶段。这五年，我们党对社会主义协商民主的认识和把握越来越成熟精准，社会主义协商民主在实践中不断积累经验、不断深入发展，在促进经济社会高质量发展、坚持和完善中国特色社会主义民主政治制度、推进国家治理体系和治理能力现代化方面发挥了重要作用。

3. 党的二十大以来：侧重“全面发展协商民主”

党的二十大提出“协商民主是实践全过程人民民主的重要形式”，强调要“全面发展协商民主”③，将发展协商民主提升到了一个新高度。从加强社会主义协商民主建设到全面发展协商民主，既一脉相承、紧密衔接，又与时俱进、应运而新。党的二十届三中全会审议通过《中共中央关于进一步全面深化改革　推进中国式现代化的决定》，提出“健全全过程人民民主制度体系”，强调要求“完善协商民主体系”。④ 2024 年 9 月，习近平同志在庆祝中国人民政治

① 习近平：《决胜全面建成小康社会　夺取新时代中国特色社会主义伟大胜利——在中国共产党第十九次全国代表大会上的报告》，人民出版社，2017，第 38 页。

② 《中共中央关于党的百年奋斗重大成就和历史经验的决议》，人民出版社，2021，第 40 页。

③ 习近平：《高举中国特色社会主义伟大旗帜　为全面建设社会主义现代化国家而团结奋斗——在中国共产党第二十次全国代表大会上的报告》，人民出版社，2022，第 38 页。

④ 《中共中央关于进一步全面深化改革　推进中国式现代化的决定》，人民出版社，2024，第 27~28 页。

协商会议成立75周年大会上再次强调："协商民主是全过程人民民主的重要组成部分，是我国社会主义民主政治的特有形式和独特优势，是党的群众路线在政治领域的重要体现。"①紧紧围绕推进中国式现代化进一步全面深化改革，坚定不移贯彻发展全过程人民民主的理念和要求，统筹推进政党协商、人大协商、政府协商、政协协商、人民团体协商、基层协商以及社会组织协商，就是要把这一具有中国特色民主形式的优势特点把握好、坚持好、发展好、运用好，以更大力度推动协商民主全渠道、全平台、全方位、全层级、全环节的全面发展。

二　本质属性和基本定性

从历史逻辑来看，协商民主是在党领导人民进行革命、建设、改革的长期实践过程中产生的，并与时俱进地发展和完善。社会主义协商民主制度的建立完善，是中国共产党探索和发展社会主义民主政治的重大成果，充分彰显了坚持人民民主、走中国特色社会主义政治发展道路的自信自觉。作为中国特色社会主义制度体系中的重要组成部分，社会主义协商民主有着其本质属性和基本定性。

（一）社会主义协商民主的本质属性

习近平同志在庆祝中国人民政治协商会议成立65周年大会上指出："要全面认识社会主义协商民主是中国社会主义民主政治的特有形式和独特优势这一重大判断。"②这一重大政治论断明确了社会主义协商民主的本质属性，即"中国共产党领导人民实行人民民主，就是保证和支持人民当家作主"③。

---

① 习近平：《在庆祝中国人民政治协商会议成立75周年大会上的讲话》，人民出版社，2024，第4页。

② 习近平：《在庆祝中国人民政治协商会议成立65周年大会上的讲话》，人民出版社，2014，第12页。

③《习近平著作选读》第1卷，人民出版社，2023，第268页。

1. 社会主义协商民主是中国社会主义民主政治的特有形式

习近平同志指出：“协商民主是中国社会主义民主政治中独特的、独有的、独到的民主形式。”① 这种“独特、独有、独到”，集中体现在协商民主是中国式民主上——作为全过程人民民主制度体系、生动实践的重要组成部分和实践全过程人民民主的重要形式，社会主义协商民主体现了全过程人民民主的核心要义和特点。人民民主的真谛，是在中国社会主义制度下，有事好商量、众人的事情由众人商量，找到全社会意愿和要求的最大公约数。党的十八大以来，协商民主贯穿于中国社会主义民主政治全过程，覆盖政党、人大、政府和社会等各领域，政党协商、政府协商、政协协商、人大协商、人民团体协商、基层协商等全面发展，进一步夯实了社会主义协商民主的实践基础。当前，协商民主在嵌入中国社会主义民主政治全过程中，实现了“三个坚持”，即坚持中国共产党的领导与发挥各方面积极作用、坚持人民主体地位与民主集中制的领导制度和组织原则、坚持人民民主原则与贯彻团结和谐要求的辩证统一，彰显出中国式民主的独特魅力与活力。

2. 社会主义协商民主是中国社会主义民主政治的独特优势

与资本主义民主相比，社会主义协商民主最大限度保障和支持人民当家作主。习近平同志指出：“人民只有投票的权利而没有广泛参与的权利，人民只有在投票时被唤醒、投票后就进入休眠期，这样的民主是形式主义的。”② 我国协商民主具有克服其他民主弊端的五大独特优势：一是“可以广泛达成决策和工作的最大共识，有效克服党派和利益集团为自己的利益相互竞争甚至相互倾轧的弊端”③；二是“可以广泛畅通各种利益要求和诉求进入决策程序的渠道，有效克服不同政治力量为了维护和争取自己的利益固执己见、

① 《习近平谈治国理政》第 2 卷，外文出版社，2017，第 293 页。

② 习近平：《在庆祝中国人民政治协商会议成立 65 周年大会上的讲话》，人民出版社，2014，第 14 页。

③ 习近平：《在庆祝中国人民政治协商会议成立 65 周年大会上的讲话》，人民出版社，2014，第 17 页。

排斥异己的弊端"[1]；三是"可以广泛形成发现和改正失误和错误的机制，有效克服决策中情况不明、自以为是的弊端"[2]；四是"可以广泛形成人民群众参与各层次管理和治理的机制，有效克服人民群众在国家政治生活和社会治理中无法表达、难以参与的弊端"[3]；五是"可以广泛凝聚全社会推进改革发展的智慧和力量，有效克服各项政策和工作共识不高、无以落实的弊端"[4]。在推进中国特色社会主义民主政治发展的进程中，坚持选举民主与协商民主有机结合，促进两种民主形式在我国的政治生活中相互促进、共同发展，优势互补、形成合力，就能为人民当家作主提供更加广阔的平台。

（二）社会主义协商民主的基本定性

"社会主义协商民主……是中国共产党的群众路线在政治领域的重要体现"[5]，这一基本定性进一步明确了在加强协商民主建设过程中坚持贯彻党的群众路线的具体要求。群众路线和协商民主都是我们党的伟大创造，群众路线为实行和发展协商民主提供了重要前提，协商民主则是党的群众路线在政治领域的运用和体现，二者有着天然的、不可分割的联系。

1. 党的群众路线是实行社会主义协商民主的重要前提

习近平指出："全心全意为人民服务，始终代表最广大人民根本利益，是我们能够实行和发展协商民主的重要前提和基础。"[6] 中国共产党把全心全意为人民服务作为党的宗旨，把实现和维护最广大人民群众的根本利益作为一切工作的出发点。党的一切工作，包括党领

---

① 习近平：《在庆祝中国人民政治协商会议成立65周年大会上的讲话》，人民出版社，2014，第17~18页。

② 习近平：《在庆祝中国人民政治协商会议成立65周年大会上的讲话》，人民出版社，2014，第18页。

③ 习近平：《在庆祝中国人民政治协商会议成立65周年大会上的讲话》，人民出版社，2014，第18页。

④ 习近平：《在庆祝中国人民政治协商会议成立65周年大会上的讲话》，人民出版社，2014，第18页。

⑤ 习近平：《论坚持人民当家作主》，中央文献出版社，2021，第96页。

⑥ 习近平：《在庆祝中国人民政治协商会议成立65周年大会上的讲话》，人民出版社，2014，第17页。

导下的协商民主，必须以最广大人民的根本利益为最高标准。中国共产党、人民代表大会、人民政府、人民政协、民主党派、人民团体、基层组织、企事业单位、社会组织等所有层级渠道中的协商活动，都要时刻保持对“党的最大政治优势是密切联系群众”的清醒认知和坚定信念，坚持问需于民、问计于民，聚焦老百姓急难愁盼问题，把人民群众满不满意、高不高兴、答不答应作为决策施策的出发点和落脚点，使人民获得感、幸福感、安全感更加充实、更有保障、更可持续。

2. 党的群众路线是发挥协商民主重要作用的最好途径

群众路线是党的生命线和根本工作路线，社会主义协商民主就是新时代党的群众路线的再延伸。党的十八届四中全会提出了“平衡社会利益”“调节社会关系”的重大命题①，协商民主为平衡利益、调节关系提供了制度性平台。而要发挥好协商民主的作用，就必须遵循人民当家作主原则，坚持“以人民为中心”的发展思想，贯彻好群众路线这一党的生命线，始终保持党同人民群众血肉联系，尊重群众所表达的意愿、所拥有的权利，倾听群众呼声，坚持“有事多商量，遇事多商量，做事多商量，商量得越多越深入越好”②，围绕涉及人民群众切身利益的问题进行协商，真正实现好、维护好、发展好最广大人民的根本利益。

3. 人民群众是社会主义协商民主的重点

协商民主的“协商为民”要求，是我们党鲜明的为民本质所决定的。正如习近平指出的：“涉及人民利益的事情，要在人民内部商量好怎么办，不商量或者商量不够，要想把事情办成办好是很难的。”③“涉及全国各族人民利益的事情，要在全体人民和全社会中广泛商量；涉及一个地方人民群众利益的事情，要在这个地方的人

---

① 《中共中央关于全面推进依法治国若干重大问题的决定》，人民出版社，2014，第2页。

② 习近平：《在庆祝中国人民政治协商会议成立65周年大会上的讲话》，人民出版社，2014，第13页。

③ 习近平：《在庆祝中国人民政治协商会议成立65周年大会上的讲话》，人民出版社，2014，第13~14页。

民群众中广泛商量；涉及一部分群众利益、特定群众利益的事情，要在这部分群众中广泛商量；涉及基层群众利益的事情，要在基层群众中广泛商量。"[①] 协商民主之所以成为一种有效的国家治理方式，就是因为践行"四个涉及"和"四个广泛商量"理念，有效克服了人民群众在国家政治生活和社会治理中难以参与、无法表达的弊端。

三 基本原则和重大意义

社会主义协商民主是我国为应对发展环境深刻复杂变化带来的各种困难、矛盾和挑战而提出的，必须完整、准确、全面地理解其"六个坚持"的基本原则和"五个有利于"的重大意义（见表 1-2）。

表 1-2 社会主义协商民主的基本原则和重大意义

基本原则	"六个坚持"	1. 坚持党的领导、人民当家作主、依法治国有机统一
		2. 坚持围绕中心、服务大局
		3. 坚持依法有序、积极稳妥
		4. 坚持协商于决策之前和决策实施之中
		5. 坚持广泛参与、多元多层
		6. 坚持求同存异、理性包容
重大意义	"五个有利于"	1. 有利于扩大公民有序政治参与
		2. 有利于促进科学民主决策
		3. 有利于化解矛盾冲突
		4. 有利于保持党同人民群众的血肉联系
		5. 有利于发挥我国政治制度优越性

（一）社会主义协商民主的基本原则

《中共中央关于加强社会主义协商民主建设的意见》明确提出"六个坚持"的基本原则，这是新时代推进社会主义协商民主发展、

① 习近平：《在庆祝中国人民政治协商会议成立 65 周年大会上的讲话》，人民出版社，2014，第 14 页。

保证人民当家作主的必然要求。

1. 坚持党的领导、人民当家作主、依法治国有机统一

党的领导是人民当家作主和依法治国的根本保证，人民当家作主是社会主义民主政治的本质特征，依法治国是党领导人民治理国家的基本方略，社会主义民主政治的这三大基本要素相互联系、不可分割，统一于坚定不移走中国特色社会主义政治发展道路的伟大实践。协商民主作为中国共产党领导人民有效治理国家、保证人民当家作主的重要制度安排，必须坚持三者有机统一，围绕这一发展社会主义民主政治的首要战略任务，有力彰显我国社会主义政治制度的优越性。

2. 坚持围绕中心、服务大局

全面建成社会主义现代化强国是党和国家工作的中心任务，改革、发展、稳定是党和国家事业发展的大局。全面发展协商民主，只有牢牢把握其作为国家治理体系重要组成部分的性质定位，深刻理解围绕中心、服务大局这一基本遵循和根本要求，更加自觉在大局下思考、在大局下行动，广泛凝聚共识、汇聚力量、推动发展，才能始终保持旺盛生机活力，更好地造福于国家和人民。

3. 坚持依法有序、积极稳妥

在宪法法律框架内运行，是健全社会主义协商民主制度的重要经验。坚持依法有序，意味着在协商民主中，无论是政治参与还是社会治理，都不得与法律法规和政策相抵触，并应按照制度规程有序地进行。必须加强统一领导和规划部署，做到政策引导与法治完善相结合、顶层设计与地方实践相结合、整体推进与重点主攻相结合，让各类协商有组织地开展、有步骤地实施、有计划地进行，确保协商民主有制可依、有规可守、有章可循、有序可遵。

4. 坚持协商于决策之前和决策实施之中

提升协商精度、深度、广度，重在坚持协商于决策之前和决策实施之中。决策之前，需要建立健全决策咨询机制和平台，健全多种协商方式，广泛吸纳社会公众参与决策，增强决策的科学性和实效性；决策实施之中，需要积极进行协商对话，通过平等交流、双向互动，

增强与提升决策实施的公开性和透明度。

5. 坚持广泛参与、多元多层

推动协商民主广泛、多层、制度化发展是新时代社会主义协商民主建设的战略任务。深化多层、具体、生动的协商民主实践，在更加开放、更加创新的新空间里找准路径、发挥优势，更好保障人民群众在参与国家政治生活和社会治理中的知情权、参与权、表达权、监督权，人民群众才能感受到社会主义协商民主的真实性和具体性。

6. 坚持求同存异、理性包容

协商民主植根于中华民族价值理念，其基本精神是尊重不同利益主体的差异和分歧，强调平等对话和理性包容，达成“寻求最大公约数”这一基本目的，在实现社会利益整合的同时，有效提高协商质量和效率。“同”需坚持，“异”应尊重。必须把这一原则贯穿于深入推进协商民主的各方面和全过程，充分激发社会主义民主政治的生机与活力。

（二）社会主义协商民主的重大意义

加强协商民主建设是深化政治体制改革的重要内容，总目标是推进新时代中国特色社会主义民主政治的创新发展，实现国家治理体系和治理能力现代化。这需要科学把握和坚决贯彻《中共中央关于加强社会主义协商民主建设的意见》所提出的“五个有利于”，切实增强责任感使命感。从更深远的意义上说，“当前，世界之变、时代之变、历史之变不断向广度和深度延展，我国改革发展稳定任务之艰巨繁重前所未有，迫切需要进一步凝心聚力不断巩固全国各族人民大团结，加强海内外中华儿女大团结”①。因此，加强协商民主建设适逢其时，也势在必行。

1. 有利于扩大公民有序政治参与

在我国，协商民主以扩大公民有序政治参与为重点，以保证人

① 习近平：《在庆祝中国人民政治协商会议成立 75 周年大会上的讲话》，人民出版社，2024，第 7 页。

民当家作主为根本，致力于不断巩固和发展生动活泼、安定团结的政治局面。唯有完善好、运用好协商民主这一重要制度，不断加快协商民主的制度化建设、提升协商民主的公众参与度、推进协商民主的创新性实践、促进选举民主与协商民主有机结合，才能从各层次各领域扩大公民有序政治参与，充分彰显社会主义民主的广泛性、包容性和真实性。

2. 有利于促进科学民主决策

民主决策作为人民当家作主的重要体现，在新形势下党的治国理政中具有基础性、关键性意义。社会主义协商民主这一新兴的民主形式，就是提高党和政府民主决策科学化水平的重要途径。协商民主就是要建构一种决策全过程的民主，尤其强调提升决策透明度和公众参与度，既服从多数又尊重少数，可以确保广大人民群众参与关于重大决策的协商议事，使党和政府决策更加符合实际、顺应民意，有效促进国家治理体系和治理能力现代化水平进一步提升。

3. 有利于化解矛盾冲突

协商民主为社会各方面搭建了对话交流、恳谈沟通的平台，用协商民主化解基层社会矛盾是治本之策。作为一种利益协调与矛盾化解新机制，协商民主与加强和创新社会治理在参与主体、实现途径、目标价值等方面具有高度的内在契合性，可以起到社会“减压器”和“稳定器”的作用。协商民主代表性、亲和力强，尊重差异、承认多元，通过参与协商各方的理性表达，能够让群众学会协商议事、协商办事，促进社会各方面包容共生、和谐共处，有效消解各种不稳定因素，有助于化解社会矛盾冲突、促进社会大局持续和谐稳定。

4. 有利于保持党同人民群众的血肉联系

在新形势下，世情国情党情和党的执政环境正在发生深刻变化，党联系群众的方式方法需要根据新情况新特点不断改进和创新。在加强协商民主建设过程中应坚持贯彻党的群众路线，发挥好协商民主保持党同人民群众的血肉联系的作用，这一作用体现在两方面：一是真正把涉及群众切身利益的实际问题作为协商民主的主要内容，广开言路、汇集民智、集中民意，促进决策民主化、科学化，确保决策符合人民群众的利益；二是畅通和拓宽党同人民群众联系的渠道，处理好人民群众的意见和建议，充分调动人民群众积极性、主动性、创造性。

5. 有利于发挥我国政治制度优越性

协商民主作为我国社会主义民主政治的特有形式，既有科学的指导思想又有严谨的制度安排，既有明确的价值取向又有有效的实现渠道，是注重历史和现实、理论和实践、形式和内容有机统一的好民主。符合我国国情和现实需要，是我国协商民主能够向更加广泛、更加充分、更加健全方向发展的关键原因。全面发展协商民主，不断推进社会主义民主政治制度化、规范化、程序化，对健全全过程人民民主制度体系、发展社会主义政治文明发挥着巨大作用。

四　战略任务和实现渠道

党的十八大以来，我国不断完善协商民主的顶层设计，系统谋划协商民主的战略任务和实现渠道，加快推动协商民主广泛多层制度化发展。

（一）社会主义协商民主的战略任务

自党的十八大起，党的全国代表大会、中央全会通过的重要文件多次强调，要“推进社会主义协商民主广泛多层制度化发展”；党的二十届三中全会再次提出“推动人民当家作主制度更加健全、协商民主广泛多层制度化发展、中国特色社会主义法治体系更加完善”①。由此可见，制度化、规范化、程序化是协商民主发展的必然要求。实现协商民主广泛多层制度化发展这一战略任务，既长远而重大，也紧迫而现实。

---

① 《中共中央关于进一步全面深化改革　推进中国式现代化的决定》，人民出版社，2024，第 4 页。

1. 广泛发展方面

我国协商民主实践要在各层级、各领域广泛有序展开，形成重点更加突出、领域更加全面、实践更加广泛的良好协商局面。首先，协商重点更加突出。遵循“协商于民、协商为民”和“重点在基层群众中开展协商”的指引要求，确保把人民群众作为社会主义协商民主的重点，凡是涉及群众切身利益的决策，都要通过各种方式，在各个层级、各个方面同群众进行协商，让协商民主广为人民群众、全社会知晓和运用，让加强社会主义协商民主建设具有更加坚实的实践基础和群众基础。其次，协商领域更加全面。从国家立法、全国两会建言献策、国民经济和社会发展规划制定等党和国家发展大事要事，到基层“三治”（自治、法治、德治）融合、矛盾纠纷多元化解、平安建设等社会治理难事，再到生活垃圾分类、老旧小区电梯加装、邻里纠纷调解等百姓日常琐事，人民群众都要切切实实参与其中。最后，协商实践更加广泛。需要全党全国上下共同努力、积极探索、丰富实践，创新民意平台载体，拓展内容和形式，让协商民主更好地接地气、察民情、聚民智、惠民生。

2. 多层发展方面

习近平指出：“社会主义协商民主，应该是实实在在的、而不是做样子的，应该是全方位的、而不是局限在某个方面的，应该是全国上上下下都要做的、而不是局限在某一级的。”① 在我国社会主义协商民主实践中，其全方位、多层次发展还要在三个维度上着力：第一，协商层级上，从中央到地方、从地方到基层各个层次上下联动，党委、人大、政府、政协以及人民团体、基层社会、社会组织都要全面展开协商，实现横向全覆盖、纵向全链接，呈现多样化、立体化的格局；第二，协商渠道上，在建立协商渠道矩阵的基础上，要进一步畅通和规范各类协商渠道，使之互相独立又有效衔接、形成合力；第三，协商方式上，既要有常态化、规范化的协商载体，

① 习近平：《在庆祝中国人民政治协商会议成立65周年大会上的讲话》，人民出版社，2014，第19页。

也要打造灵活、高效、便捷的网络线上平台，让群众可以通过多种途径和方式广泛参与到协商之中。

3. 制度化发展方面

社会主义协商民主是一个有机整体，健全社会主义协商民主制度，是我国发展社会主义民主政治、推进政治体制改革的重要组成部分。习近平指出："必须构建程序合理、环节完整的社会主义协商民主体系，确保协商民主有制可依、有规可守、有章可循、有序可遵。"① 党的十九届六中全会审议通过的《中共中央关于党的百年奋斗重大成就和历史经验的决议》明确提出："推进社会主义协商民主广泛多层制度化发展，形成中国特色协商民主体系。"② 党的十八大以来，中共中央印发《关于加强社会主义协商民主建设的意见》，中共中央办公厅、国务院办公厅又相继印发人民政协协商民主建设、加强城乡社区协商、加强政党协商等方面的协商民主具体制度文件，提高了协商民主的科学性、实效性和约束力。由此，以制度建设为主线的协商民主体系框架逐步形成，程序合理、环节完整，已基本构建社会主义协商民主制度体系的"四梁八柱"。制度化是制度的常规化、长效化和稳定化，制度化的关键是制度的完善和实施。③ 随着我国大力发展全过程人民民主，社会主义协商民主必将朝着制度化、规范化、程序化方向全面纵深推进。

（二）社会主义协商民主的实现渠道

《中共中央关于加强社会主义协商民主建设的意见》首次提出"协商渠道"④ 这一概念，并明确指出有着七大协商渠道，即政党协商、人大协商、政府协商、政协协商、人民团体协商、基层协商和

---

① 习近平：《在庆祝中国人民政治协商会议成立 65 周年大会上的讲话》，人民出版社，2014，第 19 页。

② 《中共中央关于党的百年奋斗重大成就和历史经验的决议》，人民出版社，2021，第 40 页。

③ 包心鉴：《论协商民主的现实政治价值和制度化构建》，《中共天津市委党校学报》2013 年第 1 期。

④ 可以认为，"协商渠道"实际上就是"协商形式"，之所以采用"渠道"这一表述，是因为要着重强调通向协商民主方向的途径及其相应主体优势。

社会组织[①]协商。习近平在庆祝中国人民政治协商会议成立 75 周年大会上重申："我国协商民主包括政党协商、人大协商、政府协商、政协协商、人民团体协商、基层协商以及社会组织协商，是一个有机整体。"[②]

1. 渠道概念

结合对相关中央文件和现实实践的解读，可以明确七大协商渠道的基本含义。

政党协商，是中国共产党同民主党派基于共同的政治目标，就党和国家重大方针政策和重要事务，在决策之前和决策实施之中，直接进行政治协商的重要民主形式。政党协商是中国共产党领导的多党合作和政治协商制度的重要内容，是社会主义协商民主体系的重要组成部分，是中国共产党提高执政能力的重要途径。中共中央同民主党派中央主要通过会议协商、约谈协商和书面协商三种形式开展政党协商，协商的主要内容包括：中共全国代表大会、中共中央委员会的有关重要文件；宪法的修改建议，有关重要法律的制定、修改建议；国家领导人建议人选；国民经济和社会发展的中长期规划以及年度经济社会发展情况；关系改革发展稳定等的重要问题；统一战线和多党合作的重大问题；其他需要协商的重要问题。

人大协商，是人大及其常委会在党的领导下依法行使宪法和法律赋予的职权，在人民代表大会制度框架内开展民主协商、实现协商民主的重要形式。人大协商贯穿于民主选举、民主决策、民主监督的全过程，实现了间接民主与直接民主这两种民主形式的创造性

① 根据我国《社会团体登记管理条例》《基金会管理条例》《民办非企业单位登记管理暂行条例》等行政法规的规定，社会组织是指在我国各级民政部门依法登记的社会团体、基金会、民办非企业单位等非营利性法人组织。在近年来党和政府的文件中，社会组织已替代原来的"民间组织"称谓，一直作为一类区别于党政机关、人民团体、企事业单位、基层群众性自治组织的独立组织。

② 习近平：《在庆祝中国人民政治协商会议成立 75 周年大会上的讲话》，人民出版社，2024，第 5 页。

结合。人大协商吸纳民意、汇集民智的实践包括：在人大立法工作方面，开展立法协商和立法听证；在选举任免工作方面，落实民主协商安排；在重大事项决定工作方面，在决策前与“一府一委两院”（人民政府、监察委员会、人民法院与人民检察院）及有关部门制度化开展协商；在监督工作方面，多方式征集民意、汇集民智；在代表议案建议办理工作方面，促进相关部门单位与代表充分沟通协商。加强人大协商民主建设，有利于推进和发展全过程人民民主、更充分发挥人大主要民主渠道作用。

政府协商，是在党的领导下，围绕改革发展稳定重大问题和涉及群众切身利益的实际问题，在政府决策之前和决策实施之中广泛协商、凝聚共识的重要民主形式，是社会主义协商民主的重要组成部分，是协商民主在行政领域的实现形式。围绕政府中心工作开展的政府协商，重点内容涉及政府工作报告，国民经济和社会发展中长期规划与重大专项规划及其调整，重要地方性法规、政府规章、意见的制定和修改建议，公共资源配置、重大项目建设、重大财政资金安排使用等事项。从全国实践来看，政府协商主要有会议协商、对口协商、约谈协商、书面协商四种形式。推进政府协商工作，对于提升决策透明度和公众参与度、解决好人民最关心最直接最现实的利益问题、提高政府治理能力和水平，具有十分重要的意义。

政协协商，是在中国共产党领导下，参加人民政协的各党派团体、各族各界人士履行政治协商、民主监督、参政议政职能，围绕改革发展稳定重大问题和涉及群众切身利益的实际问题，在决策之前和决策实施之中广泛协商、凝聚共识的重要民主形式。政协协商是人民民主的重要实现形式和协商民主重要渠道，其主要协商内容包括国家的大政方针和地方的重要举措以及政治、经济、文化和社会生活中的重要问题，各党派参加人民政协工作的共同性事务，政协内部的重要事务，有关爱国统一战线的其他重要问题，等等。政协协商的主要形式包括专题协商、对口协商、界别协商、提案办理协商，以及网络议政、远程协商等。

人民团体协商，是指在中国共产党的领导下，各类人民团体依托自身政治优势、组织优势、群众优势，围绕涉及所联系群众切身利益的问题，组织和代表所联系群众参与公共事务、反映群众意愿和利益诉求的一种协商形式。各级工会、团委、妇联、科协、文联、工商联、残联、侨联、贸促会、社科联等人民团体，是党和政府联系人民群众的重要桥梁和纽带，在联系和服务群众、社会管理方面具有不可替代的独特优势和功能作用。做好人民团体协商，重点是围绕做好新形势下党的群众工作开展协商，建立完善人民团体参与各渠道协商和直接联系群众的工作机制。

基层协商，是由乡镇（街道）协商、行政村（社区）协商、企事业单位协商有机组成的协商形式，是中国特色社会主义协商民主的重要渠道，是构建社会治理共同体的有效载体。基层协商具有重要功能，即按照协商于民、协商为民的要求，解决人民群众的实际困难和问题，及时化解矛盾纠纷，促进社会和谐稳定，让改革发展成果更多更公平惠及全体人民。稳步开展基层协商的实现路径是，建立健全基层协商民主建设协调联动机制，在共享发展理念下积极拓展基层协商内容、创新基层协商形式。基层协商同人民群众权益的关系最直接最密切，是扩大公民有序政治参与的主要形式，是发展社会主义协商民主的基础和重点。

社会组织协商，是指在党的领导和政府依法管理下，由社会组织发起、组织或参与的协商民主活动。社会组织具有社会性、行业性、专业性、群众性、灵活性等方面的独特优势，直接联系和服务基层群众，能较为全面、及时、准确地反映本领域存在的实际问题及其解决思路。作为协商民主的重要力量之一，社会组织协商有利于有机整合社会诉求、辅助公共政策制定和促进多元社会问题解决。目前，我国的社会组织协商仍然处于探索起步阶段。探索开展社会组织协商，重点是健全与相关社会组织联系的工作机制和沟通渠道，以制度建设和机制安排为突破口，引导社会组织有序开展协商，更好为社会服务。

2. 渠道分类

总体上看，七大协商渠道按协商领域分类，可分为国家领域协商和社会领域协商；按协商性质分类，可分为决策型协商和咨询型协商。人大协商、政府协商多属于国家领域的决策型协商，政党协商、政协协商、人民团体协商则属于国家领域的咨询型协商；基层协商属于社会领域的决策型协商，社会组织协商属于社会领域的咨询型协商。从当前协商制度实际落实情况而言，七大协商渠道中，政党协商、政协协商和基层协商的成效更为显著，人大协商和政府协商次之，人民团体协商、社会组织协商则成效相对不足。

3. 发展要求

一是把握基调。基于七大协商渠道的主要职能和相应协商活动的发育成熟程度，《中共中央关于加强社会主义协商民主建设的意见》对推进七大协商有严谨的分层要求，即有“继续加强”“积极开展”“扎实推进”“进一步完善”“认真做好”“稳步推进”“探索开展”之分（见图 1-1），这一科学合理的部署，既兼顾了全面性，又突出了重点，充分体现出党中央对加强社会主义协商民主建设的战略思考和深刻把握。二是协同配合。社会主义协商民主的多渠道特点，决定其必须增强各协商渠道之间的协同性和互补性。七大协商渠道既各有侧重又互补链接，一同构成了社会主义协商民主体系。全面发展协商民主，既要立足不同协商渠道的特点和实际，突出各自工作重点，遵循各自规则，发挥各自独特作用，又要加强各种协商渠道的协同配合，做到目标一致、形成合力，不断提升整体效能。三是健全机制。针对不同协商渠道，分类形成制度规范和工作规则，明确协商什么、同谁协商、怎样协商、协商成果如何运用等。与此同时，按照科学合理、规范有序、简便易行、民主集中的要求，抓好“制订协商计划”“明确协商议题和内容”“确定协商人员”“开展协商活动”“注重协商成果运用反馈”五个环节，确保协商活动有序务实高效。

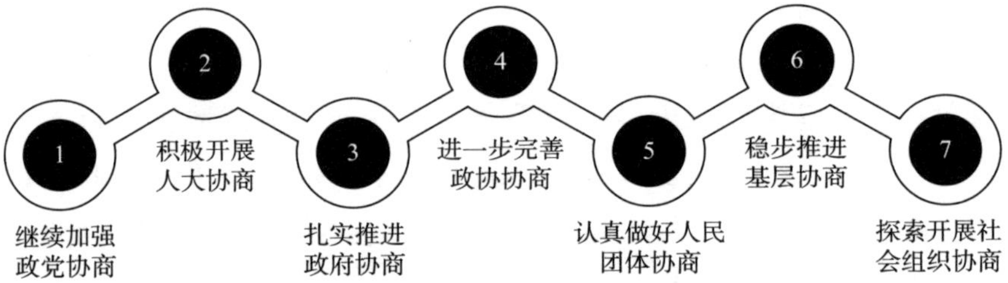

图 1-1 加强社会主义协商民主建设的分层要求

第二节 社会主义协商民主的文化内涵及传统

一 "天下为公"与"民惟邦本"的民本思想

"政之所兴在顺民心，政之所废在逆民心。"① 以"天下为公""民惟邦本"为主要代表的民本思想，是贯穿中国传统政治文化的一条主线，是中国古代治理思想的重要内容，诠释了对民主的朴素认知和不懈追求。在我国历史上，"民本"不仅是思想家的理想信念，而且已被推动成为一些杰出执政者的施政方针。博大精深的中国古代民本思想，是中华民族的精神命脉和文化基因。作为我国社会主义民主政治的特有形式和独特优势，协商民主从中华传统政治文化中汲取丰富养分，我们党带领人民在革命、建设、改革过程中对其进行锻造和传承，将其与全心全意为人民服务的根本宗旨融合在一起，用实际行动诠释了"权为民所赋""权为民所用"，真正使"天下为公""民惟邦本"从理想变为了现实。

（一）文化基础

1. 关于"天下为公"

"天下为公"是自古以来中华民族追求的政治理想和道德精神，也反映了"公天下"和"天下共治"的优秀民本思想。从先秦儒家文化经典《礼记·礼运》所言"大道之行也，天下为公"，到唐代

① 《习近平谈治国理政》第 2 卷，外文出版社，2017，第 295 页。

政论性史书《贞观政要》记载的“君人者，以天下为公”，再到明末清初黄宗羲、顾炎武提出的“天下为主君为客”“以天下之权寄之天下之人”等观点，既折射出中国古代人民对“大同”世界美好社会的幸福憧憬，又反映出儒家学派的精神追求和中国人以天下为己任的政治文化。近代中国民主革命的先行者孙中山将“三民主义”与“天下为公”理念结合起来，提出“国家是人民所共有，政治是人民所共管，利益是人民所共享”的理念，拓展了“天下为公”的民主内涵。①

2. 关于“民惟邦本”

出自《尚书》的“民惟邦本，本固邦宁”一语，集中诠释了我国传统的执政治国思想，即民众是国家之根本，只有巩固民众这一根本，国家才能长治久安。早在先秦时期，我国诸子百家关于民本思想就有着丰富的论述：孔子认为“民以君为心，君以民为体”，老子主张“圣人无常心，以百姓心为心”，管子看到“政之所兴在顺民心，政之所废在逆民心”，荀子提出“水则载舟，水则覆舟”，孟子倡言“民为贵，社稷次之，君为轻”，等等。这表明，在漫长的历史长河中，中华民族已形成了以民为本的国家价值观。

（二）时代发扬：坚持协商于民、协商为民

习近平同志指出：“中华优秀传统文化是中华民族的精神命脉，是涵养社会主义核心价值观的重要源泉，也是我们在世界文化激荡中站稳脚跟的坚实根基。”② 一个国家的民主政治制度往往与其文化传统密切相关，不同文化所孕育出的民主政治制度模式也不尽相同。包括了“天下为公”与“民惟邦本”的中国传统民本思想源远流长，作为中国古代协商实践的核心理念，赋予了中国道路深厚的文化底蕴，与我们党创造的协商民主有着深刻关联。它强调顺应民心民意，具有超越时代的价值追求和政治意义，与社会主义协商民主维护人民根本利益、实现全社会整体利益最大化的价值取向相吻合。

① 孙中山：《三民主义》，东方出版社，2014，第 222 页。

② 《习近平关于社会主义文化建设论述摘编》，中央文献出版社，2017，第 167 页。

协商民主始终将人民群众作为重点，充分体现了中国共产党的人民立场和为民本质。进入新时代，我们党对中华文明的民本思想进行了创造性转化和创新性发展，这就是“以人民为中心”发展思想在我国民主政治领域的集中体现。

1. 协商为民

社会主义协商民主是中国式民主的重要表达方式，继承和发扬了“天下为公”的政治追求传统。在实践中，协商民主更注重通过平等对话、广泛协商的制度化安排，使人民内部各方面、各层面的人士都能够充分地参与到治理活动中来，不仅鼓励人民充分表达意见和建议，而且广泛接受人民的批评和监督；不是关起门来议事，而是敞开门来听政，以实现人民利益为最高目标。这一制度安排和体系构建，彰显了社会主义协商民主的民本情怀，为党和国家创造了生动活泼的政治局面。“天下为公”的治理之道，充分展示了中华优秀传统政治文化的强大力量，中华优秀传统政治文化也在协商为民实践中得以进一步淬炼升华。

2. 协商于民

社会主义协商民主真正将“民惟邦本”思想发扬光大，用保障人民当家作主的躬身实践为这一思想注入全新内涵。在这个大平台上，广大人民群众可以在各个领域和各个层次，通过多种形式表达自己的意见和诉求。中国共产党在领导中国人民进行革命、建设、改革的长期实践中，充分利用中华优秀传统文化宝库中重要的民本思想资源，创造了具有中国特色的社会主义协商民主制度和体系，构建了政党协商、人大协商、政府协商、政协协商、人民团体协商、基层协商、社会组织协商等七种协商渠道，并使之有机联系、有效衔接。想群众之所想、急群众之所急，问政于民、问需于民、问计于民，充分展示了中国共产党人的执政胸襟和政治品格。

二　“兼容并蓄”与“广纳谏言”的人文精神

中华民族是一个历史悠久、勤劳智慧的民族，几千年来创造了辉煌灿烂、博大精深的中华文明，为推进社会主义协商民主建设提供了强大力量。中华优秀传统文化历来崇尚“有容乃大”，倡导“兼容并蓄”与“广纳谏言”，注重博采众长、交流互鉴，由此也孕育出中国传统文化中独树一帜、经久不衰的谏言文化，为中华政治文化的发展提供了不竭资源和动力。“兼容并蓄”与“广纳谏言”两者都是中华传统协商文化的精髓，具有丰富的民主因素，蕴含着一种尊重差异、包容多样的思维方法和精神境界。社会主义协商民主正是植根于这一传统文化沃土，践行并发扬了协商民主精神。

（一）文化基础

1. 关于“兼容并蓄”

“兼容并蓄”出自明代方孝孺《复郑好义书》：“所贵乎君子者，以能兼容并蓄，使才智者有以自见，而愚不肖者有以自全。”“兼容并蓄”意同“兼容并包”“兼收并蓄”，有兼并、包容、融合、蕴蓄和开放、多元等多重含义。这一儒家和合观念的大意是，把不同内容、不同性质的东西收纳进来，一起保存起来。其精义在于：坚持因地制宜、因事制宜而非一概吸纳、任其发展；强调开放胸襟、海纳百川，达到相得益彰的效果。中华文明绵延不绝、赓续至今，正是兼容并蓄、博采众长的结果。

2. 关于“广纳谏言”

“广纳谏言”与“广开言路”、“广纳雅言”、“集思广益”、“兼听则明”都有相通之处，不失为我国古代民主集中理念的体现。明代揭暄《兵经百篇·谋字》有云：“智不备于一人，谋必参诸群士。”意思是聪明才智不可能完全集于一人身上，谋划筹策必须多同众士人商量。“广纳谏言”的前提是开诚布公、畅所欲言，主张以谦虚诚恳的态度去广泛征集、采纳有益的言论，听取不同意见、修正自身错误，以求决策更加正确与完善。

（二）时代发扬：坚持多协商、广协商、真协商

社会主义协商民主作为我国坚持和扩大公民有序政治参与的一种重要民主形式，充分借鉴、吸纳了传统文化中“兼容并蓄”与

“广纳谏言”的优良基因和政治智慧，致力于让参与方拥有宽广胸怀、彼此平等相待，容纳不同意见、听取不同声音，构建环境友好、氛围融洽的协商生态，弘扬体谅包容、关切宽容、和谐兼容的协商文化，并从制度、机制和实践层面建制立规，确保了真协商、会协商、多协商，能够真正反映人民群众声音和诉求。在我国，乡贤议事、宗族议事等民间协商传统自古有之，这是推进基层协商民主的历史文化根基。

1. 多协商

习近平指出：“要发挥社会各方面作用，激发全社会活力，群众的事同群众多商量，大家的事人人参与。”① 在社会主义协商民主实践中，多协商既要求“坚持有事多商量，遇事多商量，做事多商量，商量得越多越深入越好”，又要求健全多渠道、多层次、多方面的协商机制，真正使吸纳民意、汇集民智更加机制化常态化，这就是“广纳谏言”的最好体现。在基层协商实践中，多协商就是充分发挥自身渠道优势和平台作用，突出公平、公正、公开，完善群众参与机制，充分调动群众参与基层公共事务管理的热情，真正让民意在家门口倾听、诉求在家门口协商、难事在家门口解决，确保在“兼容并蓄”的基础上达成广泛共识。

2. 广协商

只有“广纳谏言”，才能“广集良策”。广协商体现在基层协商中，就是坚持人民至上理念，始终保持同人民群众的血肉联系，聚焦群众就业、教育、社保、医疗、养老、环境等急难愁盼问题，广开言路、广聚智慧，广泛听取群众的利益诉求，聚力解决民生热点问题，把协商民主优势转化为认真办好“关键小事”的效能，让协商议事既符合发展方向，又能更接地气。做到广协商需要创新工作方法，找准基层协商的切入点、结合点和着力点，推动协商议事在基层治理中全面覆盖，实现问题在协商中解决、矛盾在协商中化解、民心在协商中凝聚。

---

① 《习近平关于城市工作论述摘编》，中央文献出版社，2023，第153页。

3. 真协商

协商民主的时代追求，就在于真协商。这个“真”，既要求对协商民主平台和机制的“真建真用”，也体现在善于“兼容并蓄”上。一方面，坚持问题导向、结果导向与目标导向相统一，积极搭建协商平台、拓展协商渠道、创新协商方式，完善协商于决策之前和决策实施之中的落实机制。另一方面，鼓励讲真话、建净言、献良策，通过广纳群言方式集思广益，促进不同思想观点的充分表达和深入交流，做到相互尊重、平等协商而不强加于人，遵循规则、有序协商而不各说各话，体谅包容、真诚协商而不偏激偏执，形成既畅所欲言、各抒己见，又理性有度、合法依章的良好协商氛围。

三 “求同存异”与“和而不同”的包容理念

“求同存异”与“和而不同”是中华优秀传统文化馈赠给世人的宝贵思想方法，两者并不矛盾，都表达出一种包容协调思想，即在“求同”、重“和”的基础上允许“存异”、保留“不同”。在此基础上我国形成了充满哲学辩证思想的施政传统，其强调承认事物的多样性、差别性和矛盾性，倡导和谐共存，是发展社会主义协商民主的重要历史资源。体现在社会主义协商民主上，只要秉怀着“求同存异”“和而不同”的真诚和务实心态，就能不断增进相互理解和信任，在广泛征求、吸纳各种不同意见的基础上将涉及各方协商主体的利益矛盾成功化解，进而达成一定共识。

（一）文化基础

1. 关于“求同存异”

“求同存异”一词，源自宋代陈瓘《祭范忠宣公文》中的“彼执一者，弃异取同”。但其作为中华优秀传统文化中的一种高明思想，早在先秦经典中就已出现，体现在《礼记·乐记》中是“乐者为同，礼者为异。同则相亲，异则相敬”，而照映在《中庸》中即为“万物并育而不相害，道并行而不相悖”。其意思是保留差异点、寻求共同点，或搁置分歧点、选择一致点，核心要义是谋求大“同”

而容存小“异”，不因个别或局部的分歧点而影响主要或基本共同点，并在这个基础上去寻找共识、达成一致。

2. 关于“和而不同”

“和而不同”一词出自《论语·子路》：“君子和而不同，小人同而不和。”作为孔子思想体系中的重要组成部分，“和而不同”可理解为讲求和谐相处但不会无原则地附和，虽“和而不同”但亦可“和衷共济”。它与我国古代“和合中庸”“天人合一”“忠恕仁和”“协和万邦”“合群睦众”等和谐理念一道，构成了中华民族核心价值观的精髓，这一思想在历史上对中国社会产生了深远的影响。其强调在人与人之间、人与社会之间的相互交流或相处中，要承认、包容乃至尊重他人的不同观点和意见，对于个人抉择当同则同、当异则异，而对于群体事务则求大同存小异，以达到和谐共处的目的。

（二）时代发扬：坚持商以求同、协以成事

不同的国家只有根据不同的社会现实和文化传统选择适合自己的民主制度，才有可能切实有效地推进民主，真正为人民谋福祉。我国多民族聚居、多文化融合的历史演进历程，造就了中华文化以和为贵的精神本质。社会主义协商民主正是传承了这一具有深厚和合文化底蕴的政治传统，致力于培育社会主义协商文化和凝聚社会共识，强调“求同存异”与“和而不同”的价值导向，倡导多元利益主体和谐共存的价值理念，始终把“有事好商量”作为“人民民主的真谛”，从而丰富、发展了“商以求同、协以成事”这一包容理念的时代新内涵。

1. 商以求同

作为中国古代文化中的民主性精华，“求同存异”实质是发扬民主的过程。这一精神体现在协商民主上，就是既秉承历史传统又反映时代特征的“商量”：坚持“平等协商，不强加于人”和“民主协商，不强求一致”，在大的、主要的方面取得一致，而对某些小的、次要的问题可以各自保留不同意见。“众人的事情由众人商量”，人民群众应当参与到决策过程中，以平等沟通、协商办事的方式，

共同决定涉及公众利益的重大事项。通过听民意、集民智、增共识、聚合力，在全社会找到最大公约数、画出最大同心圆、形成最大凝聚力。正是因为对不同意见的“求同存异”，协商民主才得以商以求同和“聚同化异”，巩固已有共识、推动形成新的共识，进一步凸显协商民主的鲜明特点和独特优势。

2. 协以成事

凝聚共识、凝聚智慧、凝聚力量不可能一蹴而就，而是需要在疏通堵点、消除痛点中“协商而成”。协以成事就是“求同存异”与“和而不同”理念与时俱进发展的产物，要求既敢于求同又善于求同，追求议出共识、事成利民的愿景。我国协商民主坚持以“求同”“成事”为出发点，以提高协商质量和效率为落脚点，加强协商互动和讨论沟通，注重达成共识后协商成果的充分利用，使协商更好地反映民意、党委政府的决策更符合群众愿望，最终凝聚思想上的最大共识，并将协商成果转化为惠民生、增福祉的实实在在成效。

第二章　中国特色基层协商的基本问题

我国基层民主实践经历了长期探索，在这一过程中，基层群众通过村（居）民自治、职工代表大会等制度形式直接行使民主权利，依法管理基层公共事务和公益事业，实现了平等参与和平等发展、民生获得和民主共享的统一。中国特色社会主义进入新时代，全过程人民民主与社会主义协商民主融合后，中国式协商民主便从价值理念发展为扎根在中国大地的制度形态和治理机制，基层协商作为社会主义协商民主中的重要社会协商层级，为发展社会主义协商民主丰富了形式、拓展了渠道、增加了内涵，已迎来前所未有的发展机遇。党的十八届三中全会通过的《中共中央关于全面深化改革若干重大问题的决定》中明确提出要“开展形式多样的基层民主协商，推进基层协商制度化”①。加强在基层开展的民主协商，更有着深刻的意义，亦塑造着中国民主政治发展的独特路径。但确切地说，基层协商还是新时代我国政治生活和社会生活领域中的一个新生事物，即便是基层干部，对基层协商所涉及的基本问题也不甚了解。发展基层协商的首要任务，是弄清什么是基层协商、怎样推进这一协商。全面理解基层协商的内涵实质，需要理解把握其基本概念、原则要求、实践意蕴、核心要素以及在新时代背景下的实践要求，以更好推进其在实际工作中的应用和创新。

---

① 《十八大以来重要文献选编》上，中央文献出版社，2014，第528页。

第一节　基层协商的概念界定和相关阐释

一　关于基层的概述

在我国，源自建筑学术语的“基层”一词，现已引申为我国社会或党政各种组织中的最低层级。治国理政范畴中的“基层”，是我国法律法规、政策文件和党政机关日常工作中常用的一个关键词，见于基层组织、基层党支部、基层工作、基层治理、基层社会、基层干部、基层减负、基层建设、农村基层、大抓基层、四下基层等常用语之中，但在不同的领域，“基层”有着不同的特定含义和指涉范围。“基层”是构建整个组织或体系的基础，在社会和政府中起着沟通协商的桥梁作用。

（一）基层的含义

在我国诸多法律法规、政策文件中，均未以专门条款形式对“基层”作出具体解释，且在不同语境下其范围和含义也有所区别。一般认为，广义上的“基层”有两种含义：一是指处于社会生产生活一线的单位组织和干部群众，尤其是指直接联系和服务党员、群众的组织，即党的基层组织；二是指县和县以下层级的政权组织及群众性自治组织、相关单位，这也是多数法律法规、政策文件中“基层”的范围。因此，综合来看，“基层”实则包含社会或政府体系中的基层党组织、基层政府（政权）、基层自治组织、社会力量（市场组织、社会组织）、居民群众五种主体，它们“是指社会组织结构和行政管理组织中最低的层次，与群众联系最直接、最广泛，是构成各种组织的基础”①。“基层”所构成的基层社会，可谓“麻雀虽小，五脏俱全”，既是我国人民群众衣食住行、生老病死、文化娱乐等的主要地域空间，又是我国经济社会发展和民生领域突出矛盾

---

① 燕继荣、彭莹莹等：《中国基层协商民主制度化研究》，人民出版社，2023，第21页。

和问题的汇集地，还是落实党和国家各项方针政策的“最后一公里”。

（二）基层的地位

党的十八大以来，以习近平同志为核心的党中央高度重视基层这一区域社会共同体。习近平更是在不同场合反复强调基层的重要性，从“基层是党的执政之基、力量之源”[①] “党的根基在基层”[②] “基层是一切工作的落脚点”[③] 到“党的工作最坚实的力量支撑在基层，经济社会发展和民生最突出的矛盾和问题也在基层”[④] “推进国家治理体系和治理能力现代化的基础性工作也在基层”[⑤]，再到“基层是改革发展稳定的第一线，是各种矛盾和问题的集聚地”[⑥] “基层强则国家强，基层安则天下安”[⑦] 等一系列重要论述，充分体现出党中央关切基层、重视基层，坚持人民至上、以人民为中心的执政理念。围绕基层治理，中央层面印发《关于加强基层治理体系和治理能力现代化建设的意见》《关于加强和完善城乡社区治理的意见》《关于加强和改进乡村治理的指导意见》《关于加强城乡社区协商的意见》《关于加强乡镇政府服务能力建设的意见》《关于加强社区工作者队伍建设的意见》等政策文件，为加强基层治理和基层政权建设提供了有力制度保障。作为国家治理的最末端、服务群众的最前沿，基层是社会治理的基础和重心。这也是党中央特别提出“稳步推进基层协商”的根本考量。

（三）基层协商中的“基层”构成

《中共中央关于加强社会主义协商民主建设的意见》明确提

---

① 《习近平关于全面从严治党论述摘编》（2021 年版），中央文献出版社，2021，第 228 页。

② 《万众一心开拓进取 把新时代中国特色社会主义推向前进》，《人民日报》2017 年 10 月 20 日。

③ 《十七大以来重要文献选编》下，中央文献出版社，2013，第 202 页。

④ 《习近平关于全面从严治党论述摘编》，中央文献出版社，2016，第 138 页。

⑤ 《习近平关于党的群众路线教育实践活动论述摘编》，党建读物出版社、中央文献出版社，2014，第 12 页。

⑥ 《习近平关于社会主义政治建设论述摘编》，中央文献出版社，2017，第 182 页。

⑦ 《习近平关于城市工作论述摘编》，中央文献出版社，2023，第 161 页。

出了基层协商中“基层”的具体指向，即乡镇（街道）、行政村（社区）[①] 和企事业单位三类组织。弄清基层协商中“基层”的构成，是更清晰、更全面理解基层协商意蕴和推进基层协商深入发展的前提。

1. 乡镇（街道）

乡镇政府是我国最基层的一级政权组织，街道办事处是县级人民政府的派出机关，街道与乡镇属于同一行政级别。撤乡镇设立街道，是理顺城市管理体制之举，但新设立的街道相较于乡镇，权力、义务和法律责任不变，一般内设机构、直属事业单位和行政村（社区）维持不变。在我国的社会管理实践中，乡镇（街道）依法承担着公共服务、城镇管理、社会治理等综合服务职能和管理职责，统筹协调辖区地区性、社会性、群众性工作，是党委、政府联系人民群众的重要纽带、服务人民群众的平台，是国家治理的基础单元。

2. 行政村（社区）

行政村（社区）是农村和城市的基层管理单位，其中群众自治的组织形式分别是村民委员会和居民委员会，两种基层群众性自治组织都是党委和政府联系群众、服务群众的“神经末梢”。社区是指聚集在一定的地域范围内的社会群体和社会组织依据一套社会规范和制度结合而成的社会生活实体，是一个地域社会共同体。伴随着我国城市化进程中乡镇（街道）对辖区内行政村和社区管理区域的整体调整，城乡社区实际上已不再单指“城市社区和农村社区”，还包括行政村或自然村及其他居住点。在国家层面的一些规范性文件中，城乡社区概念基本等同于行政村（社区）概念，具体含义视场

① 在我国四级行政区划中，乡、民族乡、镇和街道属同一级（第四级）行政区划单位，可统称为“乡镇（街道）”或者“街镇”“镇街”。乡、民族乡、镇人民政府是最基层政权组织；但街道办事处不是基层政权组织，属县级政府的派出机构，其行政级别相当于乡、民族乡、镇。作为农村和城市的“居民居住地区”，行政村和社区是乡镇、街道行政区域的组成部分，是一个地域社会共同体概念，不属行政区划范畴，通常合称为“行政村、社区”或者“行政村（社区）”、“村（社区）”；行政村、社区中设立的村民委员会或者居民委员会是基层群众性自治组织。乡、民族乡、镇下辖行政村、社区，街道也下辖社区、行政村。

景而定。

3. 企事业单位

企事业单位即企业单位和事业单位的合称，企事业单位是介于国家与社会之间的一种制度性组织结构，是极具中国特色的制度安排。[①] 企业单位是以营利为目的从事生产经营，拥有独立法人资格的社会经济组织；事业单位是为了社会公益目的，由国家机关举办或者由其他组织利用国有资产举办的，从事教育、科技、文化、卫生等活动的社会服务组织。其中，涉及教育、卫生健康、供水、供电、供气、供热、环境保护、公共交通等领域的，又称为公共企事业单位。企事业单位是最基层的组织之一，其工作直接关涉一线职工群众权益。

二　基层协商的概念

党的十八届三中全会提出“拓宽国家政权机关、政协组织、党派团体、基层组织、社会组织的协商渠道”[②]，首次将基层组织协商明确纳入社会主义协商民主体系；2015 年，中共中央印发的《关于加强社会主义协商民主建设的意见》首次提出“稳步推进基层协商”[③]；党的十九大报告和党的二十大报告进一步要求“统筹推进政党协商、人大协商、政府协商、政协协商、人民团体协商、基层协商以及社会组织协商”[④]。从“稳步推进”到“统筹推进”，基层协商不仅被赋予了更高的期待，而且已经发展成为中国特色社会主义协商民主的基本渠道之一。读懂基层协商，首先要厘清其基本概念，

---

① 许忠明：《论企事业单位发展协商民主的现实依据、基本原则和实践路径》，《信阳师范学院学报》（哲学社会科学版）2023 年第 6 期。

② 《十八大以来重要文献选编》上，中央文献出版社，2014，第 528 页。

③ 《十八大以来重要文献选编》中，中央文献出版社，2016，第 298 页。

④ 习近平：《决胜全面建成小康社会　夺取新时代中国特色社会主义伟大胜利——在中国共产党第十九次全国代表大会上的报告》，人民出版社，2017，第 38 页；习近平：《高举中国特色社会主义伟大旗帜　为全面建设社会主义现代化国家而团结奋斗——在中国共产党第二十次全国代表大会上的报告》，人民出版社，2022，第 38 页。

把握其内涵和外延两个方面。同时，也有必要对与之相关的问题作出进一步的界定和探析。

（一）基层协商的内涵

目前，中央相关政策文件没有对基层协商作出权威定义。因此，学界虽有一定的讨论和界定，但仍未形成一个统一的认识，不同的研究人员和地方政府会从不同角度来理解其内涵。综合参考《中共中央关于加强社会主义协商民主建设的意见》和中共中央办公厅、国务院办公厅《关于加强城乡社区协商的意见》① 等文件的有关论述，可这样界定其内涵：基层协商是指在党的领导下，乡镇（街道）、行政村（社区）和企事业单位等组织与各类利益相关方，基于平等、公正、公开和理性原则，就与公共利益或自身利益密切相关的问题，通过协商议事机制平台，依法参与基层社会公共事务、公共决策和基层社会治理以形成共识并尽可能作出决策的一种协商渠道。因此，其内涵特点可以概括为：以党的领导为根本，以群众利益需求为导向，以主体广泛参与为前提，以制度化建设为保障，以平等理性为要求，以对话和协商为手段，以达成共识为核心，以促进社会和谐为目标。作为最广泛、最直接、最生动的社会主义民主协商形式，基层协商利用群策群力的方式解决问题，可以有效地整合资源、协调利益、化解矛盾，促进基层社会的和谐稳定和经济社会的发展，是调动群众参与基层治理的重要载体，更是实现不同利益主体自身利益的有效途径。实际上，基层协商可以被视为在我国社会基层推广实现的、以普通群众为基本主体的协商民主。从长远看，基层协商民主实践是我国社会主义协商民主发展的一个重要突破口，将直接影响中国民主政治发展的步伐和走向。

（二）基层协商的外延

一般地，从外延范围来划分，基层协商主要包括乡镇（街道）

① 《中办国办印发〈关于加强城乡社区协商的意见〉》，《人民日报》2015 年 7 月 23 日。

协商、行政村（社区）协商和企事业单位协商[①]三个层面的协商类型，是一个协调运作的有机整体。其中，乡镇（街道）协商、行政村（社区）协商分别在乡镇（街道）、行政村（社区）范围内开展，企事业单位协商在单位内部开展。同样，这三个层面的协商也没有标准而权威的内涵界定。

1. 乡镇（街道）协商

乡镇（街道）协商主要是指由乡镇（街道）党（工）委主导，围绕本地城乡规划、工程项目、征地拆迁以及群众反映强烈的民生问题等重大事项和一般事项，组织有关方面开展的议事协商。主要有民主议事会、座谈会、听证会等协商形式。《中共中央关于加强社会主义协商民主建设的意见》从三个方面明确其重点任务和工作要求："围绕本地城乡规划、工程项目、征地拆迁以及群众反映强烈的民生问题等，组织有关方面开展协商。加强乡镇、街道对行政村、社区协商活动的指导。跨行政村或跨社区的重要决策事项，根据需要由乡镇、街道乃至县（市、区、旗）组织开展协商。"在基层协商中，乡镇（街道）协商是一个具有独特地位和意义的构成部分[②]，是承上启下的连接点。

2. 行政村（社区）协商

行政村（社区）协商主要是指在基层党组织领导下，行政村（社区）党组织、群众性自治组织就涉及当地公共事务、公共秩序管理、公共设施建设、矛盾纠纷调处的事项和涉及村（居）民切身利益的事项以及各类协商主体提出协商需求的事项，按照相关程序进行协商、寻求共识的民主实践形式和过程。主要有村（居）民议事会、村（居）民理事会、恳谈会等协商形式。《中共中央关于加强社会主义协商民主建设的意见》从四个方面明确其重点任务和工作

---

① 在《中共中央关于加强社会主义协商民主建设的意见》中，原文表述为"推进乡镇、街道的协商""推进行政村、社区的协商""推进企事业单位的协商"。

② 杨守涛：《乡镇、街道协商民主实践的案例与经验——以北京为例》，《领导之友》2017 年第 7 期。

要求："坚持村（居）民会议、村（居）民代表会议制度，规范议事规程。积极探索村（居）民议事会、村（居）民理事会、恳谈会等协商形式。重视吸纳利益相关方、社会组织、外来务工人员、驻村（社区）单位参加协商。通过协商无法解决或存在较大争议的问题或事项，应提交村（居）民会议或村（居）民代表会议决定。"可以看出，行政村（社区）协商是完善基层群众自治制度的重要内容。从基层协商的全国实践来看，行政村（社区）协商发展最为成熟、最具活力，因而是基层协商的重点和亮点。

3. 企事业单位协商

企事业单位协商主要是指在企事业单位内部，为了促进民主管理和决策，企业、事业单位行政部门与职工方就改革发展和经营管理、调整和规范劳动关系等重要决策事项，为达成一致意见而开展平等对话和商谈的实践过程。主要有民主议事会、劳资恳谈会、民主协商会、管理协商会、工资集体协商会等协商形式。《中共中央关于加强社会主义协商民主建设的意见》从四个方面明确其重点任务和工作要求："健全以职工代表大会为基本形式的企事业单位民主管理制度。畅通职工表达合理诉求渠道，健全各层级职工沟通协商机制。积极推动由工会代表职工与企业就调整和规范劳动关系等重要决策事项进行集体协商。逐步完善以劳动行政部门、工会组织、企业组织为代表的劳动关系三方协商机制。"① 在现实中，相较于事业单位，企业单位开展协商更普遍。

三 基层协商与关联概念辨析

在新形势下，基层协商的地位不断提高，在基层工作的各个方面中发挥着越来越重要的作用，已成为了解民意、集中民智、汇聚民心的重要平台和协商民主发展的主推手。在实践中，还需进一步厘清基层协商与基层协商民主、基层治理、人民调解、小微协商之间的内在联系和各自功能。

---

① 《十八大以来重要文献选编》中，中央文献出版社，2016，第 298 页。

（一）基层协商与基层协商民主

基层协商与基层协商民主或基层民主协商[①]是具有高度相似性和一定差异性的一对概念。结合政策层面对两者的论述来看，作为协商渠道的基层协商与作为中国特色协商民主实践重要层次的基层协商民主，并不是同一概念。基层协商民主是社会主义协商民主的重要组成部分和有效实现形式，包括民主选举、民主协商、民主决策、民主管理、民主监督五大方面实践，可以被看作一种体系；而基层协商则是社会主义协商民主的七个重要渠道之一，可以被视为实现体系功能的一种具体路径和方法。在外延上，基层协商民主涵盖的内容更为宽泛，既包括通过基层协商这一渠道直接开展的协商议事，又包括通过政协协商、人大协商、政府协商等协商渠道向基层一级延伸开展的各种民主实践活动，比如政协协商的“有事好商量”“协商在基层”“协商在一线”和人大协商的“幸福圆桌会·人民来作主”“人大协商·民主议事”“人大代表在行动”等特色协商议事活动。又如，近年来以党委统战部门为主导、以乡镇（街道）民主协商会为主渠道延伸至行政村（社区）、企事业单位的基层协商民主模式，也在各地蓬勃兴起。可以说，基层协商是基层协商民主建设的重心所在，但不能把政协协商、人大协商和“统战协商”在基层开展的协商议事实践等同于基层协商。

（二）基层协商与基层治理

党的十八大以来，以习近平同志为核心的党中央从党和国家事业发展全局的战略高度，科学谋划、系统推进基层治理领域改革，进一步夯实了党的执政基础和国家治理根基，开创了“中国之治”新局面。[②] 一般而言，基层治理是在乡镇（街道）和城乡社区的日常公共事务应对过程中，基层党组织、政府、社会组织、个人等主

---

① 理论和实践中，通常出现“基层协商民主”与“基层民主协商”两种表述，虽在词序上有所不同，但实质上它们指的是同一概念。

② 《加强党建引领基层治理——访中央社会工作部部长吴汉圣》，《人民日报》2024年9月23日。

体，在党组织的领导下以协同合作的方式有效处理公共事务、实现公共利益最大化的过程。基层治理是国家治理的基础和重心，是国家治理的重点和难点。基层治理以习近平新时代中国特色社会主义思想为指导，坚持和加强党的全面领导，坚持以人民为中心，以增进人民福祉为出发点和落脚点，以加强基层党组织建设、增强基层党组织政治功能和组织力为关键，以加强基层政权建设和健全基层群众自治制度为重点，以改革创新和制度建设、能力建设为抓手，建立健全基层治理体制机制，推动政府治理同社会调节、居民自治良性互动，提高基层治理社会化、法治化、智能化、专业化水平。[①]统筹推进乡镇（街道）和城乡社区治理，最大限度地调动社会力量来参与社会治理，是实现国家治理体系和治理能力现代化的基础工程。就基层协商与基层治理两者关系来看，作为加强基层治理和落实全过程人民民主的重要一环，基层协商能够有效赋能基层治理，既是推进基层治理体系和治理能力现代化的有效载体和重要动力，也是完善基层治理的现实要求，为推动基层治理走深走实拓宽了思路、丰富了内涵；而深化基层治理改革创新、加强基层治理体系和治理能力现代化建设，又为推进基层协商指明了发展方向、提供了实践场域。在发展全过程人民民主中，基层协商与基层治理都以人民性、民主性、广泛性为底色，具有内在耦合、互促共进的关系，应以党建引领推进基层协商与基层治理深度融合。

（三）基层协商与人民调解

作为一项社会主义法律制度，人民调解是一种制度化、经常化和专门化的非诉讼的纠纷解决方式，已成为解决纠纷、化解矛盾的一大利器。加强和改进人民调解工作，充分发挥人民调解在基层治理和源头治理中的作用，是完善国家治理体系、提高治理能力的一项重要举措，有利于改善民生，提高群众获得感、幸福感和安全感。《中华人民共和国人民调解法》第二条阐明，人民调解是指“人民

---

① 《中共中央国务院关于加强基层治理体系和治理能力现代化建设的意见》，《人民日报》2021 年 7 月 12 日。

调解委员会通过说服、疏导等方法，促使当事人在平等协商基础上自愿达成调解协议，解决民间纠纷的活动”；《人民调解工作若干规定》明确指出人民调解委员会调解的民间纠纷“包括发生在公民与公民之间，公民与法人、其他社会组织之间涉及民事权利义务争议的各种纠纷”。《中华人民共和国人民调解法》赋予人民调解以明确的法律地位与法律效力，它是基层协商的有力抓手，也是基层组织参与基层协商的有效路径。多元调解工作实践中，一些地方实现乡镇（街道）、村（居）委会人民调解委员会的全覆盖，调解本辖区矛盾纠纷；一些企事业单位也根据需要设立人民调解委员会，依法开展矛盾纠纷调解工作，最大限度把各类风险防范在源头、化解在萌芽状态。由此可以看出，在有效化解基层社会矛盾纠纷、推动达成和解共识上，基层协商特别是行政村（社区）协商、企事业单位协商与人民调解有着共同指向，都有利于解决影响社会和谐稳定的源头性、根本性、基础性问题。总体上看，两者在参与主体、调解范围、工作方式上具有一定交集，都是基层治理体系和治理能力现代化的生动实践，但在概念、属性、功能和结果等方面存在明显差异。特别是经人民调解委员会调解达成的调解协议具有法律约束力，而基层协商所达成的结果（除经公证的协商重大事项外）则属于一般共识性决议。

（四）基层协商与小微协商

小微协商是指由人民政协依托政协搭建在乡镇（街道）、行政村（社区）等基层单位的“有事来协商”工作平台，以有关基层治理或民生改善的事项为议题，组织政协委员、基层群众和政府相关职能部门共同参加的不定期开展的小微性基层民主协商活动。小微协商是由政协主导的“有事来协商”工作的重要组成部分，是各方有序参与、广泛协商、凝聚共识、促进基层治理的重要途径。从实质上讲，小微协商是政协协商向基层的延伸，是发扬和体现基层民主的一种形式。首先，小微协商是政协主导下的基层民主协商，是政协协商与基层协商相互衔接的形式；其次，小微协商具有范围小、人员少、落实快的小微性，协商议题所涉问题或事项的切入口小。[①] 从其外在形式来观察，小微协商的基本模式可以视为“政协协商+基层协商”。从两者联系上看，小微协商与基层协商同属基层民主范畴，都是在基层开展的协商，且在协商范围、议题、方式、程序和成果运用上都有许多相同之处。小微协商议题范围是“小切口”的问题或事项，往往也包含在基层协商议题范围中，但协商组织实施者显然不同。就全国来看，四川政协系统开展的小微协商活动较为典型。政协四川省委员会出台《关于深入推进“有事来协商”工作的实施意见》，要求市（州）、县（市、区）政协每年至少在乡镇（街道）“有事来协商”平台开展N（N不小于4）次小微协商活动。经过多年的实践探索，小微协商已形成诸多成功经验和成熟机制，尤其值得基层协商借鉴。目前，在行政村（社区）协商中，已普遍借用了这一概念及其实践形式。

案例

四川省武胜县政协开展小微协商做法[②]

为充分发挥人民政协专门协商机构作用，全面推进“有事来协商”工作，进一步解决政协委员参与基层协商“最后一公里”问题，四川省武胜县政协依托乡镇（街道）、行政村（社区）现有场地资源，坚持“数量适度、质量为要”的原则，聚焦民生“堵点”“愁点”“盼点”等问题开展专题小微协商活动，形成了“院坝协商”“现场协商”等特色小微协商品牌，实现了协商重心下移、协商触角下延、委员力量下沉，促进了政协协商与基层协商的有效衔接。

定议题促协商“方向准”。一是委员调研广选题。按照“不调

---

① 张必伦、刘昌全：《准确把握小微协商的内涵、属性与议题范围》，中国人民政治协商会议广安市委员会网站，2023年9月25日，http://www.gaszx.gov.cn/Item/11632.aspx。

② 本案例来自四川省武胜县委宣传部。

研不协商”要求，结合“1+N”干部联系群众走访，组织政协委员通过走村入户、街头问政、召开“坝坝会”等形式，面对面向群众征议题、问计策，确保群众需求找准找深找实。二是聚焦民生精选题。坚持“服务中心大局+解决关键小事”相结合，围绕全县经济发展的重点、群众关注的难点、社会关注的热点，按照“1+3”工作思路，将民生、自治、法治、德治作为协商主要内容，梳理确定道路安全隐患整治、农村安全饮用水保障、乡村便民路修建等议题，做到选“难题”、商“要事”、疏“堵点”。三是突出导向选准题。制定《“有事好商量”协商议事工作规则（试行）》，按照科学合理、规范有序、简便易行、民主集中的要求，突出问题导向、效果导向，通过“党政点题、委员荐题、群众出题”三个渠道，着重选取“切口小、关联广”的议题，为开展现场协商奠定基础。

定基调促协商“措施实”。一是一线协商激活力。按照“固定+流动”方式确定协商场所，坚持就近、就地、就便原则，将行政村（社区）活动阵地、田间地头、工厂车间、农村院坝等作为协商场所，灵活安排协商场地和时间；将议事协商会议开到群众家门口，让群众方便参与、踊跃参与。二是民事民议强动力。坚持“协商+自治”，结合乡风文明建设，将村（居）民自治章程完善、村规民约修改制定、星级文明户评比等基层治理重点工作纳入协商内容，以协商方式推动村（居）民自治，用协商文化引领乡村德治建设。三是多方参与聚合力。围绕“谁来协商”问题，发挥政协委员牵线搭桥作用，引导民政、司法等部门和工会、妇联、团委等组织参与；同步建立协商专家人才库，鼓励法律顾问、专家学者、社会组织、社会贤达等主动成为协商主体，凝聚专业力量。

定机制促协商“保障足”。一是高位推动建体系。按照提质增效要求，将政协协商纳入县委重点工作进行研究部署，制订年度计划，明确年度协商议题、办理程序等，有效保障协商活动开展。以政协全体会议协商为龙头，构建“1+2+4+N”协商体系，每年开展1次政协全体会议协商、2次重点协商、4次专题协商、N次基层群众参与的小微协商，推动协商活动制度化、规范化。二是提高标准建平台。按照“一室多用、功能合用、实际实用”的原则，依托乡镇政协工作联络站、村（社区）党群服务中心等现有资源，建成一批各具特色的“一商三治”平台。坚持硬件软件两手抓，印发《关于全面开展“有事来协商”平台建设的实施意见》，规范协商议事工作流程、培育协商文化等，从制度上对协商议事工作进行规范。三是成果转化保质效。出台《县政协履职成果办理反馈办法》，健全“政协呈送、党委政府交办督办、承办部门办理反馈”的成果转化机制，针对协商涉及的重点、难点问题，适时组织政协委员通过开展民主监督、调研视察、民主评议等方式进行跟踪督办，坚持再调研、再视察、再协商，推动协商成果落地落实。

第二节　基层协商的核心要素和主要类型

一　基层协商的核心要素

当前，部分地方基层缺乏对基层协商要素的必要认识，造成了一些思想困惑和工作被动，导致协商主体广泛性不足、协商内容针对性不强、协商形式多样性不够、协商程序便捷性欠缺等问题，因此迫切需要搞清楚基层协商的主体、内容、形式、程序等要素。基层协商有着四大核心要素，即主体要素、内容要素、形式要素、程序要素，它们共同构成了基层协商的民主实践框架，确保了协商过程的公正性、透明度和有效性，以及协商结果的合法性和可接受性。

（一）协商主体

协商主体问题即“谁来参与”或“与谁协商”的问题，是开展基层协商首先要解决的问题，协商主体的选择事关协商质量。

1. 概念解析

“主体”是一个多义词，在不同的领域或情境下有不同的含义。

在哲学领域，“主体”与“客体”相对，通常指对客体有认识和实践能力的人；在法律术语中，则可以指享有权利和承担义务的个人或组织。在基层协商实践中，协商主体也可被称为协商对象，是指所有参与协商且与协商事项有重要利益关系者，包括直接和间接的利益相关者，即协商议题（事项）所涉及的“所有利益相关方”，其拥有平等的权利和机会去表达利益诉求并提出其关注的问题。从其存在形式划分，可区分为具有特定身份或资格的个体、群体和组织三大主体。基层协商主体的这一多重性，决定了协商主体涵盖对象的广泛性和参与方式的多样化。理解协商主体的含义及特性，有助于更好地理解基层协商的核心要素问题。

2. 重点把握

第一，协商主体不等于协商组织实施（工作牵头主导）主体。协商组织实施主体必然是协商主体，如乡镇（街道）党（工）委和人民政府（办事处）、行政村（社区）“两委”（村党支部委员会和社区党支部委员会、村民委员会和社区居民委员会）；但因协商主体涉及范围广、构成复杂，不是所有协商主体都是协商组织实施主体，如其他经济组织、群体和个体就不是。第二，应注重增强协商主体的包容性。尽可能囊括所有利益相关方，特别是处于弱势地位的利益相关者，增加社会各界代表和普通群众在协商活动中的参与机会，最大限度地确保决策影响的利益相关者参与协商，以此努力改变利益表达机会不均衡的状况。第三，不同的协商场景有着不同的协商主体。这意味着不同的协商议题或形式可能会有不同的利益相关主体，而且同一个协商议题在不同的协商形式下也可能有不同的利益相关主体。提升基层协商质量的根本前提，就在于把协商问题涉及的所有利益相关方都整合进来，保证在协商中充分传达不同参与主体的利益诉求，只有这样才能够最为广泛地集中群体智慧，让协商的结果更加符合人民群众的利益。

（二）协商内容

开展协商首要的是确定协商内容，提高协商内容的针对性。作为协商实践的核心要素之一，协商内容所对应的就是弄清需要“协商什么”，明确协商的范围、议题，并通过有效的沟通和讨论来达成共识，这涉及协商的主题和边界问题。

1. 概念解析

协商内容是指在协商开展过程中，需要讨论和解决的各种具体问题或事项，根据协商渠道的性质和目的而有所不同。基层协商内容十分广泛，涉及基层治理中方方面面的问题，一般根据基层经济社会发展实际，针对不同类型、不同层次、不同地域、不同阶段的特点，重点把“四公一热”即重大公共决策、公共事务、公共利益、公益事业和民生热点难点问题纳入基层协商内容，以更好解决人民群众的实际困难和问题，及时化解矛盾纠纷，促进社会和谐稳定。《中共中央关于加强社会主义协商民主建设的意见》和中共中央办公厅、国务院办公厅《关于加强城乡社区协商的意见》等政策文件，都对基层协商内容作出了总体性界定。乡镇（街道）协商、行政村（社区）协商和企事业单位协商的具体内容和范围，则因协商类型、目的的不同而各不相同。

2. 重点把握

开展基层协商的重点是合理确定协商内容，协商内容及议题的选择与确定决定着协商的方向和效能，选择恰当的协商内容是提高协商针对性和有效性的基础。它要求基层协商的组织领导、协调指导主体必须从客观实际情况和需求出发，结合协商的目的和背景，明确而具体地设定协商的议题和范围。只有如此，才能合理确定协商内容，并充分兼顾所有利益相关方的诉求及建议，平衡各方利益，避免协商开展中不必要的意见分歧和资源浪费，确保协商过程聚焦于关键问题，促进共识达成。同时，又要求找准围绕中心、服务大局的切入点和结合点，既要重视对经济热点问题的协商，又要加强对社会民生实事类问题的协商，充分发挥基层协商在基层治理体系中的作用。

（三）协商形式

协商形式是一个较为复杂的“综合体”概念，在一定的情境下，与协商平台、协商类型、协商模式等密切关联，它们之间是“你中有我，我中有你”的关系。

1. 概念解析

协商形式是指为达到一定协商目的而组织开展协商的具体方式，也即协商过程中采用的方法和手段。在确定基层协商主体和基层协商内容（“谁来协商”和“协商什么”）以后，就要解决“采取什么样的协商形式”的问题，合适的协商形式是协商民主运转起来并发挥作用的重要保证。

2. 重点把握

协商形式的合理选择是开展基层协商的重要基础，从一定意义上说，协商形式影响基层协商结果并决定其质效。灵活多样的协商形式，有利于形成协商结果，达到最佳的协商效果。协商形式一般可分为线下协商、线上协商、线上线下协商三种类型，也可分为传统协商和网络协商，分别适用于不同的议题和目的。在实际操作中，又通常把会议讨论协商、书面征询协商、走访约谈协商、民主恳谈协商、沟通协调协商、决策听证协商等称为传统协商形式。

（四）协商程序

协商程序是协商民主的重要方面，程序好则操作顺。基层协商要求全过程协商，既要规范有序又要简单易行，重视关注具体的过程程序和细节。

1. 概念解析

协商程序是指在协商过程中，为达成共识目标、有效解决问题而确定的一系列基本步骤和行为规则。总体来看，基层协商程序是围绕“为何协商”“和谁协商”“协商什么”“何时协商”“怎么协商”“协商后如何执行”“协商结果如何处理反馈”等事项作出的制度化规定和设计，旨在推进实质民主和形式民主的有机统一。

2. 重点把握

提升协商民主程序的权威性、法定性、有效性，确保协商议事活动务实、高效和规范化开展，必须以规范有序、简便易行，切合实际、注重成效为原则，制定符合本地特点的议事协商程序。“规范有序”尤其强调严格按照听取和征求意见、研究协商议题、确定协商方案、明确协商时间地点及参与主体、发布公告、进行协商、公布结果、协商意见处理和反馈等流程环节进行协商，避免协商活动中存在的随意性问题；“简便易行”要求从便利群众开展协商活动的角度考虑，强调协商程序的简便性和可操作性，其应尽可能地创造条件，省去烦琐的步骤和复杂的操作，通过简化程序、减少流程和节省时间、费用、精力等，使整个协商过程更加合法正当、便利快速、高效灵活；“切合实际”要求根据不同类型、不同层级协商特点，以扩大有序参与、推进信息公开、加强议事协商、强化权力监督为重点，健全协商平台和程序，完善定期协商、协商结果应用反馈等工作机制，形成协商规范，推动民事民议民决，实现从“一元管理”向“多方共治”转变；“注重成效”强调直接建立起与参与主体的良好互动关系，明确对协商结果的监督检查、督促查办、评估评价的内容和要求，真正体现民议、民决、民办，变“替民作主”为“让民作主”，最大限度地让民主协商融入群众。

二　基层协商的主要类型

基层协商的内容广泛，包括需要针对其作出决策的重大公共事务、需要落实执行的上级部署及重点工作、需要监督的热点事项、需要调解处理的矛盾纠纷等，多是基层党委政府关注的重点问题、基层群众关心的热点问题。目前，较为主流的分类是按协商内容和性质划分基层协商的类别，乡镇（街道）协商和行政村（社区）协商一般分为决策性协商、执行性协商、调处性协商、监管性协商四类协商。这一分类体现了乡镇（街道）协商和行政村（社区）协商的特点，可以厘清其制度设计脉络。

（一）决策性协商

决策性协商是指在做出重大决策之前，通过多方参与、共同商议的方式，对本区域内重大公共事务进行的协商，目的是提高决策的质量和可接受度。协商事项主要集中在与群众切身利益相关的民生事项，如公共事务、公益事业、公共服务等方面。

（二）执行性协商

执行性协商是指为解决在执行上级或本级有关决策过程中遇到的问题而进行磋商，协商事项包括执行上级决策、落实上级交办的任务、推进重点工作和重点工程等。

（三）调处性协商

调处性协商是指乡镇（街道）、行政村（社区）对本区域内或村际、人际事务和问题进行协商调解处理，主要涉及群众意见较为集中的重点、热点、难点问题及相关矛盾纠纷等。

（四）监管性协商

监管性协商是指围绕对一些重大事务和政策执行、项目实施进行监督管理而展开的讨论协商，协商事项包括乡镇（街道）财政预算、行政村（社区）财务开支以及项目工程质量等。

第三节　基层协商的原则要求和实践意蕴

一　基层协商的原则要求

在遵循社会主义协商民主“六个坚持”（坚持党的领导、人民当家作主、依法治国有机统一，坚持围绕中心、服务大局，坚持依法有序、积极稳妥，坚持协商于决策之前和决策实施之中，坚持广泛参与、多元多层，坚持求同存异、理性包容）的总原则下，发展基层协商还应强调突出其内在原则。

（一）协商主体的平等性

社会主义协商民主是一种对话、沟通、审议、交流的民主形式，平等性是其重要特征、基本精神和内在要求。平等性意味着所有协商主体在协商过程中都应平等地表达自己的观点和诉求，并且这些观点和诉求应当受到同等的尊重和考虑。这要求在基层协商实践中，基层政权组织与基层群众性自治组织及其他组织、企事业单位行政部门与群众（职工）等所有参与主体（组织、群体和个人）一律平等——地位平等、信息平等、机会平等。因此，要保证基层协商的参与主体在人格尊严、获得协商机会、获取相关信息和资源、表达各自利益诉求以及对协商结果的影响力等方面，都享有真正平等的权利，确保协商过程的公正性和民主性。

（二）协商形式的丰富性

基层协商强调采用多样化的协商形式，以更好保证协商成效和协商目标的实现。因此，要按照动态、简便、及时、高效的要求，坚持以尊重为前提、以合作为基础、以沟通为手段，积极探索基层协商形式创新，以丰富多样、利民便民的协商形式，实现协商民主制度的动态化、灵活化运行。应灵活、交织运用适合的协商形式，注重协商形式与协商内容的适宜性。

（三）协商程序的合法性

实现程序公正、内容合法，是社会主义协商民主的基本要求。基层协商必须遵守国家相关法律法规，坚持发扬民主和提高效率相统一，按照不同协商场景应有不同程序的要求，设定一系列的规则和程序。只有通过这种制度化、规范化、程序化的设计，才能有效避免和解决协商活动中存在的随意性问题。因此，要努力优化基层协商的程序设计，建立、完善和规范协商的程序与步骤，而且还要对每个环节的具体细节予以明确规定，并强化程序执行及其合法性审查，以程序合法、过程民主充分反映民意，增强决策的合法性、科学性和有效性。

（四）协商过程的透明性

协商过程的透明性，是建立信任、促进公平和提高效率的重要因素，也是基层协商的又一重要属性。这要求进一步提升基层协商过程中知情环节、沟通环节、反馈环节的透明度，推动协商活动在公开、公正、透明、合规的制度环境中运作，实现议题公开、主体公开、纪要公开和决议公开。在实现协商参与主体充分知情的基础上，通过理性对话和深入讨论，让各主体畅所欲言，提出真知灼见、积极献言建策，最大限度地鼓励公众积极参与协商。

（五）协商目标的共同性

社会主义协商民主的目的在于达成广泛的共识。要坚持涉及群众切身利益的事项通过协商而调整、事关长远发展和民生福祉的重要事项通过协商而决策，以协商于民、协商为民为价值诉求和目标取向，促进社会不同利益群体之间求同存异、体谅包容、平等议事，实现共谋发展、共享成果、共创和谐。

二　基层协商的实践意蕴

基层协商是直接高度关涉基层群众自治的生动实践，有其更为具体的实践意蕴。必须强调理论与实践相结合，在实践中理解和运用理论，增强实践主体的能动性、实践过程的动态性和实践结果的有效性。

（一）实践指向

1. 有效沟通是基层协商的关键

基层协商直接面对基层、服务群众，是不同利益主体及不同利益主张的交流与协商过程。要让协商接地气、连民心，激发群众参与民主协商的积极性、主动性，就离不开平等对话、理性沟通。平等对话的前提是建立基层党委政府、群众性自治组织与普通群众、社会各阶层代表之间的协商对话机制和沟通平台，真正把“话筒”交给群众，让大家平等交换意见，做到“有话大胆说，有事尽管问”。如果仅有“表达”而无理性沟通，发表的意见、提出的看法再多，也不是真正意义上的民主协商。基层协商的内在要求，是营造一种畅所欲言、理性有度的协商氛围。

2. 达成共识是基层协商的核心

基层协商的出发点和落脚点在于引导多元协商主体围绕公共议

题或利益相关问题，通过真诚而深入的对话和讨论，取得公共利益及各方利益的最大公约数，找到各方都能接受的解决方案，实现有效化解矛盾、维护各自利益的愿景。在实践中，达成共识并不意味着完全消除分歧，而是指在充分尊重协商主体多样性的同时，以平等、开放和包容的精神进行沟通协商，在促进团结中尽可能形成一致的意见和决策。能否达成共识，是检验基层协商科学规范与否的重要标尺。

3. 促进决策是基层协商的根本

从决策理论看，协商民主是强调把协商纳入决策程序、让公民有序参与决策的制度安排。这一价值理念和目标追求，决定了基层协商就是在协商中达成共识、在协商中完善决策的一种决策协商。基层协商要求在决策之前和决策实施之中开展广泛协商，在促进科学决策方面具有明显优势：参与群众越广泛、协商开展越充分，就越能提供宽阔的视野和科学的思路，推动形成最佳决策方案、提升决策效率、保证决策贯彻执行，也就越有利于确保决策反映群众意愿、符合客观实际，确保决策的公正性和合法性。

（二）群众指向

群众指向是基层协商的基本导向，体现了对党的根本政治立场的确认和坚持。发展协商民主必须“协商于民、协商为民”，这是因为“人民群众是社会主义协商民主的重点”①。人民群众既是基层协商的受益者，也是基层协商的推动者。因此，基层协商实践的导向在于创新“听群众说”的机制、丰富“帮群众解”的平台、凝聚“带群众干”的共识、分享“让群众享”的成果，做到面向群众、贴近群众、尊重群众、满足群众，让群众真正积极参与到基层协商中来。

1. 让群众有参与感

中国特色社会主义进入新时代，人民对美好生活的需要日益广

① 习近平：《论坚持人民当家作主》，中央文献出版社，2021，第103页。

泛，在民主、法治、公平、正义、安全、环境等方面的要求日益提高，在基层公共政策、公共事务方面的社会参与意识越来越强，这对传统的基层社会治理模式提出了极大挑战。基层协商与群众利益休戚相关，其实质是推进基层群众广泛、直接、有序地参与基层公共事务和公益事业。只有在此过程中广泛实行群众自我管理、自我服务、自我教育、自我监督，让基层群众成为基层协商议事主角，才能更好地满足人民日益增长的美好生活需要。因此，增强群众在基层协商中的参与感，需要从三个方面入手。首先，确保群众能够参与进来。坚持既要为了群众也要依靠群众，充分发挥群众的主体作用，多方位引导和鼓励利益相关方积极参与。其次，拓宽群众参与协商的渠道。结合基层协商的新情况、新经验，在提升广度和深度上进一步发力。最后，完善群众参与协商的机制建设。及时总结群众自我服务、自我教育、自我提高的创新做法，通过制度整合推动基层协商常态化制度化，让基层协商变为群众主导的生动实践。

2. 让群众有融入感

基层群众对协商以及协商真实性和有效性的评价，往往基于自身的融入感，是否存在感知不充分、体验不愉快、预期不满足等问题，直接决定着他们对协商的理解度、认同度、支持度和参与度。在实践中，提高人民群众的融入感，应落实“坚持有事多商量，遇事多商量，做事多商量”的要求，让基层群众切身体会到民主参与的“存在感”。一是“真态度”，避免拒人于门外。在加强宣传引导、创新协商形式、增加协商频次等方面持续用力，丰富具体的协商实践，着力破解群众对协商“感知不充分”的难题。二是“真协商”，避免流于形式。前提是完善协商于决策之前和决策实施之中的落实机制和基层协商程序，并借此多协商、广协商。三是“真落实”，避免虎头蛇尾。关键在于把协商达成的各项共识一个一个落实到位，强化结果运用，让群众更加认同协商、支持协商、参与协商。

3. 让群众有获得感

基层协商的主体是群众，本质是体现和实现群众当家作主，需要着力提升群众的获得感。这体现在三个层面。一是提升群众物质获得感。群众参与协商的主要动力是获得物质利益，这就需要在协商过程中，尽可能进行广泛深入协商，使参与者充分表达自己的利益诉求，并在反复协商过程中，实现“利益最大化”，让群众在协商中获得利益。因此，通过协商作出的决定要统筹兼顾各方面利益，符合绝大多数群众的意愿。二是提升群众精神满足感。在协商过程中，要更加注重尊重群众民主权利，更加注重采纳群众合理主张，更加注重肯定群众所做之事，让群众在协商中获得精神上的满足。三是提升群众价值认同感。随着基层协商次数增多，在协商实践中，应注重提炼共同价值观，让协商文化促进协商民主、让协商民主凝聚共有价值观，增强群众价值认同感。

第三章　中国特色基层协商的发展方位

从党的十八大报告首提、党的十八届三中全会深化，到《中共中央关于加强社会主义协商民主建设的意见》做出全面部署，再到习近平在庆祝中国人民政治协商会议成立 60 周年、65 周年、70 周年、75 周年大会上的重要讲话中着重论述，社会主义协商民主从理论到实践不断丰富拓展。我国社会主义协商民主植根于中国土壤、立足于现实国情，鲜明地体现出马克思主义基本原理同中国具体实际相结合这一中国特色，社会主义协商民主作为一个包含理论和实践的完备制度体系，为中国特色社会主义政治发展道路开拓了新路径。中国特色基层协商的提出和发展过程，是一个不断总结实践经验、创新理论成果、融入民族传统、反映时代要求的过程，具有实践特色、理论特色、民族特色、时代特色。当前，随着我国民主政治实践的深入发展与完善，基层协商实践已从稳定发展阶段进入拓展深化阶段，得到人民群众的广泛认同和积极支持，为推进社会主义协商民主高质量发展夯实了实践基础。但应该看到，推进基层协商稳步发展是一项长期任务、系统工程，对其繁重性、长期性和渐进性要有充分认识，基层协商的发展不可能一蹴而就，也不可能各方面齐头并进。这就要把准其发展方位：既要树立长远的战略眼光，也要拿出现实的务实行动；既要突出共性目标，也要体现个性路径。

第一节　基层协商的总体要求和主要任务

一　总体要求

在《中共中央关于加强社会主义协商民主建设的意见》这一纲

领性文件和中共中央办公厅、国务院办公厅《关于加强城乡社区协商的意见》这一规范性文件中，均提出了提纲挈领的“总体要求”，为基层协商卓有成效地开展提供了基本遵循，指明了正确方向，具有很强的针对性和指导性。因此，依据两个文件的精神，有必要对新时代基层协商实践的指导思想、总体目标等作进一步解读，以确保基层协商实践的主题主线更清晰、更具体。

（一）指导思想

指导思想具有根本性、全局性和宏观性的特点，可将其视为行动指南和基本遵循。基层协商的指导思想，可结合《中共中央关于加强社会主义协商民主建设的意见》和《关于加强城乡社区协商的意见》两个文件来把握。

1. 两个文件明确的指导思想

一是《中共中央关于加强社会主义协商民主建设的意见》提出的协商民主的指导思想，即加强协商民主建设，必须贯彻落实党的十八大和十八届三中、四中全会精神，高举中国特色社会主义伟大旗帜，以马克思列宁主义、毛泽东思想、邓小平理论、“三个代表”重要思想、科学发展观为指导，深入贯彻落实习近平总书记系列重要讲话精神，坚持和完善我国根本政治制度和基本政治制度，以保证人民当家作主为根本，构建程序合理、环节完整的协商民主体系，推进协商民主广泛多层制度化发展，为发展中国社会主义民主政治注入新的活力，为实现“两个一百年”奋斗目标、实现中华民族伟大复兴的中国梦凝聚智慧和力量。二是《关于加强城乡社区协商的意见》提出的城乡社区协商的指导思想，即以邓小平理论、“三个代表”重要思想、科学发展观为指导，深入贯彻习近平总书记系列重要讲话精神，坚持党的领导、人民当家作主、依法治国有机统一，充分发挥社会主义制度的优越性，按照协商于民、协商为民的要求，以健全基层党组织领导的充满活力的基层群众自治机制为目标，以扩大有序参与、推进信息公开、加强议事协商、强化权力监督为重点，拓宽协商范围和渠道，丰富协商内容和形式，保障人民群众享有更多更切实的民主权利。需要强调的是，两个文件的指导思想不应是一成不变的，而是也需要在发展中与时俱进。

2. 对两个文件指导思想的补充

第一，要重点突出以习近平新时代中国特色社会主义思想为指导。这一指导党和国家全部工作的强大思想武器，是党和国家必须长期坚持的指导思想。必须更加深刻领悟“两个确立”的决定性意义，把学习贯彻习近平新时代中国特色社会主义思想在基层协商实践领域进一步引向深入，学习领会其基本内容、理论体系、实践要求，并将这一重要思想的世界观和方法论贯穿于基层协商实践的始终，运用其科学的立场、观点和方法指导推进相关工作。第二，要更多着眼于为推进中国式现代化凝聚智慧和力量。发展基层协商，要深刻领会中国式现代化的使命任务，不断增强发展全过程人民民主的动力和活力，更好发挥基层协商协调社会关系、化解基层矛盾、汇聚发展力量的独特作用。

延展

习近平新时代中国特色社会主义思想是党和国家必须长期坚持的指导思想

中国共产党第十九次全国代表大会，把习近平新时代中国特色社会主义思想确立为党必须长期坚持的指导思想并庄严地写入党章①，实现了党的指导思想的与时俱进。这是一个历史性决策和历史性贡献，体现了党在政治上理论上的高度成熟、高度自信。第十三届全国人民代表大会第一次会议通过的宪法修正案②，郑重地把习近平新时代中国特色社会主义思想载入宪法，实现了国家指导思想的与时

① 2017 年 10 月 24 日，中国共产党第十九次全国代表大会通过了《中国共产党章程（修正案）》。这一修正案规定：中国共产党以马克思列宁主义、毛泽东思想、邓小平理论、“三个代表”重要思想、科学发展观、习近平新时代中国特色社会主义思想作为自己的行动指南。

② 2018 年 3 月 11 日，十三届全国人大一次会议第三次全体会议通过了《中华人民共和国宪法修正案》。

俱进，反映了全国各族人民共同意志和全社会共同意愿。习近平新时代中国特色社会主义思想是新时代中国共产党的思想旗帜，是国家政治生活和社会生活的根本指针，是当代中国马克思主义、21 世纪马克思主义，为我们党团结带领全国各族人民实现中华民族伟大复兴提供了行动指南和思想武器。

（二）总体目标

《关于加强城乡社区协商的意见》明确提出城乡社区协商的总体目标，即“基本形成协商主体广泛、内容丰富、形式多样、程序科学、制度健全、成效显著的城乡社区协商新局面”（见图 3-1）。这一极具现实针对性的“24 字”总体目标，涵盖城乡社区协商的基本要素，是方向性、全局性、统领性、有效性的有机统一，也可视为稳步推进基层协商的总体目标。这意味着基层协商实践是一个各方面相互支持、协调一致的整体，应从主体广泛、内容丰富、形式多样、程序科学、制度健全、成效显著六个维度发力，最大限度地实现贯通协同。

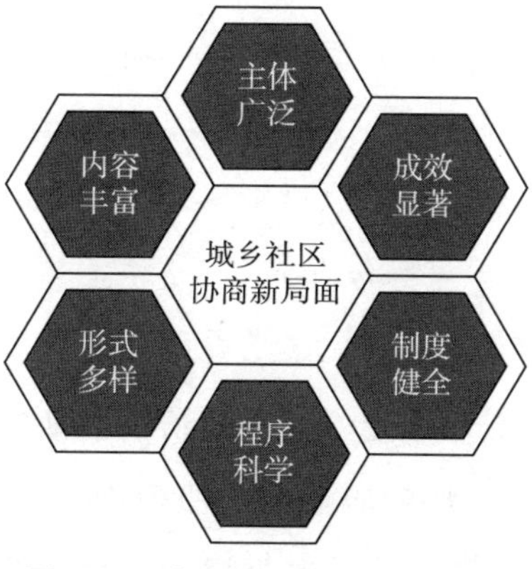

图 3-1　城乡社区协商总体目标

二　主要任务

总体要求是基本遵循，主要任务是工作重点。稳步开展基层协商，应聚焦其总体目标、抓住其关键环节，确立五个方面的主要任务，促进基层协商的范围不断扩大、层次不断提升、成效不断增强。

（一）确定协商主体

重在“确定”，即精准识别并明确参与协商的所有利益相关方。由于不同的协商领域和情境对应着不同的协商主体构成，乡镇（街道）协商、行政村（社区）协商、企事业单位协商应根据主体侧重、涉及事项的不同，由三类协商的主导者牵头，本着依法、属地、合理原则确定参与协商主体。

（二）明确协商内容

重在“明确”，即界定什么议题可以议、什么议题不可以议，什么议题“重点议”、什么议题“一般议”等。在不违背法律法规和政策规范的前提下，应根据本地经济社会的发展实际和基层协商的发展现状，突出广泛协商，针对不同类型、不同层次、不同地域等的特点，分类合理确定协商内容。

（三）拓展协商形式

重在“拓展”，即不断创新与丰富协商的方式和手段。应结合参与主体情况和具体协商事项，深入探索、创新基层协商的形式载体，搭建网络协商平台，形成一批灵活、多样、便捷的协商形式，以更好满足人民群众的民主实践新需求。

（四）规范协商程序

重在“规范”，即以制度设计确保协商活动的有序进行和协商结果的合法性与有效性。理顺协商前、协商中、协商后“三个阶段”，围绕研究提出协商议题、确定参与协商主体、提前通报协商内容、组织开展协商、形成协商意见、组织落实协商成果等流程和步骤，制定合乎标准的一般程序。在协商规程方面，明确协商组织人的产生方式与职责、不同类型议题的人数要求、协商议事的全套流程、协商发言的规范要求等，不断完善协商细节。

（五）运用协商成果

重在“运用”，即将通过协商取得的共识、建议或意见转化为具体决策或行动方案，加以有效实施和应用，使之落地见效。重点健全协商成果采纳、落实和反馈机制，在规定期限内通过便于公众知晓的方式公开，或以适当方式向公众反馈；抓好协商结果的督促落实，确保成果转化落地。

第二节　基层协商的内在特质和独特优势

一　内在特质

就功能定位而言，基层协商是一个广泛和真诚倾听民声、征询民意、集中民智和发扬民主的过程，以其内在特质和独特优势，在统一思想、凝聚共识和辅助决策等方面发挥了良好作用。实践表明，基层协商作为推进基层协商民主建设的主渠道，已成为联系人民群众、服务人民群众的主战场。其特质可从主体、内容、形式三个要素方面加以解读。

（一）协商主体的基层性

一般而言，中国共产党同民主党派和无党派人士开展的政党协商、国家政权机关开展的人大协商和政府协商、政协组织开展的政协协商（基层协商议事除外），如各民主党派中央、全国工商联负责人和无党派人士代表座谈会，一年一度的全国两会（中华人民共和国全国人民代表大会和中国人民政治协商会议），以及省、自治区、直辖市人民政府召开的《政府工作报告（征求意见稿）》征求意见座谈会等，都属于宏观层面的协商渠道，都是落实全过程人民民主的制度载体，其共同参与主体主要是各民主党派代表、各界人士代表和公众代表，具有层级高、领域广、代表性强的特点。相较而言，微观层面的基层协商，功能定位是解决人民群众的实际困难和问题，其主要参与主体是基层党组织、村（居）民委员会、村（居）民，主要涵盖基层组织和企事业单位的成员，如城乡社区居民、企事业单位员工等群体，他们多为基层普通群众。正是基层协商参与主体的基层性、自治性和广泛性、针对性，赋予了基层协商非凡的发展潜力，使其发展成为协商民主最广泛的实践。

（二）协商内容的微观性

政党协商、人大协商、政府协商、政协协商、人民团体协商等协商渠道，主要着眼于国家治理这一宏观领域，协商内容包括法律的制定、修改，国民经济和社会发展的中长期规划，如何处理改革、发展、稳定的关系等重要问题，以及政府中心工作决策与咨询等关系国计民生的大事。基层协商的内容主要聚焦与人民群众切身利益直接相关的生活、生产和工作问题及群众的具体利益诉求，包括群众身边的操心事、烦心事、揪心事和“鸡毛蒜皮”小事，以及企事业单位休假政策、奖金发放等问题。在行政村（社区）协商中，修订完善村规民约和居民公约也是一项重点协商内容（事项）；在企事业单位协商中，协商往往是职工与单位之间、职工与管理层之间或单位内部不同部门之间的交流、商议。基层协商要面对和解决的问题，就是基层治理的热点难点问题，基层协商属于基层社会治理层面和基层自治层面的协商。

案例

江苏省南通市崇川区文峰街道五一社区完善居民公约协商议事活动[①]

协商平台：崇川区文峰街道五一社区“有事好商量”协商议事室。

召集人：文峰街道五一社区党委书记。

协商议题：完善居民公约，树立文明新风。

选题背景：文峰街道五一社区地处新城区行政中心北侧，是一个由城郊接合型社区向城市型社区快速转型的新型社区。随着经济

① 本案例来自江苏省南通市崇川区文峰街道办事处。

社会的快速发展，垃圾分类、规范养犬、高空抛物等成为基层社会治理的热点、难点问题，现行的居民公约已不能满足当前居民的自治需求，亟须重新制定更加合乎民意的新居民公约，以引导居民群众革除陈规陋习、弘扬公序良俗、培育文明乡风，助推社区高质量发展。

商前调研：五一社区召开商前调研会议，提前将议题告知委员以及居民代表，并就目前居民公约部分条款是否适应群众居民生活、是否符合当前最新法规政策等问题进行了深入讨论，讨论的具体内容十分丰富，比如如何调动居民群众积极参与文明城市长效管理、如何提升居民垃圾分类投放意识、继续倡导晚婚晚育是否顺应时代要求等。通过收集初步意见建议，为更好开展协商议事打下了基础。

协商对象：严格按照《文峰街道“有事好商量”协商议事室工作手册》要求，将协商主体规模控制在12人，其中包括政协委员3人、群众代表（含利益相关方、乡贤）5人、社区干部2名、物业公司代表2名。

组织协商：协商议事活动由党政点题，围绕社区现有的居民公约、居民约定成俗的做法、需要摒弃的陋习等方面，并结合当下社区治理的热点和难点，协商讨论修订社区居民公约。活动中，与会人员对原有的居民公约逐条进行讨论，大家畅所欲言、各抒己见，不仅提出了自己的建议，也指出了居民生活中存在的不文明现象。

成果转化：协商活动结束后，议事室整理形成协商建议报送单报送社区党委，社区党委及时采纳。根据协商会议的意见建议，社区党委迅速组织人员对居民公约进行重新编撰。符合民意的新版居民公约定稿后，社区“两委”及时制订宣传方案，邀请五星文明户、最美家庭等先进典型代表榜样引路，引导广大居民自觉遵守；社区工作人员同步开展划片包干、逐户宣传工作，使新版居民公约得以家喻户晓、深入人心。

（三）协商形式的创新性

在我国，政党和国家层面的协商渠道的特性决定了其实践形式相对固定，如提案、考察、听证、评议、民主监督等，而且有着严格的协商议事规则、运行制度程序与要求。而基层协商中，由于参与公众的利益诉求相对集中，因而进行对话协商往往更加便利，基层协商组织开展的程序、时间相对比较自由，形式也更加灵活多样。近年来，全国各地在基层协商探索实践中，锚定加强党建、畅通渠道、激发活力、提升实效等要求，已发展形成居民议事会、民情恳谈会、事务协调会、公共政策听证会、乡贤参事会（联合会）等议事协商新模式，深化了基层协商实践内涵。目前，我国基层协商的形式最具创新性，已成为基层群众自治最鲜活的现实明证。

二　独特优势

随着基层治理现代化水平的不断提升，基层协商在自觉参与、融入、助力基层治理过程中，也凸显出自身独特、独有、独到的优势。实践中，需要把基层协商这一优势进一步转化为发展实绩和治理效能。

（一）自治法治德治“三治融合”的优势

早在 2018 年，中共中央、国务院印发的《乡村振兴战略规划（2018—2022 年）》就提出要坚持自治为基，加强农村群众性自治组织建设，健全和创新村党组织领导的充满活力的村民自治机制；推动村党组织书记通过法定程序担任村委会主任；发挥自治章程、村规民约独特功能；全面建立健全村务监督委员会，推行村级事务阳光工程；依托村民会议、村民代表会议、村民议事会、村民理事会等，形成民事民议、民事民办、民事民管的多层次基层协商格局。① 党的二十届三中全会进一步提出，“健全党组织领导的自治、法治、德治相结合的城乡基层治理体系”②，构建全国城乡基层治理体系已被推向前所未有的高度。自治、法治、德治“三治”的结合

① 《十九大以来重要文献选编》上，中央文献出版社，2019，第 167~168 页。

② 《中共中央关于进一步全面深化改革　推进中国式现代化的决定》，人民出版社，2024，第 41 页。

不是社会治理方式的简单叠加，而是自治强基、法治保障、德治教化三种治理机制的系统性融合。在推进社会主义民主政治建设和中国式现代化的过程中，基层已成为一个重要支点。基层作为社会治理的基础单元和连接政府与群众的桥梁，是能够较完整涵盖这三种治理机制的最小层级。当前，在加强基层协商中，各地大胆实践探索、密切联系群众，坚持“自治”的核心基础地位，以基层群众民主协商、民主决策、民主管理、民主监督为基础，融入“法治”和“德治”元素，丰富协商渠道与“三治”相结合的实践载体，发挥推进基层协商与基层社会治理同频共振的天然优势，在推动政府与居民自治良性互动、强化城乡基层民主议事协商、修订完善村规民约和居民公约、提升城乡基层公共决策执行力等多方面取得新突破。特别是全面落实城乡社区协商“三议一表决”“四议两公开”制度①，因地制宜制定完善协商规程、设计协商方案，创新协商议事形式和活动载体，激活基层协商善治的“细胞核”，推动形成了“围绕群众转、群众说了算、依靠群众干”的基层议事协商新格局。

（二）基层和群众首创精神与主观能动优势

基层首创精神，就是基层干部群众在面对新问题和新挑战时，敢于突破传统思维、勇于探索创新的精神品质。它犹如从实践中生长出来的智慧之花，始终绽放在新时代全面深化改革的大花园。实践证明，尊重基层和群众的首创精神，是我国改革开放取得巨大成就的重要经验。基层人民群众身处实践最前沿，对基层感知最敏锐、感受最深切，意见建议最高明、最管用，因而保障基层人民群众意见建议的畅通表达，有利于更好破解基层难题、提升治理成效。正是通过从基层人民群众的创造性实践中不断总结新鲜经验，党和国

① “三议一表决”制度：党支部会提议、“两委”会商议、党员大会审议，再由村（居）民代表会议或村（居）民会议表决。“四议两公开”制度：“四议”即党支部会提议、“两委”会商议、党员大会审议、村（居）民代表会议或村（居）民会议决议，“两公开”即决议公开、实施结果公开。两者都坚持所有村（社区）级重大事项必须在党组织领导下按程序决策实施，以提高村（社区）级议事决策民主性。目前，实践中有的地方还将其拓展为“五议两公开”“五议五公开”等。

家才将一个个“点”的突破提升为“面”的推广。比如，源于政法工作实践的“枫桥经验”、来自乡村治理领域“三治融合”的实践创新等，都被吸纳进党中央决策部署，在新时代进一步发扬光大。在基层协商实践中，基层人民群众的首创精神得到充分发挥，“小院议事厅”、“板凳议事会”、“屋场恳谈会”和“协商议事日”等多样化基层民主实践不断涌现，一项项制度机制，促进了顶层设计和基层协商探索的良性互动、有机结合，最大限度实现了“把最广大人民智慧和力量凝聚到改革上来”。

延展

新时代“枫桥经验”

新时代“枫桥经验”是基层协商民主在基层治理中的实践典范，具有协商主体多元化、协商参与规范化和协商目标人本化的鲜明特征。无论时代如何发展，“枫桥经验”中基层协商民主理念的内核都是发动和依靠群众，坚持预防在前、调解优先、运用法治、就地解决，将涉及群众切身利益的问题协商在基层、解决在基层，实现矛盾不上交，为基层形成共治、自治、善治的格局赋能增效。

协商主体多元化。新时代“枫桥经验”已逐步发展为党委领导、政府负责、社会组织和群众广泛参与治理的先进经验，这与基层协商民主协同共治的理念不谋而合。创造各种条件让广大人民群众通过民主协商的方式共同参与基层社会治理，使协商主体充分行使表达权和监督权，有助于激发人民群众的主人翁意识，破解基层治理资源不平衡、信息不对称的困境。

协商参与规范化。“枫桥经验”构建了“村干部依法引领、社会组织有序补充、村民广泛参与”的矛盾纠纷多元化解体系，解决了协商方式、协商流程等方面的一系列程序性问题，因此在全面推进村级议事协商制度化、规范化，推动民事民办、民事民管中成功打造了“中国之治”的一张名片。

协商目标人本化。“枫桥经验”中蕴含的基层协商民主理念，实质上就是本着“群众利益无小事”的原则开展民主协商，让不同利益主体各得其所，进而在优化基层社会治理中解决群众急难愁盼的问题，更好地维护群众的根本利益，让广大群众拥有更强的获得感、幸福感和安全感。

延展

乡村治理“三治融合”

1. 推进“三治融合”是新时代乡村治理体系建设的重要目标

乡村治理是国家治理的基石。党的十八大以来，以习近平同志为核心的党中央高度重视推进乡村治理现代化。早在 2017 年 12 月 28 日，习近平在中央农村工作会议上就指出：“健全自治、法治、德治相结合的乡村治理体系，是实现乡村善治的有效途径。”[①] 党的十九届六中全会审议通过的《中共中央关于党的百年奋斗重大成就和历史经验的决议》，将“健全党组织领导的自治、法治、德治相结合的城乡基层治理体系”[②] 作为新时代社会建设所取得历史性成就的一部分。这表明，要实现乡村振兴战略中的“治理有效”目标，就必须坚持自治、法治、德治相结合，全面推进“三治融合”。

2. “三治融合”凝聚基层治理合力

《中共中央　国务院关于加强和完善城乡社区治理的意见》指出，要“充分发挥自治章程、村规民约、居民公约在城乡社区治理中的积极作用，弘扬公序良俗，促进法治、德治、自治有机融合”。应该看到，作为乡村治理体系的三要素，自治、法治、德治既相互联系、相互交融，又在手段上具有明显的差异性。自治重在自我管理，法治重在外部约束，德治重在道德引领，但自治、法治、德治三者之间又具有功能上的互补性。自治通过发挥自我管理功能，为法治、德治奠定良好的主体基础；法治通过发挥外部约束功能，为自治、德治提供良好的制度条件；德治通过发挥道德引领功能，为自治、法治营造良好

---

① 《习近平著作选读》第 2 卷，人民出版社，2023，第 94 页。

② 《十九大以来重要文献选编》中，中央文献出版社，2021，第 288 页。

的道德氛围。一言以蔽之，自治是乡村治理的社会基础，法治是乡村治理的制度保证，德治是乡村治理的伦理根基。因此，在新时代乡村治理中，单一的自治、单一的法治或单一的德治，都是行不通的。只有有效推进“三治融合”，才能真正发挥自治、法治、德治功能互补的最大效能，才能真正健全新时代乡村治理体系。

3. 有效推进“三治融合”必须做到“三个强化”

要强化党建引领，党建引领是有效推进“三治融合”的政治保证。新时代乡村治理是一个以基层党组织为核心，以基层经济组织、群团组织、社会组织、自治组织等为治理实施主体的组织体系。农村基层党组织是党在农村全部工作和战斗力的基础。新时代乡村治理要强化党建引领，就必须充分发挥基层党组织在乡村治理中的引领作用。这就必然要求做到以下几点。第一，注重夯实基层党组织的领导核心地位。要全面开展党组织标准化规范化建设，彻底扭转基层党组织“软弱涣散”的局面，确保基层党组织坚强有力，选优配强带头人。第二，注重发挥基层党组织的价值引导功能。基层党组织要注重引导广大党员发挥好先锋模范作用，积极培育和践行社会主义核心价值观，用实际行动引领广大群众营造共建共治共享的美好家园。第三，注重开展契合乡村社会治理需要的主题活动。基层党组织应该根据乡村治理的现实需要，确立主题活动周、主题活动月、主题活动年。在主题活动中，基层党组织要对乡村治理中的难点、痛点问题进行认真研究和科学决策。

要强化协同运作，协同运作是有效推进“三治融合”的目标指向。只有实现协同运作，才能真正发挥“三治融合”的最大治理效能。在新时代乡村治理中，要实现自治、法治与德治的协同运作，就必须在目标、资源、机制三方面下功夫。要实现目标协同运作，就必须强化乡村治理“三治融合”目标的顶层制度设计，尽快完善共建共治共享的社会治理制度，建立目标责任清单制度和目标成效考核制度，按照人人有责、人人尽责、人人享有的原则建设乡村治理共同体，将自治、法治与德治的具体目标统一到乡村治理共同体的总体建设目标之中，为推进“三治融合”提供有力的制度保证。要实现资源协同运作，就必须树立“融合”理念，将乡村治理中的经济资源、文化资源、社会资源等整合到“三治融合”的全过程之中，为推进“三治融合”夯实基础。要实现机制协同运作，就必须推进乡村治理机制由“三社联动”向“五社联动”转型，充分激发社区、社会组织、社会工作者、社区志愿者、社会慈善资源在乡村治理中的主动性与积极性，并构建起社区、社会组织、社会工作者、社区志愿者、社会慈善资源在乡村治理中的协同运行机制，为推进“三治融合”提供健全的机制保障。

要强化方式创新，方式创新是有效推进“三治融合”的生命力所在。只有实现方式创新，才能确保“三治融合”长久保持活力。在新时代乡村治理中，要推进“三治融合”的方式创新，就必须大力弘扬新时代“枫桥经验”，聚焦乡村治理的重大现实问题，探索适合不同乡村社区需要的自治、法治与德治新方式。实现自治方式创新，就必须注重促进村民的公共参与，创新村规民约的实践形式，充分发挥乡村社区组织与志愿服务组织的治理功能。实现法治方式创新，就必须注重增强村民的法治意识，提升村民的法治思维能力，创新“法律明白人”制度与实践形式，营造乡村治理的良好法治氛围。实现德治方式创新，就必须注重强化村民的道德观念，全面加强村民的社会公德、职业道德、家庭美德、个人品德建设，创新道德教化的实践形式，积极探索家庭家教家风在乡村治理中的融入方式，充分发挥家庭家教家风在乡村治理中的道德教化功能，从而为新时代乡村治理营造良好的道德环境。

（三）多个协商渠道衔接配合的优势

基层协商与其他“六大协商”共同作为社会主义协商民主的重要渠道，职能上在某些领域、某些范围具有一致性，虽各有优势、各有侧重，但都服务于不断健全和完善社会主义协商民主制度、推进国家治理体系和治理能力现代化，统一于以中国式现代化全面推进强国建设、民族复兴伟业的历史进程之中。基层协商作为社会治理的重要方式，在破解基层治理难题、促进社会和谐稳定方面具有重要价值。人大协商、政府协商、政协协商等渠道发挥其制度优势，使协商民主与基层协商相互贯通、相互促进、相互提升，带来有序的政治参与、有效的协商沟通、有力的机制保障，无疑是参与基层治理现代化建设的重要切入点。因此，多个协商民主渠道向基层延伸的实践趋势，与基层协商制度化、规范化、程序化水平提升的现实需求存在着高契合度，它们相向而行、衔接聚合，既为提升基层协商水平创造了有利条件，又为基层协商增创了资源优势和发展合力。

案例

推动“市县政协协商与基层协商相衔接”的广西实践①

党的十八大以来，在习近平新时代中国特色社会主义思想的指导下，广西在探索市县政协协商与基层协商有效衔接问题上作出了一些有益尝试，并取得可喜成绩。其主要创新做法包括以下几个方面。

构建基层协商民主工作格局。2020 年 12 月，自治区政协组织召开全区政协推动政协协商与基层协商有效衔接工作会议，对全区推进该项工作作出具体规划和部署。各市成立了推动政协协商与基层协商有效衔接工作领导小组，由市委书记担任组长、市政协主席担任常务副组长，市直部门负责人为小组成员，并在市政协机关专门设立领导小组办公室负责日常工作。各县（市、区）党委在当地市委的统一领导下，成立县级组织机构，打造形成了“党委领导、政府支持、政协搭台、多方参与、服务群众”的基层协商民主工作新格局。

完善基层协商民主制度体系。为进一步发挥制度对工作的指导和规范作用，全区各市县均制定出台了相应的规章制度，为推进市

① 刘超伟：《推进市县政协协商与基层协商有效衔接的思考——以广西实践为例》，《吉林省社会主义学院学报》2024 年第 4 期。

县政协协商与基层协商有效衔接提供了基本依据。如2020年河池市委出台《关于充分发挥政协专门协商机构作用推动政协协商与基层协商有效衔接的意见》，市政协出台《全市推动政协协商与基层协商有效衔接工作方案》《协商议事室工作指导规则》《政协委员工作室工作规则（试行）》《协商议事室指导员工作制度》等系列制度，有效提升了政协参与基层协商的制度化规范化程序化水平。

搭建基层协商民主组织平台。全区市县政协高度重视基层联络站（室）的打造，主要体现在：在乡镇（街道）成立政协工作联络站，在乡镇（街道）、村（社区）、企事业单位搭建政协协商议事室，在市、县（市、区）直机关，企事业单位，工业园区成立政协委员工作室；依托建立的联络站（室）为市县政协委员深入基层开展协商提供组织平台，有效拓展了政协委员在基层一线的履职平台，解决了市县政协在基层没有“脚”的问题。截至2022年底，全区各级政协委员联络站（室）、基层议事机构已基本搭建完成。

打造基层协商民主品牌矩阵。在广西政协“桂在协商”全媒体品牌的引领下，全区各设区市政协精心打造了一批基层协商品牌，涌现出南宁“邕有协商”、柳州“新柳州人”、来宾“和事佬”、梧州“‘梧’来协商”、北海“凉茶调解”、百色“有事好商量”、河池“协商在河池”、玉林“玉事好商量”等一批有实效、得民心的协商品牌。广西各县（市、区）也纷纷打造了具有本地特色的基层协商民主品牌，在品牌命名上既简单易懂，又突出本地文化元素，如柳州市打造的城中区“同心协商”、柳城县“柳事诚商”、柳北区“协商有道”、融安县“桔事好商量”等系列协商品牌。

（四）推动全过程人民民主走深走实的优势

全过程人民民主制度化、规范化、程序化水平如何提升？应从具体实践入手。“中国发展全过程人民民主，既有完整的制度程序，也有完整的参与实践。”① 而协商民主既全方位存在于全过程人民民主完整的制度程序里，又贯穿在其完整的参与实践中，成为全过程人民民主得以确立的重要支撑。一方面，协商是全过程人民民主制度程序的内在基因。全过程人民民主基于人民当家作主制度体系而构建起的制度安排需依靠协商来有效运行，其中人民代表大会制度依托人大协商，实现宪法法律的修改制定、国家机构组成人员的产生罢免、国家重大事项的确定；中国共产党领导的多党合作和政治协商制度依托政党、政协协商，实现国家方针政策的制定实施、改革发展问题的讨论解决；基层群众自治制度依托人民团体、基层和社会组织协商，实现民意反映、民智集中和共识达成。协商与制度的深度互嵌，使社会主义协商民主成为中国社会主义民主政治的特有形式和独特优势，也赋予了全过程人民民主发展的强大力量。另一方面，协商是全过程人民民主参与实践的核心要素。在全过程人民民主的民主选举、民主协商、民主决策、民主管理和民主监督五大实践环节中，协商扮演着举足轻重的角色。其中民主选举中选举主体的产生、候选人的提名、选举程序及方式的确定，民主决策中决策内容的确定、决策规划的完善和决策合法化的实现，民主管理中管理理念的确立、管理方法的运用、管理工具的选择，民主监督中监督主体的确认、监督内容的确定、监督手段的使用都需要通过协商来完成，协商是参与全过程人民民主绕不开的核心因素。无论是在完整的制度程序还是在完整的参与实践中，协商民主都占据重要地位，成为“实践全过程人民民主的重要形式”②。而在全过程人民民主和社会主义协商民主中，基层是重要的场域。习近平明确指出“基层民主是全过程人民民主的重要体现”③，阐明了基层民主与

① 中华人民共和国国务院新闻办公室：《中国的民主》，人民出版社，2021，第23页。

② 习近平：《高举中国特色社会主义伟大旗帜　为全面建设社会主义现代化国家而团结奋斗——在中国共产党第二十次全国代表大会上的报告》，人民出版社，2022，第38页。

③ 习近平：《高举中国特色社会主义伟大旗帜　为全面建设社会主义现代化国家而团结奋斗——在中国共产党第二十次全国代表大会上的报告》，人民出版社，2022，第39页。

全过程人民民主的逻辑关联。而基层协商作为社会主义协商民主的七大重要形式之一，是其广泛多层发展的关键一环，也构成了全过程人民民主在基层的生动实践。因此，在实现第二个百年奋斗目标的新征程上，加强基层协商民主的程序化建设是回应全过程人民民主发展要求的应有之义，是以程序赋能全过程人民民主以实现社会主义现代化建设的有效途径。[①] 基层协商作为完善协商民主体系的重要一环，既是“最广泛、最真实、最管用的民主”[②] 的重要内在支撑，也是积极发展全过程人民民主的重要探索，为地方进行民主形式创新实践提供了广阔空间。

第三节　新时代基层协商的价值追求

一　为凝聚服务高质量发展的众智众力开辟路径

当前，着力解决一批制约构建新发展格局和推动高质量发展的卡点堵点问题、影响发展环境和民生福祉的痛点难点问题、妨碍社会公平正义的焦点热点问题，迫切需要进一步推进基层协商，拓宽人民群众出谋划策和反映诉求的渠道，更好发挥人民群众的聪明才智。

（一）提高基层决策的科学性和民主化水平

协商民主与公共决策具有天然的内在逻辑关联性，发展协商民主对于促进政府决策民主化、科学化具有十分重要的现实意义。在决策中，科学决策和民主决策是两个基本要求。对基层来说，现实中大量涉及群众切身利益的决策必须借助基层协商来实现科学决策、民主决策。

---

① 莫岳云、许国燕：《以程序民主赋能基层协商民主的三重维度——以全过程人民民主为视角》，《广州社会主义学院学报》2024 年第 1 期。

② 习近平：《高举中国特色社会主义伟大旗帜　为全面建设社会主义现代化国家而团结奋斗——在中国共产党第二十次全国代表大会上的报告》，人民出版社，2022，第 37 页。

1. 助力科学决策

科学决策的内涵，是遵循正确的决策原则和决策程序，这需要践行中国特色社会主义协商民主。基层协商强调在决策之前和决策实施之中开展广泛协商，有利于形成最佳决策方案、有利于促进决策贯彻执行、有利于提升决策质量和效率。在基层协商和群众自治实践中，都要求从实际情况出发、因地制宜，通过强化制度保障，使基层协商真正成为民主化、科学化决策的重要环节和重要平台。实践证明，各地基层协商实践中创造的协商制度和形式，如民主恳谈会、公共政策听证会、居民论坛、公民评议会及其他一系列工作模式等，通过广泛、平等、有序的协商，能够更好地反映民意、集中民智、增进共识，从而提高基层决策的公共性和科学性。

2. 赋能民主决策

在基层议事决策过程中，尤其需要在民主决策、民主监督的过程中去执行和修正决策，基层协商正好弥补了政府决策在民主上的不足。近年来，不少乡镇（街道）着眼于充分发挥民主协商的作用，都健全了基层重大公共事务决策民主议事协商制度，建立了镇级民主协商委员会、公共决策咨询委员会等辅助决策重要机构，强化了党（工）委、政府（办事处）工作中的民主决策、民主监督。一些地方基层在协商实践中，还探索建立了社会公众列席乡镇（街道）协商活动的制度，倒逼乡镇（街道）议事协商能力提升，正在不断激发基层治理新活力。基层协商在基层决策中的嵌入，既能体现和反映人民群众的意志与愿望，又能促进基层决策的民主化和规范化。

（二）汇聚基层社会创新创造动能

基层协商的主体除相关群众外，还包括基层党组织、村（居）民委员会、社会团体、行业协会和企事业单位，它们共同参与基层协商民主实践。这有利于使社会治理成为亿万人民参与的生动实践，让人民群众成为社会治理的最广参与者、最大受益者、最终评判者，有效推进社会治理体系和治理能力现代化。

1. 激发基层改革创新活力

“改革创新最大的活力蕴藏在基层和群众中间，对待新事物新做法，要加强鼓励和引导”[①]，尊重人民群众的主体地位和首创精神，是基层协商的必然要求。在经济发展和社会治理过程中，基层协商发挥作为全过程人民民主实践载体的作用，融入基础设施改造、环境卫生整治、文明城市创建、治安维稳等工作中，畅通民意诉求表达的“最后一公里”，实现“问需于民、问计于民、问效于民”的治理初衷，让协商看得见、摸得着、落得实。通过广泛参与基层公共事务和公益事业管理，人民意志得到充分彰显、人民权利得到充分保障、人民首创得到充分鼓励。在基层协商中，一大批新做法、新探索的不断涌现，就是最好的注脚和诠释。这些实践上的创新，已成为具有鲜明中国特色的协商民主的重要载体和组织形式。

2. 焕发基层民主实践生机

基层协商是人民民主中民主协商的一个部分。从一定意义上说，基层协商也是促进政府治理与居民自治良性互动的协商。基层群众自治制度是我国一项基本政治制度，它以村民自治制度、居民自治制度和职工代表大会制度为主要内容。实践表明，我国的基层群众自治参与人数众多、自治领域广泛、民主实践生动，已展现出旺盛的生机活力。基层协商特别是城乡社区协商在基层群众自治中的广泛运用和创新发展，正在不断深化和丰富基层民主的“三个实践”，即以村（居）民会议、议事协商、民主听证等为主要形式的民主决策实践，以自我管理、自我服务、自我教育、自我监督等为主要目的的民主管理实践，以村（居）务公开、村（居）务监督、民主评议等为主要内容的民主监督实践。城乡居民通过遍布城乡社区的基层群众性自治组织参与协商，增强了协商民主意识，激发了参与民主实践的积极性、主动性、创造性，促进了基层民主健康发展。

---

① 《习近平主持召开中央全面深化改革委员会第十四次会议强调：依靠改革应对变局开拓新局 扭住关键鼓励探索突出实效》，中国政府网，2020 年 6 月 30 日，https://www.gov.cn/xinwen/2020-06/30/content_5522993.htm。

案例

浙江杭州余杭区径山镇小古城村：以协商议事推进乡村高质量发展①

小古城村是习近平同志在浙江工作期间调研过的村子，也是“众人的事情由众人商量”理论的发源地。2005 年 1 月 4 日，习近平来到小古城村调研“三农”工作和基层民主政治建设。在深入调查研究、充分了解情况后，针对小古城村的现状，在小古城村会议室召开的座谈会上，习近平强调“村里的事情大家商量着办”，并且嘱咐小古城村干部“加强基层民主法治建设，服务好‘三农’”②。2015 年 4 月，习近平通过中共中央办公厅给小古城村民委员会回信，再次要求小古城村大力发展基层民主，坚持“村里的事情大家商量着办”。③

多年来，小古城村一以贯之用好“众人的事情由众人商量”这一民主协商法宝，充分发挥村党委的领导核心作用，从议什么、谁来议、怎么议、议的效力“四议”入手深化完善民主协商机制，规范村、网格（组）两级协商议事工作程序，探索建立民主协商工作由“群众提”、议题由“支部审”、方案由“网格议”、决策由“代表决”、过程由“专人督”、结果由“群众评”的六步协商法，形成民主协商议事全过程协商体系和工作闭环，带动老百姓参与全村各项工作。

其实践精髓在于：一是“听民声”，在基层民主自治中听到好声音；二是“与民谋”，让民意成为高质量决策的源头活水；三是“请民督”，推进惠民举措落地生根。以基层协商为助推，小古城村持续推进美丽乡村建设，成功打造“村美民富”样板村，先后获得

---

① 张晓华、陆健：《众人“商量”出好日子——浙江省杭州市余杭区着力打造全过程人民民主基层实践样本》，《光明日报》2025 年 1 月 18 日。

② 周咏南等：《众人的事情由众人商量》，《浙江日报》2025 年 1 月 8 日。

③ 肖立辉等：《“众人的事情由众人商量”——浙江省杭州市余杭区党建引领“众人议事”的实践探索》，《学习时报》2025 年 1 月 3 日。

全国乡村治理示范村、全国民主法治示范村、国家级生态村、全国文明村等数十项荣誉称号，迈上发展“全过程人民民主”的新征程，走出了一条以党建为引领、以人民为中心、以“众人的事情由众人商量”的基层民主协商为法宝的共同富裕建设新路子。目前，小古城村未发生一起上访事件。可以说，小古城村以基层民主协商推进乡村高质量发展、建设共同富裕示范村的实践探索，是在习近平新时代中国特色社会主义思想的指引下展开的，是坚持党的领导、坚持人民至上、坚持实践创新的生动体现。

二　为更好满足人民群众对美好生活的新期待提供平台

在推进基层治理中发展全过程人民民主和基层协商，能够最大限度地体现人民意志、保障人民权益、激发人民创造力，让人民群众民主认同感和民生满意度得到“双提升”。这要求有效解决“谁具体抓协商”“在哪里协商”“与谁协商”“协商什么”“怎么协商”“协商以后怎么办”等问题，提高协商运行机制制度化、规范化、程序化“三化”水平，对基层党委政府和行政村（社区）“两委”而言，这既是当前提升基层协商治理效能面临的现实挑战，也是立足民生新需求、回应群众新期待的难得机遇。

（一）增强群众民主认同感

应坚持和完善人民当家作主制度体系，用制度体系保证人民依法实行民主协商、民主决策、民主管理、民主监督，作为这一重要制度设计的弘扬者、推动者和实践者，协商民主肩负着重要的历史使命。在中国式现代化进程中，基层协商和全过程人民民主必将进一步深度融合、相互契合。在基层协商实践中践行全过程人民民主，要求通过共同治理和协同治理，真正把尊重民意、汇集民智、凝聚民力、改善民生贯穿到全部工作之中，通过一系列创新举措让协商民主深深扎根于基层，畅通群众发声提问、表达意见的渠道，实现在基层群众中广泛商量，从而激发各领域群众主动参与公共事务的热情；通过建立平等的对话规制，促使各协商主体之间相互理解、相互支持、相互配合，进而有效地增进群众对协商民主的理论认同、价值认同、利益认同和情感认同。

（二）提升群众民生满意度

进入新时代，人民群众对美好生活的向往不仅包括对高水平物质文化生活的追求，而且更多向民主、法治、公平、正义、安全、环境等方面延展，这对推进社会主义协商民主工作提出了新要求。以群众满意度检验基层协商成效，打造民生幸福标杆，意味着要基于更高起点、更高层次、更高目标推进基层协商工作创新发展，不断协同夯实基层社会治理基础，切实保证协商民主的成果最大限度地惠及人民。围绕人民群众最关心、最直接、最现实的利益问题进行更加灵活、更为频繁、更有效率的协商，以精准化、精细化的协商治理积极回应群众诉求，以高水平协商达成更多协商共识，通过暖心议事、温暖协商推动涉及各项民生实事的协商成果转化落地，将群众急难愁盼的“问题清单”变为“满意答卷”，就能让群众置身民生领域切实看到真变化、感到真成效、获得真实惠。

三　为打造基层社会治理共同体注入活力

基层治理离不开基层协商。有事好商量、大家的事大家商量，是实现基层治理共建共治共享的应有之义。共建共治共享的基层社会治理格局对应着一种新型基层社会治理模式，要求健全党委领导、政府负责、社会协同、公众参与、法治保障相结合的基层社会治理体制机制，各个基层社会治理主体共同参与基层社会建设、共同参与基层社会治理、共同享有治理成果。[①] 在加强基层民主建设中助推基层治理体系和治理能力现代化，推动基层社会治理向“深耕善治”精准转型，已成为新时代基层协商的重要使命。

---

① 聂平平、王伟：《有效促进社会治理创新 以协商民主推进共建共治共享》，《人民日报》2018年3月2日。

（一）深化党建引领

党的十九届四中全会提出，“必须加强和创新社会治理，完善党委领导、政府负责、民主协商、社会协同、公众参与、法治保障、科技支撑的社会治理体系，建设人人有责、人人尽责、人人享有的社会治理共同体”①。其中，坚持党委领导是根本前提，开展民主协商是不可或缺的渠道。可以说，党建引领基层协商，是完善社会治理体系、推动社会治理重心向基层下移的“硬支撑”和“强引擎”。

1. 有助于夯实党的执政基础

党建引领是构建基层社会治理共同体的组织保障，也是基层协商的应有之义。通过党建引领基层协商实践，积极探索基层党组织政治引领、组织引领、机制引领的途径和载体，提高基层党组织领导协调基层政权组织、自治组织、群团组织、经济组织和社会组织的能力，下力气解决好“谁来引领”“怎么引领”“引领什么”等问题，就能够更好地激发和释放人民群众参与基层治理的积极性和主动性，切实提升基层政权和村级组织②议事协商能力，不断把党建引领优势转化为全过程人民民主发展胜势，找到协同共治最大公约数，画好基层治理最大同心圆，进而巩固和扩大党在基层社会的执政基础。

2. 有助于解决基层治理难题

基层社会治理是群众感知美好生活温度的“神经末梢”。我国基层是社会治理的深厚基础和重要支撑，基层党组织则与基层群众联系最为密切，是实践基层民主的战斗堡垒。当前，基层社会治理面临新形势新挑战，突出表现为信息不对称、资源不集中、行动不协调等问题，尤其需要基层党组织发挥领导核心和政治保障作用，而这一作用是政府、社会、公众等其他治理主体所无法替代的。党建

---

① 《十九大以来重要文献选编》中，中央文献出版社，2021，第287页。

② 2022年，中共中央办公厅、国务院办公厅印发《关于规范村级组织工作事务、机制牌子和证明事项的意见》，对“村级组织”进行了明确界定：“村级组织包括村党组织、村民自治组织、村集体经济组织、村务监督组织和其他村级经济社会组织，是党和政府联系村民群众的桥梁纽带，也是全面实施乡村振兴战略的重要力量。”

引领基层协商中，通过组织引领与功能引领并重并举，发挥党的基层组织在基层治理中的引领带动作用以及调节平衡作用，能够调动和整合各方治理资源，实现资源向基层倾斜、在社区集聚，并以此激发基层协商活力，解决资源分散、群众不便等突出问题，提高资源的整合力和群众的满意度。

案例

上海市长宁区华阳路街道：以“三个在基层”推动基层协商①

近年来，上海市长宁区华阳路街道不断深化党对基层协商治理的领导，结合大力推进全过程人民民主的工作要求，坚持“三个在基层”，不断探索基层协商实践的新路子。

民主协商在基层。街道聚焦社区治理难题和民生痛点难点，完善协商议事载体，坚持有事多商量、遇事多商量、做事多商量，激发各方参与协商议事积极性和协助社区解决问题主动性，开展广泛、多层协商：第一步，由居民区党组织召开党员会议，让党员先知道、先行动；第二步，居民区党组织牵头召开“四位一体”联席会议，组织居委会、业委会、物业公司、社区民警共同商讨对策或解决方案；第三步，由居民区组织楼组长、群众活动团队带头人等召开居民骨干会议，听建议、做引导；第四步，由居委会召开居民代表会议，凝聚共识，争取支持；第五步，当社区公共事务涉及全体业主利益时，居委会指导业委会以集体讨论或书面征求意见的形式召开业主大会。这一协商模式在一定程度上提高了社区协商的质量和效率，推动了基层治理由政府“定了办”向居民“商量着办”转变。不少居民区经反复协商，形成了居民公约、住户守则、停车规约、爱梯公约等一批自治规约。

破解难题在基层。街道通过落实社区议题制度，培养社区居民责任感和议事协商能力，健全意见诉求表达机制。议题提出上，鼓励居民围绕垃圾分类、电梯加装、文明养宠、社区微更新、环境治

① 本案例来自上海市长宁区华阳路街道办事处。

理、交通出行、文化服务、规约守则等方面的社区治理难题提出议题；议题审议上，依据提案内容的公共性、紧迫性以及问题解决的可行性，组织议题审查小组对议题进行筛选、整合，确定意向议题，待意向议题公示且居民对意向议题无异议后，意向议题转为正式议题；议题落实上，按照“一案一议”的原则，协调各类相关主体，针对议题涉及的事项召开协调会、议事会等，共同协商，拟定问题解决方案；议题评议上，针对方案实施的效果，面向议题提出人、涉及利益相关方开展满意度调查；议题保障上，邀请高校、科研院所、法律专业机构、专业社会组织等相关专家担任顾问，深度评估总结。

专业支撑在基层。街道注重推动辖区高校、律师事务所、专业社会组织参与法治社区建设，发挥其在法律咨询、法律援助、法治培训、矛盾调处等方面的积极作用，在法律框架下指导居民开展基层协商，让基层协商更精准、更有效。其一，发挥“两代表一委员”的指导作用。尤其是积极争取区政协专门协商机构的支持，推动政协委员们把协商制度化、规范化、程序化的经验带到基层，系统梳理协商主体、协商形式、协商程序、协商成果等内容，帮助解决“谁来议”“怎么议”的问题，确保议出成效。其二，发挥专家学者的参谋作用。联合党建引领社区治理领域中的专家和学者，结合街道实际，完善社区民主协商、民主决策、民主管理和民主监督制度。其三，发挥第三方组织的支撑作用。与有实操经验的社会组织对接联系，邀请社会组织全过程参与项目进展等，在协商议事各个环节为居民区提供有力支撑。

案例

小区增设充电桩纠纷，民主协商来化解①

1. 背景介绍

福建省福州市连江县凤城镇鲤鱼山社区为新建的城乡融合型社

① 林晓丹：《民主协商化解小区增设充电桩纠纷》，《中国社会工作》2024 年第 24 期。

区，居民主要为乡镇迁入的“新县城人”。居民在农村养成的生活习惯与行为方式在短期内难以转变，他们对社区公共事务参与意愿普遍偏低，依赖思维明显，居民之间关系生疏，社区凝聚力较差。小区停车难、楼道堆物、高空抛物、违停占道等问题层出不穷，物业与居民间矛盾纠纷不断，社区融合与社区治理难以有效推进。

为解决长期以来地下电动车停车位不足与充电难的问题，鲤鱼山社区H小区的物业公司于2022年7月在小区路面增设充电桩，此举引发了居民的强烈不满，遭到众多业主尤其是周边楼栋业主的激烈抗议，部分业主阻挠施工并暴力破坏充电设施。改造工程由此停滞，小区停车问题再次悬置，且社区、物业、居民之间的关系愈发紧张。

2. 问题分析

H小区的“增设充电桩纠纷”并非个例，类似性质的纠纷在其他小区也时常发生，这是基层治理中物业矛盾纠纷的典型体现，具有一定的代表性。

一是社区主体权责边界不清。社区居委会身陷繁杂的行政事务中，自治功能难以发挥。业主委员会缺位、物业管理缺失，各相关主体遇事往往互相推诿，管理服务质量不高。居民对社区自治了解少，对实质性公共问题的关注和讨论少，公共参与停留于行政事务中的配合及娱乐活动上。

二是沟通不畅，对话质量不高。社区公共事务的参与和公开常常流于形式，信息传达不及时、不全面，居民知晓率低，容易因信息差产生纠纷。物业公司法规意识薄弱，管理运作不规范，且沟通能力差，与小区居民间的纠纷不断。社区居民诉求表达能力有限，部分居民在集体纠纷中抱有“闹”的心态，在情绪煽动下容易引发争吵和冲突。

三是缺乏指引，协商机制落地难。社区矛盾具有公共属性，牵扯到众多利益相关主体，且不同利益主体存在不同诉求。而社区当前未建立协商机制，难以促成多元观点的交流和共识的达成。

3. 介入过程

针对社区物业矛盾纠纷问题，社工通过推动多元主体参与、维护协商议事通道、提升协商对话能力、建立协商议事机制，实现民主协商的成果落地和转化，使居民的生活难题和矛盾纠纷化解在社区，从而实现社区治理效能的提升。

（1）厘清问题，梳理各方诉求

居民们普遍认为在小区路面增设充电桩，破坏了小区原本的“人车分离”模式，不仅增加了安全隐患，而且挤压了绿化面积，影响了小区品质。居民认为停车难的根本原因在于开发商规划不当，为了多卖车位挤占了电动车的公共停车位，导致H小区在入住率不到50%的情况下，电动车停车难、充电难的问题就已十分严峻。抢不到停车位的居民只能将电动车停放在小区外，增加了居民车辆和其他财物丢失损坏等风险。而小区物业正是开发商的子公司，这也间接导致了居民对小区物业的不良印象，二者关系紧张，冲突不断。

同时，社工还发现各社区主体对《物业管理条例》等相关规定的认知普遍不足。物业公司在施工前并未征得该条例所规定比例业主的同意，而是直接施工，这也为后续矛盾的爆发埋下了隐患。居民们有维权意识，但无责任意识，且表达诉求的方式不当，容易演变成“闹事”。社区居委会多次介入调解，但收效甚微。

社工通过对社区矛盾化解制约因素的分析，厘清关键问题，在疏导居民情绪、吸收居民意见的过程中整理出可进行协商的议题，包括路面充电桩具体位置，施工时间、费用、监督，安全围栏设置等具体问题。

（2）能力支持，促进对话协商

基于居民和物业公司之间缺乏信任基础、无法平和对话的现状，为避免后续发生混乱和冲突，社工先与社区居委会、物业公司、居民三方分别建立关系，针对三方在社区治理中不同的角色定位和需求，采用不同的方式分别为其提供支持。

社工通过茶话会和宣导会加大对民主协商的宣传力度，提高居民对民主协商的知晓度与认同度。同时，社工开展协商议事能力培育小组，培育小区议事员，引导居民参与制定“鲤鱼山社区协商议事规则”，协助居民充分理解并学会遵守议事规则。社工还运用倾听、澄清、引导等方式，协助居民减少对“过去或未来假定的问题”的纠缠，主动排除诸如“房价可能因此跌损”“要求开发商出资赔偿”等不现实或不合理的假设或要求，聚焦当下小区电动车停放问题的解决，梳理出了“排除安全隐患、通过业主表决、合理选择场地、开展施工监督”四个合理诉求。

社工还采用“吐槽”大会、减压活动等方式，协助社区居委会与物业工作人员减压，及时疏导双方在工作中积攒的不良情绪。例如，社工协助社区居委会工作人员和物业工作人员学习“四种人格特质类型”等相关心理学知识，掌握与不同特质业主沟通的技巧；开展能力提升工作坊，通过以案说法、释法析理、情景演练等方式，强化工作人员对《中华人民共和国民法典》《物业管理条例》等相关法律法规的认识，厘清物业服务的权责边界；采用团体工作和社区发展的方法，协助社区和物业工作人员相互支持和学习，在集体协作中挖掘自身潜力，设计出社区服务技能包，有效提升社区居委会与物业工作人员的管理服务能力和沟通对话能力。

（3）三方议事，破解治理难题

社工组织社区居委会、物业公司、居民代表就“小区充电桩纠纷”问题开展三方议事会。社工以主持人的身份，在议事会过程中使用“规则大白纸”“要点摘要”“报时提醒”“摇铃警示”等方式，维持会议秩序，使协商过程更高效，最终在和谐的氛围中推动各方达成共识，确定了解决方案：一是基于小区当前的现实困境，各方同意在路面增设充电桩；二是各方共同商定施工区域，开设专门的电动车出入门，并安装隔离栏，确保电动车不会驶入居民生活区；三是由物业监管施工，以避免对附近业主的生活和休息造成影响；四是改造经费由小区公共维修基金提供，物业负责收集相关法规所规定比例的业主表示同意的签字，并在公告栏及小区业主群公布进展情况。

议事会结束后，社区居委会对议事成果进行归档整理，并通过公告栏、业主群等渠道予以公开，以便未参加会议的居民能及时充分地了解信息，对公示结果提出自己的意见。为扩大影响，物业与居民代表协作开展宣导活动，通过充电桩事件回顾、协商议事成果展示、《物业管理条例》知识问答、“小区治理我有话说”等丰富的活动，加强对民主协商成效的宣传，提高居民的法治意识和自治意识。

在社区居委会的监督下，H小区物业公司根据协商结果实施改造方案，并顺利完工。小区的停车难问题得到了解决，居民的满意度也得到了提升。

4. 实施效果

搭建平台，完善协商机制。在停车难问题解决后，为进一步拓宽参与渠道、完善协商机制，社工推动社区搭建多种形式的议事平台，鼓励社区主体主动使用社区活动中心、榕树下议事桌、架空层活动中心等小区空间，参与公共事务，使小区空间成为居民主体意识培育和发声发力的重要阵地。同时，社工还积极推动社区建立和规范议事协商机制，厘清多元主体的权责边界，明确社区协商的内容、议事程序、规则以及决策的监督实施，确保议事机制能够容纳各种不同的意见和声音，并能够推动各方达成共识或制订出可行的解决方案。

梳理经验，形成规范指引。在总结经验和反思不足的基础上，社工制作了一套可操作、可复制、可推广的社区协商议事工具包，涵盖开展协商议事会的会前准备、信息发布、座次布局、议事议程、主持技巧、观点收集工具、决策支持工具等方面的实操技巧，为后续解决其他社区问题提供了良好的借鉴和参考。

推动实践，深化成果影响。结合前期收集到的其他治理难题，社工复制“化解电动车停车位纠纷”的有效经验，借助意见征集、协商议事、头脑风暴等方法，促使社区主体间开展协作并制定出了一系列新措施，使小区楼道堆物、入户厅违停、高空抛物、自行车频繁丢失4个“老大难”问题在一定程度上得到了缓解。通过实践，各社区主体在对话、沟通与协作中，增进了不同意见和价值观的交流与相互理解，逐步形成社区生活共同体意识。

基层民主协商是我国发展全过程人民民主的重要环节，也是优化城乡基层治理的一个重要途径。鲤鱼山社区关于“电动车停车位纠纷”的协商经验正是基层民主协商推动社会治理共同体建设的具体体现。本案例从个人、人际关系、环境三个层面的能力维度入手，在民主协商的技术赋能、内生动力驱动、机制与平台保障三个层面探索了提升社会治理效能的实践路径。

（二）增进社会和谐

随着我国进入社会矛盾凸显期，各种矛盾在广大基层更快地积累和表现出来，打造基层社会治理共同体面临诸多挑战。与之相联系的是，原有的基层治理模式已经不能完全满足老百姓日益增长的民主、法治、公平、正义等新需求。习近平同志明确指出，“社会治理的重心必须落到城乡社区”① “基层矛盾要用基层民主的办法来解决”② “推进基层民主建设是实现政治稳定、社会和谐的重要保证，基层民主越健全，社会就越和谐”③，这些论述为我们从根本上解决基层社会矛盾问题指明了方向。

1. 有利于化解社会矛盾

基层群众诉求表达途径不畅、利益协调机制缺失，是基层社会矛盾易发、高发、突发的重要原因。必须从原来单一运用维稳、信访等刚性化解手段向综合运用民主、协商等柔性治理方式转变，加强基层协商在基层社会矛盾化解领域的应用与推广。作为推动基层社会矛盾协商治理的有效路径，基层协商在解决基层社会矛盾方面具有独特优势和特殊功能。第一，可以减少增量矛盾。通过完善制

① 《习近平关于城市工作论述摘编》，中央文献出版社，2023，第77页。

② 习近平：《之江新语》，浙江人民出版社，2007，第226页。

③ 习近平：《之江新语》，浙江人民出版社，2007，第226页。

度化、经常使用的“民事民议、民事民决”协商平台和形式，既能使基层决策更加惠民生、暖民心、顺民意，又能让群众依法平等参与协商，合理有序表达利益诉求，将各类矛盾隐患消除在萌芽状态。第二，可以化解存量矛盾。“众人的事情由众人商量”的协商格局，能够使矛盾纠纷变对抗为对话，进而达成共识、消除分歧与隔阂，化解一批陈年存量矛盾，促进基层和谐稳定和文明进步。

2. 有利于平衡社会利益

当前由于我国市场化改革的深入推进，社会分化正在加剧，利益主体和利益格局逐渐多样化、价值观念日益多元化。在多元分化的社会条件下，要妥善协调各方面的利益关系、充分满足各个阶层的利益需求变得更加困难。而且，绝大多数社会问题和社会矛盾发生在基层不同的群体之间。近年来，群众与基层“小微公共权力”主体发生冲突的事件屡见不鲜，个别甚至发展为比较激烈的对抗，造成较为严重的不良社会影响。将基层协商嵌入基层治理全过程中，通过协商谈判让相关主体公平有效地自行解决利益纠纷，可以在根本利益一致的前提下，对不同阶层、不同群体的各种具体利益关系进行调节，有效减少社会不稳定因素。即便是在企事业单位这一“小社会”中，不同的主体也有着不同的利益诉求，通过协商的方式，可以使各方坐下来进行沟通和磋商，以达到双方或多方都能接受的结果。例如，在企业单位里，企业管理层希望提高生产效率、降低成本费用，而职工则更关注提高薪资待遇、改善工作环境、扩大晋升空间等，这就需要通过协商来寻求到最佳平衡点，有效达成共识。

第四节　全过程人民民主与基层协商实践

一　全过程人民民主视域下的社会主义协商民主

发展全过程人民民主，是中国式现代化的本质要求。“民主是全人类的共同价值，是中国共产党和中国人民始终不渝坚持的重要理念。”[1] 应“把民主价值和理念转化为科学有效的制度安排，转化为具体现实的民主实践”[2]。全过程人民民主是对当代中国民主实践及其成就的集中概括和高度浓缩，不是他国民主的翻版、改版或者再版。在全面发展全过程人民民主、保障人民当家作主方面，基层民主及基层协商发挥着既不可或缺又不可替代的重要作用。

（一）全过程人民民主是有序型民主，协商民主体现了全过程人民民主的本质要义

党的二十大报告提出，“全过程人民民主是社会主义民主政治的本质属性，是最广泛、最真实、最管用的民主”，“协商民主是实践全过程人民民主的重要形式”。[3] 作为一种全新的民主实践，全过程人民民主通过一系列法律和制度安排，将民主选举、民主协商、民主决策、民主管理、民主监督各个环节彼此贯通起来，并在实践中实现了过程民主和成果民主、程序民主和实质民主、直接民主和间接民主、人民民主和国家意志相统一，实现了人民群众知情权、参与权、表达权、监督权的全覆盖。经过长期探索和实践，我国已建立起符合中国国情、保证人民当家作主的中国特色社会主义民主政治制度，其彰显出鲜明中国特色、显著制度优势和强大生命力，社会主义协商民主制度就是中国社会主义民主政治的特有形式和独特优势。正是因为有中国共产党这个坚强的领导核心，为了实现人民当家作主，创建了这样一套完备的全过程人民民主制度体系，把亿万人民群众发动组织起来，积极投身到协商民主实践中，才保证了协商民主始终在全过程人民民主的制度程序轨道上平稳有序地推进。

（二）全过程人民民主是治理型民主，协商民主增创了全过程人民民主的特点优势

作为实现“中国之治”的民主，全过程人民民主是民主“治

① 《习近平著作选读》第2卷，人民出版社，2023，第529页。

② 《习近平著作选读》第2卷，人民出版社，2023，第529页。

③ 习近平：《高举中国特色社会主义伟大旗帜　为全面建设社会主义现代化国家而团结奋斗——在中国共产党第二十次全国代表大会上的报告》，人民出版社，2022，第37~38页。

理”本源的回归，深化了民主治理内涵，拓宽了民主治理渠道，丰富了民主治理形式，提升了民主治理实效，是将“中国之制”优势转化为“中国之治”效能的民主密码。[①] 社会主义协商民主坚持以全过程人民民主重大理念为指引，始终立足于保障和支持人民群众当家作主，其发展是全层级、全方位、全领域的：协商主体覆盖国家政权机关、党派团体、企事业单位、社会组织各方面以及各个阶层的人民群众，协商内容涉及政治、经济、文化、社会各领域不同利益群体的诉求，协商渠道包括政党协商、人大协商、政府协商、政协协商、人民团体协商、基层协商和社会组织协商，已形成广泛多层制度化的生动实践，既丰富了民主形式、拓宽了民主渠道、加深了民主内涵，也累积了全过程人民民主的独特优势。

（三）全过程人民民主是发展型民主，协商民主突出了全过程人民民主的实践要求

作为党百年民主实践的经验结晶，全过程人民民主“既有完整的制度程序，也有完整的参与实践”，是“程序民主和实质民主”的有机统一。[②] 全过程人民民主作为最广泛、最真实、最管用的民主，也是与时俱进的民主，要求不断完善和丰富协商民主的制度程序与参与实践，充分彰显协商民主的制度优势和治理效能，从实践层面体现协商民主在全过程人民民主中的价值和地位。在我国，协商民主持续推动着全过程人民民主的方式、程序、机制具体化、常态化、实效化，已深深嵌入中国社会主义民主政治全过程。党的十八大以来，全国城乡基层协商民主创新创造比以往任何时候都更加活跃，基层民主活力也得到进一步增强。由此可见，健全人民当家作主制度体系，深入践行和发展全过程人民民主，将进一步凸显社会主义协商民主的价值和作用，协商民主不但不能弱化，而且还要全面发展。

---

① 孙照红：《全过程人民民主是实现“中国之治”的民主》，中国社会科学网，2023年3月1日，https://www.cssn.cn/skgz/bwyc/202303/t20230301_5600252.shtml。

② 中华人民共和国国务院新闻办公室：《中国的民主》，人民出版社，2021，第23页。

二　全过程人民民主为基层协商提供根本指导和遵循

全过程人民民主具有鲜明的实践属性①，其实践活动以“人民至上”的价值理念为指导，坚持主体层面的“全方位”、客体层面的“全覆盖”和程序层面的“全链条”，保障人民在各个环节的有效参与，始终将人民当家作主的目标追求落实到真实的实践参与之中。“基层民主是全过程人民民主的重要体现”②，因此，全过程人民民主要求完善基层协商。基层协商作为基层治理能力现代化的有效载体，其协商内容应来自基层治理和公共服务的实践要求。基层协商以关乎群众切身利益的“关键小事”为切入点拓展基层治理事务覆盖面，与全过程人民民主理念契合、过程相通、目标一致，构成了全过程人民民主的生动实践。

（一）提升基层协商主体能力

基层协商服务基层社会治理，就是要为全过程人民民主提供具体而丰富的参与实践。全过程人民民主视域下，参与协商各主体的意识觉醒与能力提升，对推动基层协商民主持续健康发展至关重要。这种能力提升至少应该包括三个维度。一是党组织统筹领导能力的提升。基层党组织不仅要在协商议事中发挥统筹、动员、组织方面的引领作用，还要做好不同协商主体利益协调和服务工作，确保协商行动逻辑和目标理念不出现偏差。二是基层政府指导能力的提升。有效发挥基层政府指导作用，要求其明确自身在基层协商民主中的功能定位，着重在组织、执行和服务上指导，避免基层自治行政化。三是基层群众协商能力的提升。要求重点抓好群众的合作参与意识培育，引导群众了解怎样参与协商、怎样获得更多支持，以促成共

---

① 黄辉祥、程坤：《基层全过程人民民主：实践形态、运作机理与治理效能》，《华中农业大学学报》（社会科学版）2024 年第 2 期。

② 习近平：《高举中国特色社会主义伟大旗帜　为全面建设社会主义现代化国家而团结奋斗——在中国共产党第二十次全国代表大会上的报告》，人民出版社，2022，第 39 页。

识的达成。

（二）优化基层协商流程环节

成熟定型的制度体系，是保障基层协商稳定、持久、有序运行的根本。在发展全过程人民民主中推进基层协商赋能基层社会治理，要在议题选择、商前调研、协商互动、成果转化四个环节上下功夫。一是在议题选择上把握好“大与小”的关系。行政村（社区）层面选题要从小处着手，尽可能帮助解决与群众切身利益密切相关的问题；乡镇（街道）层面，则要从大处着眼，多关注一些共性问题，力争通过各方智慧，为基层党政施策提供助益。二是在商前调研上把握好“广与深”的关系。商前调研的“广”要在协商主体和协商方式两个方面充分体现，用更多方式让更多人参与进来；在“深”上，要摸清与议题相关的政策规定，了解议题产生的背景、原因以及相关主体核心诉求和相关问题解决中的困难，全面掌握群众呼声。三是在协商互动上把握好“散与聚”的关系。协商过程中要做到形“散”而神“聚”，形“散”就是要多请群众说、多让大家议，形成有效互动的局面；神“聚”就是要让各召集人充分发挥引领作用，在促进交流的同时帮助得出结论，并对协商过程中持不同意见的群众做好解释说明工作，使协商真正商出共识、商出质效。四是在成果转化上把握好“质与效”的关系。协商民主不求“说了算”，而求“说得对”，基于充分调研思考的优质建议是基层协商的价值所在。同时，要持续跟踪协商参与主体意见的落实情况，并形成反馈清单，让群众感受到基层协商民主真管用，说了不白说。

（三）完善基层协商体制机制

推进基层协商与基层社会治理有机结合，与政协协商、人大协商协同配合，在践行全过程人民民主中彰显鲜活的时代价值，要求基层协商在机制完善上做好三方面工作。一是建立阵地联享机制。坚持资源共享，统合使用基层党群服务中心、“两代表一委员”工作室、新时代文明实践站（所）等现有阵地，或融合建设协商议事室，在减轻基层负担的同时，最大限度地发挥为民便民惠民的服务效能。

二是建立队伍联合机制。社会各界力量都是全过程人民民主的参与者，应在党委统一领导下，整合基层党组织、“两代表一委员”、网格员等各方力量，打造一支懂协商、会协商的协商议事队伍。三是建立问题联解机制。针对协商议事中各方反映的重点难点问题，建立多部门联合求解机制，全程跟踪监督，推动解决方案落实和问题化解，形成“提出—会办—落实—反馈”的闭环。

（四）规范基层协商程序制度

进一步丰富完善全过程人民民主的基层协商实践，要求推动基层协商程序从形式合理走向实质有效。一是提高程序规则认同度。提高协商程序与人民群众切身利益的关联程度，通过利益认同凝聚价值理性，进而让执行程序成为一种思想自觉和行为习惯。二是增强现有程序实用性。需要在程序运行过程中及时发现既有规定存在的缺陷，以问题为导向，为群众全过程、全方位参与打开方便之门。三是提升新设程序生命力。通过给予基层足够的政策空间进行制度创新，引导不同区域根据文化、人情的差别进行制度的文化性和多样性提炼，进而制定出具体的、操作性强的、合乎民意的规则，不断提高程序设定与基层实际的匹配度。[①]

案例

全过程人民民主的生动实践：湖北省“共同缔造”模式[②]

从2023年起，湖北省人大常委会连续两年开展“聚力共同缔造·代表行动”，将其作为人大践行全过程人民民主的重要抓手，组织全省四级人大、10万多名五级人大代表积极履职，引领带动人民群众共谋、共建、共管、共评、共享，推动办成一批民生实事，丰富和发展了全过程人民民主的基层实践。

---

① 王铁根：《全过程人民民主视域下发展基层协商民主的行动路径》，《江苏政协》2024年第12期。

② 王婧、仁轩：《湖北连续两年开展“聚力共同缔造·代表行动”全过程人民民主的生动实践地》，《湖北日报》2024年11月12日。

这一“共同缔造”活动以城乡社区为基本单元，建立起“纵向到底、横向到边”的基层组织和治理体系架构，实现了政府治理、社会调节和居民自治的有机衔接和良性互动，从而有效整合了基层治理的多元主体。“纵向到底”是指政府治理层面，政府的管理和服务自上而下经由街道（乡镇）、城乡社区、小区（湾组）一直延伸到家庭和个人；“横向到边”是指社会治理层面，将每一位居民（村民）纳入一个社会（群众）组织当中，通过各种功能性组织联结起来，使其有序参与基层治理。就其运作机制而言，主要包括以下几个方面：一是搭建“一元多核”的共治机制，形成以基层党委为核心，辖区内党政机关、群团组织、社会组织、企事业单位、居民群众等多方主体参与的共治模式；二是健全“纵横交织”的网格机制，延伸基层治理触角，推动治理重心、力量、资源向网格下沉，形成细“治”入微的基层治理格局；三是建立“紧密协作”的联动机制，通过让社区与社会组织、社会工作者、社区志愿者、社会慈善资源协同，形成社会组织支撑、社会工作者参与、社区志愿者辅助、社会慈善资源助推的联动共建体系。从“共同缔造”活动实践来看，“全方位”的全过程人民民主对推进多元共治起到了关键作用。“全方位”即民主主体的多元化，在基层治理层面，“全方位”的民主主体体系包括党委、政府、市场、社会组织以及人民群众等，同“党委领导、政府负责、民主协商、社会协同、公众参与”的治理体系要求相匹配。因此，从主体的角度来看，全过程人民民主的“过程”实质就是多元主体达成共识、合作治理的过程。①

其一，“共同缔造”活动坚持全过程人民民主理念指导下的基层民主协商，坚持发动、依靠人民群众，从群众中来、到群众中去，打通基层矛盾化解“最后一公里”，既回应了人民群众的合理诉求，又能够有序、有效进行利益整合，探索出了基层矛盾调解的新路径，从而做到将基层社会矛盾化解在一线，有效保障社会秩序稳定，为夯实基层基础奠定秩序前提。

① 徐鸣：《确保全过程人民民主在基层落地落实》，《群众》2022年第8期。

其二，“共同缔造”活动通过“决策共谋、发展共建、建设共管、效果共评、成果共享”的“五共机制”，在基层实践中坚持“全过程”治理，保障人民群众依法行使民主选举、民主协商、民主决策、民主管理、民主监督的权利，从而建立起公正公开透明的选举、协商、决策、管理以及监督程序，保障基层直接民主制度有效运转，保障基层直接民主工作方向正确，推动基层直接民主制度与工作体系更加成熟、进一步定型，为夯实基层基础奠定制度根基。

其三，“共同缔造”活动的开展与构建共建共治共享的社会治理格局在参与主体、参与领域、参与过程以及参与结果上，具有高度的内在一致性与逻辑契合性，二者都旨在通过发动群众、组织群众、依靠群众来处理基层社会与群众利益密切相关的各种事务，都强调参与的广度、深度和效度，都有利于构建“人人有责、人人尽责、人人享有”的社会治理共同体，为夯实基层基础铸牢共同体意识。

三 基层协商践行全过程人民民主的实践要求

包括基层协商民主在内的全过程人民民主是“全链条”式的制度化民主，而协商民主是全过程人民民主的重要组成部分，它完善了全过程人民民主的制度链条。在各类制度化协商平台中，作为“烟火气”浓郁的协商民主实践场景，基层协商具有特殊功能和重要作用，其突出优势就是直接面向基层和面对群众，这也正是全过程人民民主在基层的实践基础。

（一）把增进民生福祉作为基层协商的主要内容

确保人民群众的权益得到充分实现，有利于我们党得到人民群众支持和拥护。发展全过程人民民主，必须坚持以人民为中心，健全民主制度，丰富民主形式，拓宽民主渠道。推进基层协商就要把人民群众最关心最直接最现实的利益问题作为主要内容，持续进行广泛协商，更好地维护人民根本利益。必须树立鲜明的价值导向，在确定协商内容时把实现群众的利益、愿望和要求作为价值取向，把协商内容重点放在保障和改善民生上，切实为人民群众解决生产和生活中的各种实际困难，特别是重视并满足人民群众在就业、社保、教育、医疗、扶贫、社会治理等方面的合理要求；把协商内容重点放在与人民群众利益息息相关的经济社会发展重大问题上，让基层群众等所有利益相关方参与到当地发展战略、经济社会发展总体规划、重大项目等的协商和决策中来，不断改善人民生活、持续增进人民福祉。

（二）尊重人民群众在基层协商中的主体地位

人民，是全过程人民民主的主体；人民性，是全过程人民民主的本质属性。尊重人民主体地位，是我们党的根本宗旨和执政理念的集中体现。大力推进基层协商要充分尊重人民群众的主体地位，通过沟通和协商实现公共利益的最大化，激发人民群众的积极性主动性创造性，领导人民群众开展无数接地气、聚人气、提心气的民主实践。尊重人民群众在基层协商中的主体地位，就要把调动人民群众的积极性、主动性、创造性体现在基层协商的各个环节和方面，让决策更加精准、更加有力：决策之前认真倾听群众意见和呼声，更好顺应群众对美好生活的向往，使决策真正“从群众中来”；决策之中通过充分发扬民主，汲取群众智慧和力量，保证群众的要求和愿望体现在决策中；决策之后及时“到群众中去”，让科学决策在群众实践活动中接受检验、协商成果在群众生活生产中实现普惠。

（三）拓宽人民群众参与基层协商的诉求渠道

广泛吸纳民意、扩大群众政治参与是全过程人民民主的题中之义。拓宽基层各类群体有序参与基层治理及基层协商渠道，保障人民群众参与基层公共事务和公益事业管理，是全过程人民民主的必然要求。进入新时代，我国迈上全面建设社会主义现代化国家新征程。随着中国式现代化进程的加快，人民群众的民主意识不断提高，对民主的诉求也更加多元，越来越多地要求参与基层公共事务和公益事业管理，推动形成更加有效的社会治理。因此，要发挥好党代表、人大代表、政协委员、民主党派成员和无党派人士在基层协商中的作用；要健全基层党组织领导的基层群众自治机制，在实践中进一步完善以民主恳谈会、居民议事会、民主听证会等为代表的一系列基层民主协商载体；要引入现代信息技术手段，借助互联网覆盖广泛性、主体平等性等特点，使其成为个人和社会群体发表意见的重要平台。

第二部分

实践篇

第四章　中国基层协商实践的发展探析

治国安邦，重在基层。强调实践要求、突出实践特色、扩大实践成效，是我国推进基层协商的又一鲜明特征。近年来，各地发挥基层协商在基层社会治理中的沟通协调、社会疏导、整合资源、凝聚共识等作用，不断探索创新符合本地实际的基层协商治理新模式，更加注重基层协商的实践运用和民生对接，有事多协商、遇事多协商、做事多协商日益成为群众处理自身事务和参与基层治理的重要形式，展现出中国式基层协商的勃勃生机和强大活力。但从协商民主的实践成效、整体发展水平看，基层协商还面临诸多现实困境，比如运行机制尚待完善、发展内生动力不足、实践新空间仍需拓展等，一定程度上制约了基层协商的发展。毫无疑问，这些难点堵点问题中既有体制性障碍与机制性缺失问题，又有思想认识不到位与重视程度不够问题，其解决涉及厘清乡镇政府、街道办事处和基层群众性自治组织权责边界，完善共建共治共享的基层社会治理制度和更新思想观念等诸多方面，需要善于运用实践创新办法加以解决。随着基层协商实践的不断深入，我们对其规律性的认识必将逐步加深，从而为今后把基层协商打造成推进“中国之治”的重要着力点提供成功经验和重要启示。

第一节　基层协商实践取得的成效及经验

一　主要成效

党的十八大以来，基层协商实践在全国发展形成“一盘棋”，各地坚持党的领导，发挥党的领导核心作用，在基层党组织的牵头或指导下积极开展议事协商活动，积极探索并不断优化实施路径，深入推进基层协商，取得了令人瞩目的成就。广大人民群众利用基层协商这个主阵地和重要平台，不断丰富“有事好商量”的基层实践，着力推进基层协商制度化、规范化、程序化，全国基层协商呈现形式日益多样、主体日益多元、制度日益健全、成果日益显现的良好态势，制度创新取得突破性成效，一批标志性成果竞相涌现，社会主义协商民主在基层得到深入实践和广泛认同，为推进基层治理现代化积累了实践经验、夯实了社会基础、注入了发展活力。

（一）协商实践全面稳步推进

在城乡社区层面，目前各地结合实际研究制定具体办法，采取扎实有效的工作措施，推进健全基层群众自治制度和发展基层协商力量整合、程序契合、工作融合，推动城乡社区和乡镇（街道）民主实践不断深化。各省、自治区、直辖市以及部分市地州盟都相继出台了关于加强城乡社区协商的实施意见，各级党委、政府把城乡社区协商纳入重要议事日程，结合实际制定了具体办法。大多数地方还围绕涉及基层群众利益的事项制定协商方案和协商目录，明确协商内容，为开展城乡社区协商提供制度保障。“有事要商量、有事好商量”和“替群众作主”变“让群众作主”已在基层蔚然成风，“村（居）民议事”“小区协商”“业主协商”“村（居）民决策听证”等协商形式在全国城乡社区普遍推广，群众有序参与协商的形式不断丰富、渠道不断拓展，培育出一批具有鲜明标识的新时代基层协商品牌项目。特别是在试点示范方面，全面推进全国村级议事协商创新实验试点，全国有 497 个单位被确认为试点单位①，村级议事协商创新实验有序开展，整体效能显著提升，充分发挥先进典型的示范引领作用。在企事业单位（集体）协商层面，地方立法或党政文件提供法律和机制保障，深入推进集体协商扩面提质，协商内

① 参见《民政部办公厅关于同意将北京市海淀区上庄镇李家坟村等单位确认为全国村级议事协商创新实验试点单位的通知》（民办函〔2021〕77 号）。

容覆盖面、企业覆盖面、职工覆盖面越来越广，全国集体协商机制建设得以稳步推进。与此同时，乡镇（街道）协商也普遍开展，形成了与行政村（社区）协商、企事业单位协商互联互通、协同发展的良好局面。各地在基层协商中创新实践，用超常规举措打造协商民主发展优势，涌现出一大批协商优秀典型案例，形成一大批具有较强代表意义、可供借鉴的地方经验做法，如浙江台州温岭的民主恳谈会模式、四川成都彭州的社会协商对话模式、江西南昌青山湖的居民理事会模式、广东佛山南海的参理事会模式等。形式多样的基层协商模式的蓬勃兴起和创新实践，对我国的民主政治和协商民主发展起到了重要的推动作用。

延展

浙江台州温岭民主恳谈会模式解析①

浙江台州温岭是民主恳谈的发源地，民主恳谈是台州市干部群众集体智慧的结晶。在20多年的深化发展中，温岭紧扣社会治理难点堵点，相继成功探索出行业工资集体协商、参与式预算、网格恳谈等多种恳谈形式。如今，民主恳谈已在温岭的各镇（街道）、企事业单位以及基层村社全面开展，平均每年举办恳谈会约1500场，参与群众年均超10万人次。

民主恳谈会模式是社会公众广泛参与村（社区）、乡镇（街道）和部门事务决策、管理、监督的基层民主政治建设新举措，是一项关联度高、涉及面广、政策性强的具体的政府与公众沟通协商的实践活动。其要义在于：形式是干部与基层群众就某项公众广泛关注的议题进行民主对话，最大限度地扩大群众的知情权、参与权、表达权、监督权；内容是公开基层事务，商量重大事项，解决群众实际问题；本质是推进基层民主政治，密切联系群众，巩固基层政权；目的是促进社会和谐和全面发展。

① 周凌华：《民主恳谈是基层全过程人民民主的重要平台》，《台州日报》2022年11月2日。

这一民主恳谈的做法，创新了基层社会治理的方式，变“我说你听”的灌输式教育为平等对话，给群众创造了表达自己意愿的平台和机会。通过双向交流、沟通思想、解疑释惑，减少了分歧、化解了矛盾，建立了互信、达成了共识，创建了政府与公众的沟通机制。目前，民主恳谈这种沟通机制的应用范围已在台州各个层面不断拓展，其公开性、平等性、多元性和协商性不断增强，充分体现了民主就是用来解决人民需要解决的问题的，保证了人民在日常政治生活中有广泛持续深入参与的权利，是基层全过程人民民主的重要平台。

延展

四川成都彭州的社会协商对话模式①

彭州市的“社会协商对话”，可以说是在中央对加强社会主义协商民主的“顶层设计”的框架下，以县为单位进行中层设计，由各乡镇（街道）和行政村（社区）推行和实践，并在实践中不断完善中层设计的一种模式。2013 年 4 月，《中共彭州市委关于构建社会协商对话制度的意见（试行）》正式出台。之后，在彭州市的 3 个镇（通济、葛仙山、九尺）和天彭镇（现已改为天彭街道）东大街社区开展试点工作。当年下半年，“社会协商对话”在彭州市的其他乡镇也全面推广，基层协商民主实践探索在彭州市如火如荼地开展。

彭州市的社会协商对话呈现“三级联动”的特点。首先，县级层面成立领导小组，设立社会协商联席会议，研究提出协商工作的指导原则和总体部署；其次，乡镇（街道）层面建立乡镇（街道）社会协商会，讨论协商涉及群众切身利益的事项和乡镇（街道）全局性重大事项；最后，村（社区）层面借助村民（居民）议事会的平台，开展社会协商工作。由此，构建了县（市）、乡镇（街道）、村（社区）三级联动的社会协商机制，实现了协商民主的广泛多层制度化发展。彭

① 李强彬：《协商民主的实践品质：审视维度与基层观察——以彭州市社会协商对话会议制度为例》，《国外理论动态》2015 年第 6 期。

州市各乡镇（街道）的社会协商对话的运作模式基本一致，都是在县级层面“中层设计”中统一的制度设计下，以社会协商对话的形式开展的。

1. 谁来协商：协商代表的产生

受时间、场地、可操作性等限制，社会协商对话很难全民参与，只能选举协商代表参与。协商代表一般是层层推选产生的。5～15户村（居）民产生1名村（居）民代表，推出的村（居）民代表组成村（居）民小组议事会。村（居）民小组议事会再按规定比例选举村（居）民议事会成员（一般20～50人）。如果有驻村（社区）单位（如村办企业及社区辖区内医院、学校、企业等），则村（居）民议事会成员加驻村（社区）单位代表（每个单位1位代表）组成镇（街道）社会协商对话会代表（20～59人）。协商对话的召集人和秘书长由镇（街道）党委推荐，也允许在民主党派成员和无党派、民族宗教、非公有制经济和新的社会阶层人士中产生部分个人自荐代表。其中，群众推荐产生的代表应占90%以上，组织推荐和个人自荐产生的代表不超过10%，村（社区）、组干部占比不能超过30%。村（居）民议事会代表和镇（街道）社会协商对话会代表每三年进行一次换届选举。

2. 协商什么：议题的确定

彭州市协商对话议题收集的程序如下：由村（居）民代表、村（居）民议事会成员深入群众征求意见，收集议题，形成文字交到镇（街道）社会协商对话会进行汇总归类；镇（街道）社会协商对话会及议题审查小组成员对上报议题进行分类审查后确定2～3个本次协商会议的议题，并报镇党组织备案；议题审查小组确定议题后，在召集会议前两天公示需要协商的议题。对于涉及村（社区）、镇（街道）重大利益的议题，也可由镇党委、政府［街道党（工）委、街道办事处］提出并交社会协商对话会商议。所确定的议题一般提前两三天进行公示，充分酝酿。所确定的议题一定是关于公共事务的，一般都是涉及镇（街道）、村（社区）发展和与村（居）民自身利益切实相关的事项，如道路改造、环境整治、拆迁安置、基础设施建设、乡镇产业发展等。

3. 怎样协商：协商的程序

社会协商对话会的召开程序在各镇和街道略有不同，有的镇（街道）将村（居）民议事会议和镇（街道）社会协商对话会同时召开，每月召开一次，先进行村级层面的分组讨论，各组达成共识再上镇级社会协商对话会陈述并进行票决。有的镇（街道）将村级层面的协商和镇级层面的协商分开，村（居）民议事会每月召开一次，镇级社会协商对话会每半年召开一次。镇级社会协商对话会流程如下：主持人报告上次社会协商对话会议题办理情况；主持人通报本次议题收集审查情况；协商议事会成员介绍本次上会协商议题相关情况；分小组协商议题；各小组报告协商情况，汇总协商意见，达成协商共识；对协商达成的共识进行表决（以无记名投票方式表决，议题获得 2/3 以上的赞成票即获通过）；宣布表决结果及作为共识的处理措施。

4. 协商成效：结果的执行与监督

在对协商结果的执行与监督上，镇级社会协商对话会只有协商职能，其成员具有建议权；而村（居）民议事会则有决策职能，其成员具有表决权，会议表决事项获 2/3 以上成员同意即获通过。对于镇级社会协商对话会的协商成果，一般须先进行分类，具体问题具体处理：涉及村（社区）问题的，由镇级社会协商对话会报告镇党委、政府［街道党（工）委、街道办事处］，镇党委、政府［街道党（工）委、街道办事处］安排相关村（社区）落实，并传达落实情况，有的村（社区）成立了村（居）务监督委员会，与村（居）民一起对村（居）委会执行决议的过程进行监督，针对执行过程有关问题及时提出整改建议；属于镇级工作范围的，可将其作为镇党委、政府［街道党（工）委、街道办事处］决策参考，并将采用情况向镇级社会协商对话会成员传达；需县级部门协商落实的，由镇级社会协商对话会报告镇党委、政府［街道党（工）委、街道办事处]，由镇党委、政府［街道党（工）委、街道办事处］与相关部门沟通协商，并将解决情况及时通报；对于条件不具备，暂时无法实施的，需做好解释工作；对于违背法律法规和广大群众切身利益的，坚决不予采纳，由镇级社会协商对话会报镇党委、政府［街道党（工）委、街道办事处］，由镇党委、政府［街道党（工）委、街道办事处］交相关办、所做好解释和引导教育工作。对会议达成的共识和意见建议的采纳情况通过镇（街道）、村（社区）公开栏张贴公示，对未被采纳的意见和建议在下届社会协商对话会上陈述未被采纳的理由，做好解释工作。

延展

江西南昌青山湖的居民理事会模式

江西南昌青山湖的居民理事会模式，在不同街道、社区有不同的表现形式与特点。

1.“代表+幸福‘议’站”议事模式

建立议事机制。坚持以居民需求为导向，建立“线上+线下”双覆盖的议事机制。线上借助百姓议事微信群、居民网格管理群等搭建议事平台；线下充分发挥社区人大代表桥梁纽带作用，整合辖区党员、居民代表、物业等主体力量参与议事协商。

完善工作机制。社区人大代表通过恳谈会、联络站及代表二维码、微信群等广泛征求居民意见，梳理汇总后开会协商讨论，制订解决方案；将收集到的意见建议以民情民意闭环流转的方式交转相关部门和站室，办理结果在下次议事会议上通报；由园区人大工委成立监督小组，结合代表视察督办，将项目目标分解，形成时间表和任务清单，实行全过程监督。

2.“民情理事会”模式

组建理事会。上海路街道明确楼栋长职责，建立“一会一站”工作机制。“一会”即“楼栋长+社区干部+居民代表+物业公司代表”共同参与的民情理事会，其协调推进社区治理工作；“一站”

即依托社区党群服务中心、物业办公场所、新时代文明实践站等建立的服务驿站，定期开展民意收集、民情分析、政策宣讲等活动，推动联系服务群众常态化。

开展特色服务。楼栋长还开展“微走访”聚民意、“微心愿”解民忧、“微调解”化民怨、“微课堂”增民智的“四微”服务活动，发挥桥梁和纽带作用。

延展

广东佛山南海的参理事会模式

为从制度上确保农村群众在基层民主自治中的参与权、决策权，佛山市积极探索党组织领导下的民主决策、民主管理和民主监督的新形式、新载体，建立治以自治、助以自助的社区管理模式。这一模式要求在城乡社区成立社区参理事会，其由村党组织主导，成员包括“两委”干部以及村民代表、企业和外来工代表等各层面代表，主要负责参与农村建设、管理和发展重大事项的议事协商和监督。与此同时，打造出“南海民声”“市民议事厅”等居民互动和沟通平台。推广“社区事务社区议”的社区参理事会制度，有助于形成“共驻、共建、共享”的社区建设新机制，进一步调动社区内各类组织和居民群众参与社区事务的积极性，有力推动社会治理从政府“单向决策”向政民“双向互动”转变。

（二）协商制度机制逐步健全

随着坚持党的领导、人民当家作主、依法治国有机统一的协商民主制度更加成熟更加定型，基层协商制度机制建设逐步健全，推动群众诉求表达、利益协调和权益保障机制日益完善。各地通过完善基层群众自治机制、规范议事规则和民主协商程序，坚持把“四议两公开”工作法与学习借鉴新时代“枫桥经验”结合起来，依托村（居）民会议、村（居）民代表会议和协商议事会、协商委员会等，普遍完善了村级议事协商制度和乡级议事协商工作机制。在此基础上，不断建立健全党对基层协商的统领组织协调机制和基层政府及其派出机关、自治组织、城乡居民的沟通协调机制，基本建立健全乡镇（街道）协商与行政村（社区）协商的联动机制，探索建立公众参与利益调处机制、社区社会组织内部治理机制、驻地单位共建机制、基层协商与多层互动协同机制等，不断创新和完善富有操作性的基层协商运行机制。开辟扫码征集、网格走访、网络平台等多种社情民意征集渠道以收集议题，形成了比较完善的“民声呼应”沟通体系，实现各类协商主体有序开展协商。

（三）协商主体日益广泛

在乡镇（街道）协商与行政村（社区）协商实践中，全国各地以打造共建共治共享的社会治理共同体为要求，依据协商事项，按照利益相关方广泛参与的要求，积极引导基层社会多元主体参与协商，协商主体包括基层政府及其派出机关、村（社区）党组织、村（居）民委员会、村（居）务监督委员会、村（居）民小组、驻村（社区）单位、社区社会组织、业主委员会、农村集体经济组织、农民合作组织、物业服务企业、当地户籍居民与非户籍居民代表以及其他利益相关方等，其群众性、广泛性、代表性不断凸显。重视吸纳威望高、办事公道的老党员、老干部、群众代表，党代表、人大代表、政协委员等参与协商，不断扩大基层群团组织负责人、社会工作者在基层协商活动中的参与面。一些地方通过制度明确“1+7+X”“1+8+X”协商主体构成，最大限度整合“关键人”和“关联人”等各类资源力量。协商主体的广泛参与，为基层协商创新发展夯实了群众基础、汇聚了群众力量。

延展

《浙江省村级议事协商规范指引》[①] 明确“1+7+X”协商主体

浙江是基层协商民主的先发地之一，以温岭“民主恳谈会”、象

① 《浙江省民政厅关于印发浙江省村级议事协商规范指引的通知》（浙民基〔2023〕66号）。

山“村民说事”、余杭“众人的事情由众人商量”、德清“乡贤参事会”等为代表的先进典型经验，在全国形成较大影响力。自2020年民政部明确提出分两批试点开展全国村级议事协商创新实验以来，全省已有16个行政村被列为全国村级议事协商创新实验试点单位。2023年4月，为规范和指导村级议事协商，浙江省民政厅印发《浙江省村级议事协商规范指引》。其提出，建立由本村干部、村民和驻村单位组成的议事协商主体，协商决定本村治理发展的重要事务。在保证利益相关方参与的基础上，重点包含以下协商主体（“1+7+X”）：“1”，指村党组织和村民委员会（简称村“两委”）主要负责人；“7”，指本村的村“两委”成员、村监委代表、村民代表、各级政协或人大代表、社会组织代表、辖区单位经济组织代表、乡贤代表；“X”，指非本村的涉事利益相关方代表、政府相关部门负责人、农村议事协商领域的专家学者、乡镇（街道）基层工作人员、法律界人士等，他们可作为其他特邀议事协商者。

案例

聚福园小区不动产权证办理问题的协商解决①

聚福园小区位于江苏省新沂市锡沂高新技术产业开发区，于2011年6月开始预售。其优越的地理位置和周边优质的教育资源，吸引了众多购房者。然而，自2014年房屋交付以来，业主们在办理不动产权证时遇到了难题。开发商因涉及民事诉讼被法院查封部分房产，同时因经营不善，其拖欠税款及滞纳金1000余万元，导致税务机关锁死了其税控盘并停供发票。这使得业主们无法取得购房发票，进而无法办理不动产权证。业主们多次与开发商沟通未果，问题持续近8年未得到解决。

问题产生后，业主们采取了多种方式试图解决问题。最初，他们多次到售楼处询问购房发票的开具问题，但得到的答复始终是

① 本案例来自笔者在基层的调研观察。

“正在协调”。随着时间推移，业主们逐渐意识到问题的严重性，开始通过多种方式寻求解决办法。

后来，高新区管委会开始牵头协调解决问题。管委会召集业主代表召开协商座谈会，了解业主诉求，并与开发商、税务局、法院等相关部门进行协商。开发商表示愿意配合，但希望政府协调法院和税务局解决问题。高新区管委会联系新沂市税务局，了解到恢复开发商发票使用存在执法风险，需先行清缴欠税。随后，管委会多次与法院协商，最终说服法院分批解封部分房产，由管委会下属投资公司监管销售，销售所得用于清偿欠款。最终，高新区管委会会同新沂市人民法院、税务局、自然资源和规划局、房产服务中心等多部门拟定了解决方案：法院解封部分房产，由房管局备案至管委会下属投资公司，开发商负责销售，销售所得划入税务局专用账户抵缴税款。税务局根据欠税清缴进度，分批次提供发票，最终让业主们能凭发票办理不动产权证。

2020 年 12 月 10 日，高新区管委会在城市论坛发帖公示聚福园小区不动产权证问题已解决。2021 年 1 月，第一批业主成功办理了不动产权证，随后其他业主也陆续拿到了证书。困扰业主近 8 年的问题终于得到解决。

这一案例中，协商主体是多元化的，包括聚福园小区的开发商、业主，以及新沂市人民法院、税务局、自然资源和规划局、房产服务中心等职能部门，还有高新区管委会。公共部门分工协作，法院查封房产，税务局停供发票，各职能部门依法履行职责。而利益对立的开发商与业主之间，开发商初期消极应对，业主通过多种方式维权。政府的协调作用至关重要，高新区管委会牵头多部门协商，最终解决问题。

在协商目的方面，业主希望通过协商解决不动产权证办理问题，维护自身权益。政府部门依法履行职责，解决民生问题，提升政府公信力。协商效果方面，业主成功办理了不动产权证，解决了房屋买卖、子女入学等问题；税务局逐步收回欠税和滞纳金，维护了国家税收利益；政府圆满解决了民生问题，探索出民主协商的新路。

聚福园小区不动产权证办理问题的解决，体现了在复杂利益关系中，通过多元主体协商解决问题的重要性。政府部门的积极介入和牵头协调，是解决此类问题的关键。同时，业主的积极参与也起到了重要的推动作用。这一案例为今后类似问题的解决提供了宝贵的经验和参考。

（四）协商内容不断丰富

各地根据当地经济社会发展的实际，坚持广泛协商，针对不同渠道、不同层次、不同地域特点，将协商内容范围延伸至基层治理的“神经末梢”。在具体实践中，各地在严格贯彻落实中央文件要求的基础上，不断拓展协商内容，聚焦弱势群体帮扶、乡村振兴等议题和事项开展协商活动。一些地方以县（市、区）为单位，根据经济社会发展实际，结合乡镇（街道）职责任务清单和社区工作准入清单、村民委员会职责任务清单，对群众协商较为集中的议题进行梳理和研究，将涉及基层群众利益的协商事项列入目录管理制度，进一步明确基层协商的具体内容，形成了一大批有创新、有特色、有亮点的乡镇（街道）和城乡社区协商指导目录、协商目录，协商内容不断丰富、范围不断扩大、事项不断细化。

（五）协商形式更加多样

在我国火热的基层协商实践中，各地摸索创造了一个又一个充满烟火气的民主形式。从“小院议事厅”到“板凳民主”，从线下“圆桌会”到线上“议事群”，从“民主恳谈会”到“新村议事会”“家乡建设委员会”“共商共治会”，等等，传统“会议式”协商形式不断拓展、协商密度不断增加，新型“网络式”协商成为更加便捷高效的载体。特别是在行政村（社区）协商中，结合参与主体的情况和协商的具体事项，普遍形成了村（居）民理事会、村（居）民议事会、村（居）民决策听证会、小区协商、业主协商、民主评议等协商议事形式，开展灵活多样的协商活动。因事制宜，不固定场所和人员，广泛推行田间地头、农户庭院、楼宇门前、项目现场协商，变会上“说”为实地“看”和现场“说”，让协商更好地接地气、冒热气、聚人气。随着互联网技术的飞速发展，各地积极探索运用现代信息技术，为居民群众搭建网络协商平台，创新“指尖上的协商”新模式。通过开发专门的基层协商 App，整合政务服务、民意收集、政策解读等功能，实现了协商事项的在线提交、讨论、表决等全流程数字化。积极开辟社情民意网络征集渠道，稳步推进网络议事协商，协商效率和透明度不断提高。这些协商形式不仅丰富多元，涵盖了传统与创新的多个维度，还在不断的实践探索中持续优化升级，展现出强大的生命力与适应性。

延展

部分基层协商创新形式解读

“小院议事厅”作为一种极具亲和力的协商场所，将邻里之间的交流互动与公共事务的讨论决策有机结合，在温馨融洽的氛围中化解矛盾、凝聚共识。参与者围坐于小院之中，就社区环境改善、邻里纠纷调解等日常事务各抒己见，这种贴近生活的协商方式使民众能够更加直接地表达诉求，增强了其在基层民主中的参与感。“板凳民主”同样别具一格，它不拘泥于正式的会议场所，只需几张板凳，便可在村头巷尾、田间地头开启一场关于乡村发展的讨论。从农田灌溉设施的修建到乡村道路的规划，村民们坐在板凳上，以最质朴的语言交流想法，让协商更加贴近民生实际。线下“圆桌会”则强调平等对话，各方代表围坐圆桌，在相对正式的环境中就重大事项进行深入探讨，从村庄产业发展规划到社区公共服务设施建设，通过充分的沟通与协商，做出基于广泛共识的决策。线上“议事群”打破了时间与空间的限制，居民们无论身处何地，都能通过手机、电脑等终端设备参与到社区事务的讨论中来。无论是老旧小区改造的方案征集，还是社区文化活动的策划，居民们都能围绕其在群里随时发表意见、分享观点，极大地提高和扩大了协商的效率与覆盖面。“新村议事会”借助线上平台，不仅能够及时传达最新的政策信息，还能广泛收集村民对于乡村振兴战略实施的建议，增强乡村发展决策的科学性与民主性。“家乡建设委员会”依托网络优势，凝聚起在外乡贤与本地居民的力量，共同为家乡的发展出谋划策，从基础设施建设到特色产业培育，实现了资源与智慧的跨区域整合。“共商共治会”则通过线上线下相结合的方式，推动政府、社区组织、企业与居民之间开展深度合作，共同解决基层治理中的复杂问题。

小区协商聚焦于小区内部的事务管理，如物业管理服务质量提升、小区公共空间改造等，通过业主代表、物业公司与社区组织的共同协商，解决小区居民生活中的实际问题。业主协商则侧重于业主之间的沟通协调，推动业主在业主权益维护、小区设施使用等方面达成共识，促进小区的和谐有序发展。农户庭院协商以家庭为单位，营造出轻松自在的协商氛围，在邻里纠纷、家庭琐事等问题的解决方面具有独特优势。楼宇门前协商方便了城市居民参与，围绕社区环境维护、公共设施使用等议题，居民们在日常出行时就可以参与讨论，提出建议。项目现场协商则针对具体的建设项目，如道路修建、桥梁建设等，让利益相关方在现场直观了解项目情况，就项目实施过程中的问题进行及时沟通与协商，确保项目顺利推进。

二　重要经验

我国基层协商实践在不断探索中取得了阶段性显著成效，深化了对中国特色社会主义协商民主发展规律的认识，也积累了重要而宝贵的经验，必须在实践中长期坚持和不断深化。

（一）始终坚持正确政治方向

社会主义协商民主能不能发展好、凝聚好群众共识，最关键的是方向正不正确、政治保证是不是坚强有力。综观各地丰富多彩的实践，基层党组织发挥好在基层协商中的领导核心作用，加强对协商工作的政治领导、思想领导、组织领导，通过融合党建的方式使党的路线方针政策有机地体现在实践中，是确保基层协商始终沿着正确轨道前进的最重要因素。这集中体现在以下三个方面。一是全面落实党的领导。推进基层协商工作迈上新台阶、实现新发展，要用党的创新理论武装头脑、指导实践、推动工作，将党的领导优势转化为工作推进合力。切实发挥好基层党组织战斗堡垒作用和党员干部先锋模范作用，引领城乡居民和各方力量广泛参与协商实践。在基层协商中，党建引领全覆盖全链条模式、“大党建”理念的运用，就是很好的诠释。二是站稳以人民为中心的根本立场。基层党组织要始终坚持人民至上的价值取向，把握人民愿望、尊重人民创造、集中人民智慧，结合基层协商的具体实践，研究制定科学合理的协商办法，提高协商的针对性、有效性。三是依法依规开展协商。要将基层协商纳入法治化轨道，确保协商活动合法有序进行、协商结果合法有效。进一步坚持基层群众自治制度，尊重基层自治权利，逐步扩大基层民主范围，将协商贯穿于村（居）民自治始终，引导城乡居民参与村（居）务日常管理，通过协商来表达诉求、化解矛盾、增进共识，保障人民享有更多更切实的民主权利。

（二）坚定践行“有事好商量”理念要求

“有事好商量”既体现了社会主义协商民主的特点，也是实现人民民主、协商民主的重要形式。基层协商的实践样式可以多变，但其基本主题和精髓不能变，要把“群众的事同群众多商量，大家的事人人参与”“有事好商量，众人的事情由众人商量”的重要理念落实到位、贯穿到位。正因如此，在乡镇（街道）、行政村（社区）和企事业单位协商中，各地围绕践行“有事好商量”要求，通过创制协商规程、创设协商载体、创新协商形式，形成一大批鲜活的基层协商实践经验，如内容多样的议事协商工作法、异曲同工的各类议事协商专门机构、各具特色的议事协商规程等，真正做到协商于民、协商为民，有力推动解决居民群众关心关注的热点难点问题。实践中，切实把推动“有事好商量”与凝聚共识双向发力落到实处，探索基层协商同社会治理相结合的有效途径，要坚持与群众商量办事和为群众办事相统一，面对面听取群众建议，和群众多商量，做到汲取群众智慧、凝聚干群共识、团结各方力量，确保重要工作和重大决策识民情、接地气、解民忧。始终要多站在群众立场想问题，把群众参与协商是否得利、是否满意作为标尺，科学安排与群众多商量办实事项目，确保商量好的结果落地落实，让人民群众共享高质量发展成果、共享高品质幸福生活。对群众反映强烈、涉及群众切身利益的问题，要通过多协商、真协商争取群众情感上、认识上的理解，将各类矛盾纠纷化解在基层。

（三）坚持继承传统和发展创新有机统一

基层协商在我国具有深厚的文化基础、理论基础、实践基础，已经延伸并渗透到基层的各个角落，并在实践中不断丰富和发展。我国各地经济社会发展不均衡，工作实际、工作目标、工作状态以及基层各组织和群众的关系等差别较大，基层协商的主体、内容和形式也存在很大的差异。在新的历史条件下发展基层协商民主，如何强化基层党组织的领导作用，如何更好激发“社区、社会组织、社会工作者、社区志愿者、社会慈善资源”[①] 五种社会力量的参与活力，如何发挥各级党代表、人大代表、政协委员密切联系群众的积极作用，如何提高乡镇（街道）指导行政村（社区）协商活动的能力和水平，凝聚推进基层协商和治理的强大合力，是新时代扎实推进基层协商要面对的重要问题。解决这些问题的根本方法在于，基层党组织围绕基层治理体系和治理能力现代化的目标要求，继承和发展基层群众自治实践中积累的丰富经验，不断创新基层协商的内容、载体和机制，与时俱进地整体推动基层协商发展。近年来，广东、安徽、山东等省份相继开展了城乡社区协商示范点建设，积极创新城乡社区协商工作的内容、形式、载体和评估指标体系，打

① 参见《中共中央 国务院关于加强基层治理体系和治理能力现代化建设的意见》。

造了一批协商组织健全、协商平台便捷、协商制度完善、协商成效显著的试点样板，构建了试点突破、亮点示范、以点带面、整体推进的城乡社区协商工作新格局，这是基层协商工作的一大进步。稳步推进乡镇（街道）协商，还需要实现深化乡镇（街道）行政管理体制改革与增强乡镇（街道）议事协商能力工作同谋划、同部署、同推进，促进政府治理与居民自治良性互动。

（四）促进基层协商与其他协商渠道有效衔接

发展社会主义协商民主，就是要在各层次、各领域扩大公民有序参与，最广泛地动员和组织人民依法管理国家事务和社会事务、管理经济和文化事业。在深入探寻基层社会治理有效路径的过程中，基层协商与政协协商、政府协商、人大协商渠道的衔接最为紧密、最具基础、最有成效，而且推进基层协商与人民团体协商、社会组织协商实现相互贯通、相互促进、相互提升，也具有实践上的必要性和时间上的紧迫性。各地在推进基层协商与政协协商的统筹衔接中，从广大人民群众最关心的身边事情入手，重点在制度建设、协商平台、品牌打造、宣传引导、氛围营造等方面共同发力，创造性建立了一系列工作机制和工作程序。同样，在政府协商的重点事项协商中，对于涉及教育、环保、治安、养老、物业等基层民生事务的议题，也可借助基层协商中的民主恳谈会、民主听证会、居民论坛等形式听取居民意见建议，加强沟通交流，形成广泛共识。这些协商形式互为补充、相互促进，既为人民群众表达利益诉求提供了更为畅通的渠道，又扩大了基层协商影响力。随着我国经济社会的转型升级，基层社会的利益主体更加多元、利益选择更加多样，基层社会处于国家治理的第一线，基层社会治理呈现碎片化、分散化、矛盾化的特点，“治理难”问题日益凸显，更加迫切需要做好基层协商与其他协商渠道的衔接配合，用创新思维激发基层协商的活力，不断健全和完善基层协商机制，助力推进国家治理体系和治理能力现代化。

延展

深圳市政协搭建多维度的协商议政平台——“委员议事厅”

近年来，深圳市政协以市委、市政府中心工作，社会热点和民生问题为导向，围绕大事要事身边事，创新搭建起一个多维度的协商议政平台——“委员议事厅”，推动政协协商与基层协商渠道有效衔接。一是将“在政协”协商延伸为“到公众中”商量。“委员议事厅”地点设在深圳市中心书城大阶梯广场，现场完全开放，没有任何限制，对市民不设门槛。市民愿意来听就听一会儿，想走便可以走。“委员议事厅”的运作模式改变了政协协商主要发生在政协内部、集中在上层精英之间、局限在办公大楼里的传统局面，使政协协商向社会开放，做到“开门议政”。二是议事没有判决但找到了共识和最大公约数。“委员议事厅”通过“议”，给社会各方面提供了话语权；通过“议”，沟通信息、交流思想、释放情绪；通过“议”，真正做到众人的事情由众人商量。以政协协商促进多元主体形成共识，找到全社会意愿和要求的最大公约数，体现了人民民主的真谛。三是发挥了政协委员在无领导小组讨论中的作用。“委员议事厅”把协商民主的平台搬到市民中间，同时注重发挥政协委员的作用，委员既是协商的主体，又是协商的推动者、引导者。通过这一平台，委员们能够现场给市民提供解释和咨询服务，说事实，讲道理，传递理性声音，同时在与各方的碰撞、交锋和反思中使自己得到提升，让自己的履职更专业、更有水平。

第二节　当前基层协商实践存在的主要问题

一　基层协商的运行机制尚待完善

应当看到，我国基层协商的发展状况与其在新时期所担负的使命相比仍有不小差距。主要表现为：在基层协商的制度规范、成果落实与参与能力等方面，存在制度执行刚性不足、组织形式较为单一、成果落实缺乏足够约束等问题，还面临着一系列困难和挑战。只有正视这些问题，积极探寻相应对策，才能进一步推进基层协商向纵深发展。

（一）协商制度规范不够健全

目前，基层协商制度化程序化建设相对滞后，总体而言，国家相关制度规定还较为笼统和宽泛，在具体运行机制方面还存在着一些不足。而地方已出台的一些具体制度规范，由于缺乏顶层设计和统一部署要求，存在要素不全、可操作性不强、实际作用大打折扣的共性，在“协商什么、和谁协商、如何协商、协商成果如何运用”等方面还缺乏精细化的指导规则和程序规定，与基层实践实际需要仍不相适应，制约了基层协商的发展。尤其是协商程序不够规范，作为基层协商的组织领导者、协商意见的协调采纳者，一些基层政府及其他基层组织未制定关于协商议事的规范性文件或实施方案，协商所涉及的组织、议题、范围、流程、结果、反馈、监督等方面随意性较强、形式化问题突出，制度规则依据、操作运行程序双重缺失。由于缺乏明确规范和要求，一些地方开展协商活动，存在随意性、选择性，确定协商议题时未充分征求意见，协商前也没有通报协商相关内容和信息，仅靠开会做短暂交流讨论，就完成了“协商”。凡此种种，弱化了基层协商效力、基层政府权威和群众政治信任，导致部分协商结果不被广泛接受和认同。此外，协商参与主体的产生和更替机制还不健全，参与者应具备什么样的条件、如何产生等没有明确规定；乡镇（街道）协商运作的有效监督制度及协商成果跟踪督办机制，也尚未完全建立或落实到位。

（二）对基层协商认识模糊

基层协商的实践效果受到诸多因素的影响，而其中参与主体的认知、态度和能力起着至关重要的作用。目前，部分基层党组织对基层协商仍旧认识模糊，没有充分发挥好带头引领作用。一些基层政府及村级组织、企事业单位行政部门，对协商议事工作的地位、意义、作用认识不足、重视不够，对协商民主的认同度和接受度较低，缺乏主动协商意识，组织开展协商的积极性不够高，甚至忽视基层协商工作。加之协商机制不健全、平台不完善、氛围不浓厚，协商议事能力不够，有的基层党委政府又或多或少存有畏难情绪和抵触情绪，不愿启动协商，一些协商成为“以会代议”的情况通报会，实际的决策和讨论程序则被忽略或流于形式；个别地方的基层党组织和政府在进行公共决策时，仍存在以“个人拍板”替代与民协商的情况，采用行政命令的方式进行决策。与之相联系的是，基层协商民主形式化偏向不容忽视，部分地区存在基层协商形式化和工具化问题，即使在少数情况下开展“有限协商”，也存在重形式、轻实效的“走过场”现象，导致基层政府、基层组织和群众（职工）之间难以通过协商出共识、出办法，出感情、出团结，影响了基层群众的参与积极性。①

二　基层协商的发展内生动力不足

由于制度因素的限制，基层协商自我发展能力不够强，这一问题涉及参与主体调动、内容形式创新、平台品牌打造等多个层面。

（一）社会多元力量参与不足

难以最大限度地聚合多元社会力量立体式参与，是基层协商实践中的一个较突出问题。一是基层在社会治理中综合治理理念和方法应用存在偏差。部分地方基层干部习惯于原有的工作模式，与群众利益密切相关的事项仍然由包括基层党委政府和行政村（社区）“两委”成员在内的少部分人研究决定，影响了基层协商决策的真实性和民主性。部分乡镇（街道）、行政村（社区）开展的民主恳谈会、听证会等民主协商，参与主体以相关党政部门的基层干部为主，缺乏政协委员、人大代表，辖区居民（流动人口），各类企事业单位、社会团体代表和专家、律师、人民调解员、媒体记者等各界人

① 刘文郡：《坚持以党建引领推动基层协商落地落实》，《党建研究》2024 年第 1 期。

士的广泛参与，普通群众尤其是利益相关者更是“协商缺位”，致使参与主体广泛性、代表性、均衡性、专业性不足，协商事宜难以得到合理有效处置。特别是协商主体所代表的总体不够大，不足以全面反映各种社团组织、新兴社会阶层对自身利益的现实诉求。二是协商主体参与意识不强。受宣传发动、文化水平等因素影响，群众缺乏参与意识和协商精神，被动接受的现象比较普遍；部分参与协商议事的村（居）民代表缺乏协商经验、自身文化水平有限，难以深度有效地参与到各项工作的推进之中。三是由于辖区社会组织培育发展不够、数量少、代表性不强，部分驻地单位参与意识淡薄，对乡镇（街道）、行政村（社区）开展的协商活动参与、支持和配合不够。

（二）协商内容和形式不够充实

目前，一些地方乡镇（街道）、行政村（社区）尽管已明确协商内容和形式，但操作上存在避重就轻、避难就易的问题。一方面，协商内容存在局限。特别是当前开展的城乡社区协商活动中，协商内容存在“三多三少”现象：一般性事务和文化体育活动类议题较多，而真正关乎基层公共事务、公益事业和群众切身利益的议题相对较少；协商参考目录的内容事项指导多，但聚焦新难题、新问题开展的协商活动少；基层党委政府和行政村（社区）“两委”点题多，群众和利益相关方出题少。另一方面，协商形式不够多样。受制于条件和技术，当前一些地方开展协商活动形式往往比较单一，开会座谈等传统渠道采用较多，互联网、信息平台等协商渠道采用较少，难以完全适应基层协商的发展需求。

（三）协商平台品牌不够有效

现有基层协商平台以民主恳谈会、民情通报会、社区议事会、协商议事会、村民决策听证会、楼院理事会等传统载体为代表，在基层协商实践活动中占据关键地位，已成为连接政府与民众、推动基层事务决策的主要抓手。但这些平台也存在作用发挥不均、规范性不够、思路不活、创新不足、招数不多的问题，未能形成平台合力和矩阵效应。多数平台在建设过程中缺乏系统规划，缺乏对平台定位、功能设置、参与主体等方面的深入思考与长远布局，导致规范化、长效化、品牌化运行的水平和质量不高。一些地方对“党建+协商”品牌内涵理解不深，未能准确把握党建引领在基层协商中的核心要义与关键作用，没有明确品牌建设的目标、任务和措施，导致党建引领品牌缺乏内涵和吸引力。总体而言，不少基层协商议事平台缺乏具有影响力、能体现地域特色、可复制推广的品牌，且重复打造问题颇为突出，导致参与度和凝聚力不足，难以吸引更多民众的关注与参与，不利于基层协商工作的持续深入开展。

三 基层协商实践新空间仍需拓展

目前，基层协商实践不均衡和涉事利益相关方难以启动、融入协商两大问题，是制约基层协商实践走深走实的主要因素。

（一）基层协商实践不均衡

主要表现在四个方面：从落实看，虽然各地都在探索实践，但在全国范围内比较，有的地方党委政府重视、群众基础好，工作推进有力、抓得较实，成效较为显著，而有的地方就显得相对滞后，效果不是很明显；从地域看，经济社会发展更好更快、民主协商基础条件较好的发达地区，基层协商实践的发展明显领先于欠发达地区，群众对基层协商的关注度、满意度较高；从城乡看，受参与主体积极性、公众协商议事能力、生产生活条件和意识观念等影响，城市街道及社区开展基层协商工作的情况好于农村乡镇、行政村，总体展现出基层协商的巨大活力，但拓延到行政村层面尚未形成普遍态势；从类型看，目前乡镇（街道）协商、行政村（社区）协商的开展更为充分有效，运行制度机制相对完善，而绝大多数企事业单位协商并未实现常态化、长效化开展，协商机制仍存在很大空白。[①]

① 刘文郡：《坚持以党建引领推动基层协商落地落实》，《党建研究》2024年第1期。

（二）涉事利益相关方难以启动和融入协商

我国社会主要矛盾发生转化，随着基层群众民主意识的不断提高，基层协商工作的发展条件发生深刻变化。囿于协商主体双方之间地位不平等、涉事利益相关方协商能力有限的客观情况和基层协商门槛要求过高、基层方面的主观重视程度不够，基层协商议事工作存在涉事利益相关方难以启动协商的堵点痛点问题，有可能既挫伤基层群众参与协商议事的主动性积极性，又影响党群干群关系。特别是群众中的弱势群体、特殊群体很难融入协商过程，即使参与到协商会议中，协商平等性往往也难以得到保证，且意见和利益也容易被忽视、被边缘化。合理协商诉求被忽视漠视后，其往往因维权受阻而采取上访方式或过激行为来反映、解决问题。

第五章　乡镇（街道）协商与行政村（社区）协商

在基层协商中，乡镇（街道）协商、行政村（社区）协商和企事业单位协商三者相对独立、各有侧重，在某种程度上都遵循相同的程序规则和价值目标，是有机联系、相互促进的整体。特别是乡镇（街道）协商与行政村（社区）协商，在协商主体、协商内容、协商形式等方面具有内在一致性和相互支撑性，而企事业单位协商因其强调互助和合作则有着特殊性。目前关于基层协商的实践和学术讨论主要专注于行政村（社区）协商和企事业单位协商中的集体协商，较少关注乡镇（街道）层面的民主协商。全面认识和理解乡镇（街道）协商、行政村（社区）协商，需要从协商主体、协商内容、协商形式、协商程序四个维度进行分析解读。需要特别提及的是行政村（社区）协商与城乡社区协商这两个概念的内涵辨析。城乡社区是城市社区和农村社区的统称，行政村（社区）与城乡社区都是指群众自治的管理范围。城乡社区协商是中国政治发展中具有特色的概念，是基层协商民主的一种形式，在基层民主和基层治理中具有非常特殊的地位。[①]《关于加强城乡社区协商的意见》明确指出："城乡社区协商是基层群众自治的生动实践，是社会主义协商民主建设的重要组成部分和有效实现形式。"通过解读中央政策文件发现，基层协商中的行政村（社区）协商就是指城乡社区协商，两者

---

① 林学达：《新时代城乡社区协商理论与实务》，人民出版社，2021。

在本质内涵上是一致的，只是提法和表述不同而已。①

第一节　协商主体

一　协商主体的范围对象

基层协商实践重在充分调动各方主体参与民主协商的积极性、主动性、创造性，完善协商主体结构。推进乡镇（街道）协商、行政村（社区）协商，首先要搞清协商主体的范围确定依据、主要对象组成等问题，以避免其范围过小或过大。

（一）范围确定依据

2015 年，中共中央办公厅、国务院办公厅《关于加强城乡社区协商的意见》明确指出，“可以作为”城乡社区协商主体的个体、群体或组织有“基层政府及其派出机关、村（社区）党组织、村（居）民委员会、村（居）务监督委员会、村（居）民小组、驻村（社区）单位、社区社会组织、业主委员会、农村集体经济组织、农民合作组织、物业服务企业和当地户籍居民、非户籍居民代表以及其他利益相关方”。2016 年，民政部《关于深入推进城乡社区协商工作的通知》中又提出“培育城乡社区协商主体”，要求“推动基层政府及其派出机关、村（社区）党组织、村（居）民委员会、村（居）务监督委员会、村（居）民小组、驻村（社区）单位、社区社会组织、业主委员会、农村集体经济组织、农民合作组织等成为协商主体，并在城乡社区协商中发挥主力军作用”。综合来看，两者对城乡社区协商主体的范围界定总体一致，是较为宏观性、方向性和权威性的指引。事实上，这一主体范围也同样适用于乡镇（街道）协商层面。

（二）主要对象组成

近年来，依据国家规范性文件精神，地方基层在加强基层议事

① 为了与《中共中央关于加强社会主义协商民主建设的意见》表述相统一以及行文方便，下文多用“行政村（社区）协商”替代“城乡社区协商”这一表述。

协商能力建设实践中不断探索，坚持从基层实际出发，着眼服务群众，不断开阔思路，对乡镇（街道）和行政村（社区）协商主体中“其他利益相关方”进行了更为细致、具体和切合实际操作的拓展，拓展后的“其他利益相关方”包括但不限于以下七类个体、群体或组织：基层政府及其派出机关，行政村（社区）党组织，业主委员会、物业服务企业；行政村（社区）“两委”和村（居）务监督委员会①成员，村（居）民委员会及下设委员会成员，村（居）民小组长和村（居）民代表，行政村（社区）集体经济组织、农民合作组织负责人，网格长、楼栋长等；辖区党代表、人大代表、政协委员（“两代表一委员”）；行政村（社区）挂点干部、民警、法律顾问，老党员、老干部、老教师、老战士、老模范，社会工作者、志愿者，各类带头人（能人）、新乡贤等群体，当地户籍居民、新居民②代表，特殊群体人员，驻村工作队代表；辖区机关单位、执法部门，基层群团组织、社会组织，驻行政村（社区）企事业单位、共建单位等与协商利益相关的单位人员；相关专家学者、专业技术人员，第三方机构；根据内容需要邀请参与协商的其他社会公众。

二　协商主体的主次划分和参与形式

从主次上看，乡镇（街道）和行政村（社区）协商主体都可分为主要参与主体和共同参与主体两大类，涵盖干部类、组织类、代表类、监督类、其他利益相关类等五类个体、群体和组织，基本形成政府、社会、居民多元主体共同参与互动的协商格局。总体来说，范围广、数量多的基层协商主体，能够充分发挥群众主体地位与能动作用，最为广泛地集中群体智慧，有效防止协商议事中“拍脑袋”“一言堂”现象的发生，确保群众广泛参与议事协商，让协商的结果

① 一些提法直接将这三个组织合称为“三委”，也就是行政村（社区）党委（或党总支、党支部）、村（居）民委员会和村（居）务监督委员会。

② 一般认为，新居民是指在当地居住、务工、经商、创业、就读，但不具有所在地户籍且持有效居住证的流动人口（外来人员）。新居民是和谐社会的共同建设者，也理应是和谐社会的共享者。

更加符合人民群众的利益。无论是主要参与主体还是共同参与主体，一律为平等主体，协商决定本区域治理发展的重要事务。广泛吸纳不同利益群体（包括少数群体代表和弱势群体代表等），尽可能使所有利益相关方能直接、平等地参与协商全过程，让各方充分表达、充分协商，最大限度地保证人民群众作为协商主体的地位，充分体现我国社会主义协商民主的独特优势和精神实质，是我国协商民主的价值追求之一。在协商民主实践中，协商主体参与基层协商主要有直接参与和间接参与两种形式。

（一）主次划分

第一，主要参与主体。乡镇（街道）协商层面，主要是乡镇（街道）党（工）委、人民政府（办事处）和辖区居民代表；行政村（社区）协商层面，主要是行政村（社区）党组织、村（居）民委员会和村（居）民代表；企事业单位协商层面，主要是工会、行政部门和职工代表，作为关键角色和“主力军”中的“主力军”，主要参与主体在基层协商活动中占据主导和重要地位，特别是对活动组织开展有显著影响。比如，行政村（社区）“两委”就是城乡协商活动组织实施的主导者，牵头选择确定协商主体、协商内容等工作。

第二，共同参与主体。共同参与主体是主要参与主体之外的个人和组织，其在协商活动中通过相互合作和协调，共同推动活动的进行。其中，“两代表一委员”肩负着重要的社会责任和政治使命，是党和政府联系群众的桥梁纽带，是密切党群、干群关系的重要载体，更是协调社会关系、化解社会矛盾、释放社会压力、促进社会和谐的重要力量，在基层协商中具有不可替代的作用；同样地，基层群团组织、集体经济组织和其他经济组织、社会组织等都在基层协商中扮演着不可或缺的角色，不仅能够代表特定群体提出利益诉求，还能够促进公共决策的科学化民主化；而老干部、老战士、老专家、老教师、老模范“五老”人员长期服务于基层，有着丰富的工作经验，群众认可度高、办事公道，在基层协商中可以发挥化解矛盾、政策宣讲等多重作用。但共同参与主体的参与方式、参与比例和参与频次等，都需要根据协商内容、协商性质和协商目的而动态确定。

（二）参与形式

第一，直接参与形式。即所有利益相关方通过多种方式直接参与协商，共同决策涉及自身利益的事项，表达自己的利益诉求和意见。村（居）民会议[①]就是村（居）民直接参与的一种重要形式，通常用于讨论和决定村（居）民自治范围内涉及全体村（居）民利益的重大事项。显然，这是一种最理想、最好的参与方式，有助于保障村（居）民的知情权、参与权、表达权和监督权，促进基层民主健康发展。

第二，间接参与形式。即利益相关群体通过荐举的协商代表参与协商，间接表达自身的相关意见诉求或参与决策。近年来，基层探索推行的协商议事会、协商（民主）理事会、协商议事委员会以及听证会、论证会、座谈会等类似形式，都属于协商主体间接参与形式，其“理事成员”和“参会代表”就是按照法定程序产生的议事协商代表。实际上，基层协商主体范围中，本身就有村（居）民代表，老党员、老干部代表和流动人员代表等个体。这一参与形式的优势在于：可以在合理控制协商群体规模的情况下，最大限度集中群众的意见，形成更有影响力的“集体声音”。

三　协商主体的确定策略

确定协商主体，明确协商组织者是前提和关键。应明确基层党组织是组织利益相关方开展协商的牵头者，同步建立基层党组织在广泛征求民意基础上确定协商主体的机制。在行政村（社区）协商层面，除行政村（社区）“两委”主要负责人和利益相关方外，可以更灵活地选择协商主体。

① 村（居）民会议是村（居）民参与最多、规模最大的会议，是基层群众性自治组织中能最直接、最全面地表达村（居）民利益和愿望的组织形式，也是行政村（社区）最具权威性的自治组织形式。

（一）分级确定

在乡镇（街道）协商和行政村（社区）协商中，一般根据协商层次、具体事项和议题大小确定协商主体：一是涉及乡镇（街道）的事项，以及涉及两个及以上行政村（社区）或超出行政村（社区）“两委”协调范围的事项，由乡镇（街道）选择确定协商主体；二是涉及两个及以上村（居）民小组的事项，由行政村（社区）“两委”选择确定协商主体；三是村（居）民小组内部、村（居）民个体之间的事项，由行政村（社区）“两委”、村（居）民小组长共同选择确定协商主体。

（二）科学确定

基于更好地推动各类主体积极参与基层协商的客观需要，在确定协商主体时，应在国家政策性文件和地方规范性文件所确定协商主体的基础上，对协商主体进行丰富完善。首先，要合理确定协商主体。根据协商议题事项的性质、所涉及利益关系、复杂程度和影响范围确定协商主体，原则上“凡利益相关者都应参与协商”。这是强调在涉及多方利益的协商中，应该确保所有利益相关者都有机会平等参与到协商和决策中来，以提升协商过程的透明度和公正性。其次，要动态确定协商主体。协商主体并不是“固定化”而不变的，应把握好“代表性、相关性、动态性”的要求。在具体协商开展中，还应根据协商内容和形式的不同，按照“大事大议、小事小议、一事一议”的原则，针对每一个具体的协商事项进行单独的讨论和议事，灵活调整需要参与的协商主体，提高协商决策的民主性、透明度和针对性。最后，要严谨确定协商主体。在注重广泛吸收非公有制经济、新的社会阶层等社会各界代表人士的同时，需要从个人政治素质、社会影响力、作风品行、服务理念等多个方面加以认真筛选。但需要看到的是，尽管协商民主理论认为“凡利益相关者都应参与协商”，但很多情况下并不允许所有相关者参加，也并不是每个相关者都有条件和意愿参与协商。[①] 因此，实际上“主要参与主体（固定成

---

① 伍俊斌等：《中国协商民主：理论与实践》，人民出版社，2017，第 209 页。

员）+共同参与主体（变动成员）”的协商主体结构最为常见。

案例

广州市南沙区：村级协商主体“6+X”模式[①]

近年来，在完善社区协商治理活动中，广州市南沙区坚持以党委领导、政府负责、社会协商、居民参与、法治保障为核心，以村（居）民议事厅、村（居）民理事会两个平台为依托，探索出村级协商主体“6+X”模式：“6”即村（社区）“两委”成员、村（居）务监督委员会成员、村（居）民代表、村（居）民理事会成员、企业代表、非户籍人员代表等六类固定成员；“X”为其他利益相关方，根据协商事项进行动态调整。这一模式符合实际要求，特别是将非户籍人员代表纳入固定协商主体，最大限度实现了议事主体多元化。

案例

甘肃省金昌市：建立“1+7+X”协商主体模式[②]

为明确协商主体，扩展社会各界代表和普通群众在基层协商民主活动中的参与面，甘肃省金昌市在行政村和社区创造性地建立了“1+7+X”协商主体模式：“1”即村（社区）党组织书记；“7”包括村（社区）党支部班子代表、村（居）委会班子代表、村（居）监委会班子代表、“两代表一委员”、法律工作者、辖区内经济组织和社会组织代表以及村（社区）德高望重、公道正派的村（居）民代表七类固定主体；“X”主要包括协商事项涉及的利益群体代表、政府相关职能部门代表等不确定主体。针对专业性强的协商内容，还邀请相关专家和专业技术人员参加。此举有效确保了决策影响的

---

① 《【最新】南沙探索社区协商议事主体“6+X”模式获肯定!》，“广州南沙发布”微信公众号，2017 年 8 月 16 日，https://mp.weixin.qq.com/s/o2IKJPZYjHvTXR3BSJuqdA。

② 康劲：《遇事先协商　有事好商量》，《工人日报》2023 年 11 月 9 日。

利益相关方广泛参与协商，在协商主体的确定上尽可能囊括所有利益相关方，特别是处于弱势地位的利益相关方，旨在改变利益表达机会不均衡的状况。

四　协商主体的应有特征和角色定位

确定协商主体，需要体现主体的广泛性和多元性、代表性和均衡性、专业性和技术性，确保其既能够涵盖所有利益相关方，又具备科学性和合理性。在参与基层协商的具体实践中，协商主体同时也扮演着多重角色，使其成为发挥基层协商作用的主要效力源。

（一）应有特征

理想状态下的协商主体，应具有以下三重特征。

1. 广泛性和多元性

协商民主的首要特征是参与主体的广泛性和多元性，强调相关主体的广泛参与，要求所有利益相关者都参与协商。协商主体是协商活动的参与者，参与主体的广泛多元程度，从某种意义上决定着民主的性质。没有多元利益主体的参与，就意味着协商所达成共识的合法性、合理性均将受到质疑，甚至可能无法启动协商。广泛性是指基层协商主体的覆盖范围要广泛，不仅包括党政干部、主要利益相关方，还包括基层各族各界普通群众、其他利益相关方，需要体现深厚的群众基础，扩大社会各界代表和普通群众在协商民主活动中的参与面。多元性是指基层协商主体的结构要多元，要兼顾区域、年龄、文化程度和行业职业等因素，优化参与主体结构。提高基层协商参与主体的广泛性和多元性，要求结合群众意愿和实际需求，将协商主体选择范围向村（居）民小组、网格、楼宇等单元拓展，构建行政部门代表、“两代表一委员”、村（居）民代表、群团组织和社会组织代表以及志愿者、网格员、辖区单位职工、外来务工人员、其他利益相关方代表等多方主体参与机制，鼓励和支持不同背景、来自不同利益群体的社会成员参与，以保障最大限度地整合与协调多元化的利益诉求。一般情况下，在村（居）民议事会成员中，除行政村（社区）“两委”成员外，其他利益相关方代表占比应不少于50%。

2. 代表性和均衡性

一般而言，协商主体的代表性和均衡性是建立在群众公认度这一基础上的，这是实现真正意义上的民主协商的关键。无论是基层党组织指定、提名、邀请，还是人民群众代表推荐或自荐，都要统筹考虑协商代表的政治素养、民意基础和协商能力，重点把那些在群众中威信高、办事公道且热心公益事业的“关键少数”吸纳进来。确定参与代表人数和范围，要尽可能囊括所有利益相关方，注重吸纳女性、非户籍人员和少数民族代表，特别是处于弱势地位的利益相关者，改变利益表达机会不均衡的状况。严把协商参与者的“素质关”，把讲政治、守规矩、有热情、能议政作为成为协商代表的必备条件，确保协商代表拥有过硬的政治素养、较强的议事能力。进一步充分发挥村（居）民委员会自治的积极作用，通过民主推荐产生最能代表民众利益的代表，更多地体现民意。同时，要突出协商代表的均衡性，在促进各组织之间形成合理组织结构的基础上，将一定数量的特殊利益相关群体及时吸纳进来，积极鼓励引导行业协会、社团组织及专业性机构广泛参与协商，保证并逐步提高新经济组织、新社会群体代表在各类协商活动中的比例，让各阶层、各方面都能在协商议事中得到充分代表，让他们的意见都能得到充分反映。

3. 专业性和技术性

基层协商事关民生福祉，事关经济社会可持续发展，其中一些涉及热点、难点、焦点问题的协商事项，往往涉及面广、政策性和技术性强、协调难度大，对协商主体的专业性和技术水平提出了更高要求。《关于加强城乡社区协商的意见》明确提出：“专业性、技术性较强的事项，可以邀请相关专家学者、专业技术人员、第三方机构等进行论证评估。”这要求尤其注重邀请与议题相关的专家学者和具有实践经验的各类人才，比如经济、建筑、规划、法律、心理、教育、医疗等特定行业领域的专业人士和第三方机构作为“特殊”协商主体，参与到协商中论证方案的必要性、可行性、科学性等，并提供参考意见，只有如此才能确保协商科学有效。同时，应创造条件建立不同层面、各有侧重的协商智库，根据协商事项科学抽选与之对应的专家学者，充分发挥咨询智囊组织在提供决策帮助方面的作用，提高协商的科学化水平。

（二）角色定位

基层协商主体应认清自己的角色，选定自己的位置。基层协商主体只有当好公共决策协商者、社情民意代表者、协商民主推动者、基层矛盾化解者，才能赢得老百姓的认可和支持。

1. 公共决策协商者

进入新时代，基层群众的政治文化素质整体提高，民主法治观念普遍增强，对自身利益关切程度越来越高，对利益诉求的表达愿望也愈发强烈，这些参与动因也决定了他们必然成为公共决策协商者和参与者。这要求基层政府在就涉及群众切身利益、需要社会广泛知晓的重要规划、重要改革方案、重大政策措施、重点工程项目等做出重大行政决策时，必须通过基层协商这一民主形式，依法依规让人民群众参与到决策的论证、制定和实施中来，与利益攸关方充分开展协商，把大多数人的意见特别是正确的意见纳入决策之中、把少数人的正确意见变成大多数人的共识。只有群众参与更广泛、协商更充分，才能提高基层政府决策的透明度、公信力和科学性、民主性，更好地保障人民的参与权、知情权，并为决策顺利实施奠定广泛的民意基础。目前在乡镇（街道）层级，根据《中华人民共和国政府信息公开条例》（国务院令第 711 号修订）和《中共中央办公厅　国务院办公厅关于全面推进政务公开工作的意见》（中办发〔2016〕8 号）等有关文件精神，我国乡镇（街道）一级大多建立完善了重大行政决策公众参与制度，把公众参与重大行政决策活动情况作为政府做出重大行政决策的重要依据之一，基层群众代表作为公共决策协商者的角色身份进一步凸显。

2. 社情民意代表者

所谓社情民意，就是不同层面的社会情况、不同方面的群众意见。基层协商中协商议题的产生、确定，通常是收集汇总社情民意，最广泛地反映民意、最充分地集思广益、最大限度地凝聚共识的过程，有利于实现公众对政治的有序参与，保障人民群众在国家政治生活中的话语权。参与基层协商的组织和个人在调查分析基础上提炼总结出来的社情民意，无不来自基层、来自实践、来自群众，能够代表群众意愿和需求的最大公约数，可以使基层党委、政府和行政村（社区）“两委”了解并重视经济社会发展过程中的各种问题。因此，基层协商主体实质上就是社情民意“代言人”和“信息员”，广泛表达社会各界的意见主张和及时反映基层群众的利益诉求，他们对社情民意的传达体现出信息反映主体和内容的广泛性，对于不断提升听取民声民意的广度和深度，实现汇集智慧、凝聚共识具有重要作用。

3. 协商民主推动者

协商民主突出多元主体参与，蕴含人民民主的真谛。随着基层社会进入转型期，社会事务日益繁杂、矛盾纠纷增多，在基层协商民主治理模式下，包括了社会组织、基层精英、普通群众等的基层协商主体深度参与基层治理，就成为推进基层协商民主发展的重要一招。在我国的基层协商实践中，有的地区探索出的民主恳谈会，参与主体不仅有作为个体的利益诉求提出者，而且有代表集体的利益表达者；有的地区组织的村级监察议事会，邀请村（居）民围绕经济发展大事、村庄建设实事、扶贫帮困急事、群众牵挂心事等“打开天窗说亮话”，既让群众自我监督力量正常释放，又能够对行政村（社区）“两委”形成监督作用；还有许多地方普遍推广网上协商、线上协商，尽可能使参与主体多元化。只有群众的不断参与和更多人的智慧，才能使基层民主实践迸发出新的活力，确保基层协商运转有序、不断向前发展。

4. 基层矛盾化解者

当前，社会结构转型和利益格局调整导致社会矛盾和社会冲突加剧，围绕经济利益、干群关系、文化传统等产生的各类矛盾纠纷层出不穷、纷繁复杂，且呈现类型多样化、主体多元化、内容复合化、调处疑难化、矛盾易激化等特点，在一定程度上影响了基层社会稳定和长治久安。在基层社会治理过程中，用协商民主化解基层矛盾是治本之策，要以加强协商民主助推基层矛盾化解，促进社会治理提质增效。新时代背景下，基层党组织和基层政府、村（居）民委员会既是基层协商主要参与主体，也是基层矛盾纠纷协调的第一主体，必须突出自身在多元化解主体中的领导作用和主导地位，在坚持过去行之有效的形式基础上，真正通过赋权于民坚持好、运用好基层协商，扮演好矛盾化解者角色，解决好基层新问题、新矛盾，确保城乡各种矛盾能够合法、合情、合理化解在基层。

第二节　协商内容

一　协商内容的确定依据

在基层协商领域，确定协商内容的依据，通常包括现行规范性政策文件、基层协商实践客观需求、法律法规相关规定三个方面。

（一）现行规范性政策文件

基层协商的上层政策依据，主要指中共中央办公厅、国务院办公厅印发的《关于加强城乡社区协商的意见》这一文件。其在“明确协商内容”这一部分中提出应“合理确定协商内容”，主要包括：城乡经济社会发展中涉及当地居民切身利益的公共事务、公益事业；当地居民反映强烈、迫切要求解决的实际困难问题和矛盾纠纷；党和政府的方针政策、重点工作部署在城乡社区的落实；法律法规和政策明确要求协商的事项；各类协商主体提出协商需求的事项。上述五个方面协商内容的明确，源于对全国城乡社区协商实践成果和适用经验的总结，基本涵盖了城乡社区协商必须围绕的重要事项，充分体现了原则性与灵活性相结合的特点，对不宜作细化规定的内容只作原则性规定，以便为各地开展工作留出创新发展的空间。毫无疑问，全国各地在推进乡镇（街道）协商和行政村（社区）协商实践中，所确定的协商内容都要以这一全国性文件为基础。此外，为深入贯彻落实《关于加强城乡社区协商的意见》，着眼于不同地区协商实践的差异性，2016 年 8 月民政部下发《关于深入推进城乡社区协商工作的通知》（民发〔2016〕134 号），具体提出要“细化城乡社区协商内容”，并结合当时基层工作的实际，提出“县（市、区、旗）或县级以上单位要建立城乡社区协商事项清单制度，将物业管理服务、环境卫生整治、亮化绿化工程、农田水利改造、廉租住房申请、社会救助救济、征地拆迁安置等纳入城乡社区协商目录”，也就是要求聚焦“规定内容”做到位、谋划“自选内容”有新意，以期形成具有不同地域实践特色的协商内容目录。

（二）基层协商实践客观需求

当前，我国城乡基层的社会结构、利益格局和人民群众的思想观念发生了深刻变化，乡镇（街道）、行政村（社区）日益成为各种利益关系的交汇点和社会矛盾的集聚点。基层协商作为推进基层治理体系和治理能力现代化的有效载体，其协商内容就应来自基层治理和公共服务的实践要求。比如，在健全基本公共服务事项的需求表达和反馈机制上，就迫切需要通过协商议事，强化群众对基础公共服务、经济公共服务、公共安全服务、社会公共服务等供给决策及运营的知情权、参与权和监督权。不论是乡镇（街道）协商还是行政村（社区）协商，都要面对涉及公共利益的重大决策事项、关乎居民群众切身利益的实际困难问题和矛盾纠纷两大内容。可以肯定的是，由于发展实际不同、依托条件不同，以及功能、性质、管理等方面存在差异，乡镇和街道、村和社区的协商内容也不尽相同，但内容议题都要与基层工作高度契合、与群众需求精确吻合、与基层治理深度融合。

（三）法律法规相关规定

作为基层协商内容确定依据的法律法规主要是指经修订实施的《中华人民共和国村民委员会组织法》和《中华人民共和国城市居民委员会组织法》[①]，其规定由村（居）民会议讨论决定的事项，包括修订完善村民自治章程、村规民约和居民公约，是必须依法经过协商决策的。此外，一些地方还相继出台了市容和环境卫生管理、物业管理、生活垃圾（分类）管理、养犬管理等方面的地方性法规条例，其中明确提出乡镇人民政府、街道办事处和村（居）民委员会都有组织、指导等工作职责，如引导村（居）民主动参与治理，上述群众关注、社会关切的问题，都要求通过开展经常性的协商议事加以解决。

二　协商内容的基本指引

通过明确乡镇（街道）和行政村（社区）协商的具体范围和内容，既可避免不符合协商内容要求的议题事项进入协商环节，又能确保符合协商内容要求的议题事项进入协商环节，还有利于合理确定并细化协商事项，研究制定协商目录。

（一）乡镇（街道）协商内容

乡镇（街道）作为基层行政单位，是国家法律法规政策落实到“最后一公里”的重要执行者，是基本公共服务的重要提供者，是基层治理的重要组织者。乡镇（街道）协商的内容多集中在城乡规划、工程项目、征地拆迁、环境整治、产业发展等发展要事、民生实事、基层难事上，可以说多是关乎党政所需、群众所盼、基层所难的事项。需要坚持以问题为导向，合理界定协商内容和议题的边界范围，提高协商内容的针对性，最大限度地保证全面广泛开展协商。

---

① 2018年12月29日，第十三届全国人民代表大会常务委员会第七次会议通过《全国人民代表大会常务委员会关于修改〈中华人民共和国村民委员会组织法〉〈中华人民共和国城市居民委员会组织法〉的决定》。

1. 内容确定的责任主体

《中共中央　国务院关于加强基层治理体系和治理能力现代化建设的意见》明确提出，“完善基层民主协商制度，县级党委和政府围绕涉及群众切身利益的事项确定乡镇（街道）协商重点”。这意味着县级党委和政府是确定乡镇（街道）协商内容的责任主体，应该起到把握全局、统筹兼顾、突出重点的作用。当然，在这一制度安排下，乡镇（街道）也可在县级党委和政府的指导下，结合本地经济社会发展需要，具体明确协商范围和事项。

2. 主要协商内容

包括但不限于：公共事务、公益事业和土地、公共资源配置等与群众切身利益相关的事项；辖区群众普遍关注或反映强烈的民生事项；涉及两个及以上行政村（社区）利益，有必要进行乡镇（街道）协商的事项；由行政村（社区）提交，建议乡镇（街道）协商的事项；辖区单位参与乡镇（街道）公共事务的相关事项；乡镇人民政府、街道办事处认为需要进行协商的其他重要事项。

3. 相关解读

第一，公共资源配置。《国务院办公厅关于推进公共资源配置领域政府信息公开的意见》（国办发〔2017〕97 号）明确界定，公共资源配置主要包括保障性安居工程建设、保障性住房分配、国有土地使用权和矿业权出让、政府采购、国有产权交易、工程建设项目招标投标等社会关注度高，具有公有性、公益性，对经济社会发展、民生改善有直接、广泛和重要影响的公共资源分配事项。公共资源配置是近年来群众关注的热点焦点。推进公共资源配置决策、执行、管理、服务、结果公开，实现公共资源配置全流程透明化，事关民生福祉，每一个环节都要求了解民情民意，通过协商寻求多方建言献策。第二，涉及两个及以上行政村（社区）的重要事项或由行政村（社区）提交乡镇（街道）协商的事项。这些事项往往涉及面广、情况复杂、处理难度较大，单靠某一行政村（社区）已无法开展协商，因此需要由乡镇（街道）党（工）委牵头组织开展协商，这样更有利于统筹和平衡各方利益。第三，乡镇人民政府、街道办事处认为需要进行协商的其他重要事项。这至少包括与群众联系密切的党代表、人大代表、政协委员和社会组织、集体经济组织等新型主体，按照相关规定和程序临时提出需要协商的事项。

（二）行政村（社区）协商内容

行政村（社区）突出自治功能和服务功能，其协商的内容广泛而丰富，重点聚焦行政村（社区）公共事务、公共秩序管理、公共设施建设和矛盾纠纷调处等事项。虽然行政村和社区的协商范围侧重有所不同，但内容大体一致。行政村（社区）应在乡镇（街道）的指导下，围绕总体协商内容，细化制定符合本行政村（社区）实际的协商内容目录。

1. 主要协商内容

包括但不限于：经济社会发展中涉及村（居）民切身利益的公共事务、公益事业、公共服务事项；村（居）民反映强烈、迫切要求解决的实际困难问题和矛盾纠纷；党和政府的方针、政策和上级重点工作部署在行政村（社区）的落实；村（居）民自治章程、村规民约、居民公约、村集体经济组织章程、村级议事机构章程等的制定和调整；法律法规和政策明确要求由村（居）民会议、村（居）民代表会议协商决策的事项；各类协商主体反映的矛盾问题或提出协商需求的事项；村民委员会和居民委员会认为需要协商的其他事项。

2. 相关解读

第一，公共事务、公益事业、公共服务“三公”事项，涉及经济、教育、卫生、体育、文化等方面，包括乡村振兴、土地流转、公共设施建设、生态环境保护、征地拆迁、工程项目等事宜。其中，公共服务事项是为了满足村（居）民的日常生活需求和提高生活质量而设立的服务项目，主要涉及劳动就业、社会保障、卫生健康、教育事业、社会服务、住房保障、文化体育、公共安全、公共法律服务、调解仲裁等方面。针对涉及群众切身利益的公共事务和公益事业，特别要结合行政村（社区）出现的新情况，将物业管理、小区停车、文明养犬、公共设施完善、环境治理、村庄规划、集体经济发展和集体资产处置、服务弱势群体等事项纳入协商内容。第二，党和政府的方针、政策、重点工作部署在行政村（社区）的落实，主要涉及乡村振兴、产业招商和基层社会治理等工作。村民委员会和居民委员会作为基层群众性自治组织，承担自治的相应职责和功能，但不具有国家强制力和行政强制执行权力，其决策和行动都要落在协商框架内。第三，法律法规和政策明确要求协商的事项。根据现行的《中华人民共和国村民委员会组织法》和《中华人民共和国城市居民委员会组织法》的规定，村民委员会和居民委员会处理某些事项时必须经过民主协商决策的程序，通过会议讨论作出决定，决定通过后方可组织实施，否则就不具有合法性。第四，村民委员会和居民委员会认为需要协商的其他事项。其包括由群团组织提出，涉及辖区居民小组（小区、网格）和村民小组（自然村、网格）妇女、儿童、老人、残疾人等特定群体利益的相关事项，如创业就业、心理疏导、大病救助、法律援助、婚恋交友、居家养老等方面的事项，对这些事项的协商是为了完善对这类特定群体权益的平等保障和特殊保护。

三 相关实践要求

（一）分类明确协商内容

基层协商中的乡镇（街道）协商、行政村（社区）协商是层面不同、重点不同的协商。总体上看，乡镇（街道）协商和行政村（社区）协商的协商内容，都涉及发展规划、公益事业、政策落实等领域，突出公共设施、公共秩序、公共服务、公共管理等重点事项，但内容范围各有侧重。在具体实践中，需要根据当地经济社会发展的实际，突出重点领域和群众关切，按个性问题、共性问题分类并按轻重缓急、难易程度排序，对协商内容进行分别归类，以保障人民群众享有更多更切实的民主权利。通过分类，可以更好地细化编制议事协商目录，打造协商清单事项的“施工图”“说明书”，进而指导工作实践。

1. 乡镇（街道）协商

前述乡镇（街道）协商内容大体可分为城乡建设类、经济发展类、村级建设类、综合治理类、公共服务类五个大类（见图 5-1）。事实上，这几个大类都有所交叉。

图 5-1　乡镇（街道）协商内容分类

2. 行政村（社区）协商

前述行政村（社区）协商内容大体可分为政策落实类、制度建设类、公共服务类、公益事业类、民主监督类、村（居）务管理类、财务管理类、党务管理类、其他类九个大类（见图 5-2）。但一些地方也按分层方法制定，更加突出协商内容与协商主体相对应。在行政村（社区）一级，由于经济社会发展水平不同、居民构成不同等城乡差距，行政村协商的内容多侧重于“三资”管理、村务管理和基础设施建设、环境整治等方面，而城市社区协商则更突出民主选举、公共决策、监督和物业服务、文明行为规范养成等事项。

延展

村级“三资”管理事项

“三资”即农村集体资金、资产、资源，“三资”管理问题是农村广大干部、农民普遍关心的热点和焦点问题。村级“三资”管理事项一般包括：①村级年度财务预算决算，未列入预算的大额开支；②以招标投标方式处置村集体资产以及村集体经济组织产权制度改

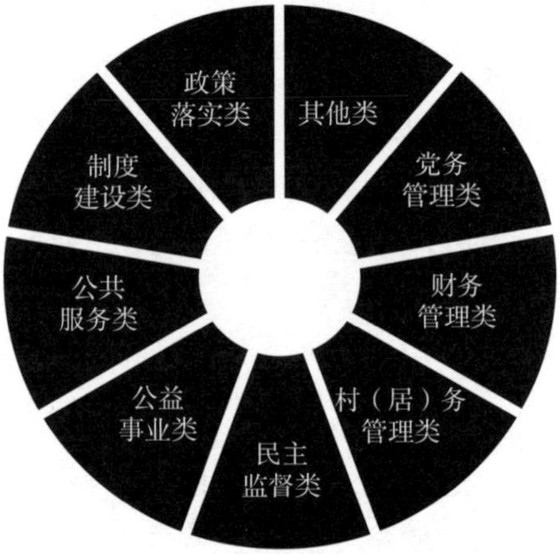

图 5-2　行政村（社区）协商内容分类

革、合并或分设；③农村集体资产股权的改革；④村集体经营性资产的承包、租赁、出让；⑤除家庭承包方式外的耕地、林地、草地、园地、荒地、滩涂、水面等村集体资源的承包、租赁、招标；⑥村集体“三资”年度收益投资和分配；⑦村集体土地征地补偿费、安置补助费和集体所有附着物补偿费的使用和分配；⑧村集体承担误工补贴的人员及补贴标准。

延展

村级重大事项清单目录参考

第一，村级重大决策事项：①村长期发展规划和年度工作计划制订；②村民自治章程、村规民约制定和修改；③村庄建设整治和拆迁改造；④村公共设施、公益事业的兴办及筹资筹劳、建设承包；⑤村集体土地承包经营，集体经济项目的立项、承包，宅基地的使用及征地补偿费的使用、分配；⑥村集体经济所得收益的使用，以借贷、租赁或者其他方式处置本村集体财产；⑦国家和上级重要政策、重点工作部署在本村的落实方案；⑧村民意见较为集中的重点难点热点问题；⑨多数村民认为应纳入决策的其他事项。

第二，村级重大项目建设事项：①村级基础设施建设工程；

②“一事一议”项目；③产业（扶贫等）项目。

第三，村“两委”成员分工。

第四，大额资金使用事项。

（二）编制议事协商目录

通常在界定协商内容范围时，“包括但不限于”意味着所列出事项是示例性的、不完全确定的，并不能涵盖所有协商的事项，特别是在实践中，很多具体事项很难与列举的情形相对应，其有效协商有赖于执行层面的细化和创新。推行议事协商目录化管理，就是对协商内容及事项的细化落实，有利于解决协商事项认识模糊、范围认定随意等突出问题。乡镇（街道）、行政村（社区）应根据当地实际需要，结合理论和实践上的反复摸索，进一步细化和补充协商内容、事项范围，明确提出议题确定程序和筛选标准，拟定议事协商事项目录或清单，列出更多自选、实用内容（议题）以供参考，从根本上解决内容储备不足、协商议题库存不多的问题，使协商议题选择更清晰、更具体、更容易把握（见表5-1、表5-2、表5-3）。

表5-1　乡镇（街道）议事协商事项目录参考

类别	事项
城乡建设	1. 编制国土空间总体规划和村庄规划优化工作； 2. 村庄、集镇规划建设管理； 3. 乡道、村道规划编制、建设、养护和村道的管理等相关工作； 4. 城镇容貌、环境卫生管理及农村人居环境整治； 5. 水土流失防治工作，加强水土流失综合治理和人为水土流失监管； 6. 农村供水保障工程； 7. 商铺和流动摊点占道经营行为监督管理； 8. 征地拆迁、补偿、安置和国有土地上房屋征收补偿； 9. 加强环境保护，配合污染防治等工作； 10. 古树名木保护管理； 11. 非物质文化遗产保护管理； 12. 历史文化名城、名镇、名村和传统村落的保护、管理、利用； 13. 农业文化遗产保护、开发和利用

续表

类别	事项
经济发展（农业农村）	14. 编制经济发展规划，推动产业升级等相关工作； 15. 优化营商环境相关工作； 16. 巩固拓展脱贫攻坚成果同乡村振兴有效衔接； 17. 组织和指导村务、财务公开； 18. 村集体资产管理相关工作； 19. 农村土地承包经营权流转及权证管理； 20. 动植物保护管理及疫情防控相关工作； 21. 组织实施人口普查、经济普查、农业普查、土地调查、污染源普查等； 22. 实施乡村旅游规划及配套设施建设； 23. 水资源管理和节约用水等相关工作
村级建设	24. 对村（居）民委员会的工作给予指导、支持和帮助； 25. 组织村（居）民委员会成员的任期和离任经济责任审计； 26. 村（居）民自治章程、村规民约、居民公约备案； 27. 提出村（居）民委员会的设立、撤销、范围调整意见； 28. 组织村（居）民委员会换届选举工作； 29. 指导成立业主大会和选举产生业主委员会，调解处理物业管理纠纷； 30. 推进移风易俗乡风文明相关工作； 31. 地名管理工作，变更行政区划隶属关系和变更行政区域界线
综合治理（综合执法）	32. 开展法治宣传教育工作，指导人民调解工作、社区矫正相关工作； 33. 社会矛盾和纠纷排查化解、风险预警、源头管控，网格化服务管理； 34. 信访维稳和社会矛盾纠纷排查化解工作； 35. 民族宗教事务治理工作； 36. 道路、水路、铁路交通安全相关工作； 37. 防洪防汛抗旱相关工作； 38. 植树造林、护林防火相关工作； 39. 突发公共事件应急救援、风险防范等相关工作，消防安全相关工作； 40. 安全生产相关工作； 41. 产品质量安全监管相关工作、消费者权益保护； 42. 食品安全相关工作； 43. 网络信息安全相关工作； 44. 中小学（幼儿园）安全教育和管理相关工作； 45. 文物保护相关工作； 46. 电力设施和电能保护相关工作，通信设施保护相关工作

续表

类别	事项
公共服务	47. 适龄儿童、少年接受义务教育的监管； 48. 全民健身事业相关工作及开展群众性体育活动； 49. 公共卫生相关工作及服务项目管理； 50. 人口生育保障相关工作； 51. 发展老龄事业及老年人权益保障相关工作； 52. 困难群众救助帮扶工作及待遇落实； 53. 未成年人关爱保护等相关事务； 54. 自然灾害防治及受灾群众生活救助、补助等工作； 55. 就业政策落实相关工作； 56. 社会保险相关工作； 57. 退役军人管理服务工作； 58. 残疾人权益保障服务相关工作； 59. 红十字会相关工作； 60. 基层综合性文化站（中心）建设及相关服务

表 5-2　行政村（社区）议事协商事项目录参考（分类）

类别	事项
政策落实	1. 党和政府的方针政策、重点工作部署在行政村（社区）的落实
制度建设	2. 村（居）民自治章程、村规民约、居民公约、业主公约、服务群众制度等规章的制定和修改； 3. 民主决策、民主管理、民主监督、民主评议制度的制定和修改； 4. 财务管理制度、公共收支管理办法的制定和修改； 5. 村（居）重大事项议事流程、议事规则的制定和修改； 6. 行政村（社区）经济社会发展规划和年度计划
公共服务	7. 村级集体经济项目的立项、承包、招投标方案； 8. 村级集体经济所得收益的使用； 9. 以借贷、租赁或者其他方式处分村级集体财产； 10. 兴修道路、桥梁、水利等村（居）公益事业的“一事一议”筹资筹劳和建设管理； 11. 供电、供水、供气、通信、电视、网络、物业等服务设施建设、收费、管理、维护； 12. 村民土地承包和流转、林地变更调整； 13. 土地经营承包方案； 14. 农村宅基地、项目建设、旅游服务、固定建筑、临时建筑和临时用地的审查； 15. 涉农惠农补贴的分配意见、建议；

续表

类别	事项
公共服务	16. 小区公共部位广告招租； 17. 各下属委员会的成立、选举、改选； 18. 物业公司选聘、物业与业主公共管理事务； 19. 亮化绿化、基础设施设备的养护管理、日常保洁； 20. 邻里纠纷调处； 21. 困难群体救助，医疗卫生等民生保障，劳动就业与社会保障； 22. 地质灾害的防治、应急管理
公益事业	23. 村（居）文体活动； 24. 慰问困难党员、困难群众，爱心帮扶； 25. 针对妇女、儿童、残疾人、老年人的社会工作； 26. 公益广告、公路标示牌、宣传栏、宣传标语等制作及安放； 27. 公共设施修缮，健身器材的选址； 28. 村办学校、道路等公益事业的经费筹资方案； 29. 卫生健康、法治教育、移风易俗、精神文明创建等活动及宣传； 30. 门禁改造、视频监控、电子快递柜、充电桩设立； 31. 行政村（社区）公益事业基础设施建设及管理
民主监督	32. 村（居）务监督委员会的推选； 33. 村（居）务公开； 34. 小区公共维修基金监管使用、公共资金收支监督； 35. 公益性、社会性、建设性用地规划，旅游、管理、服务性用地规划，土地流转、租赁； 36. 工程项目招投标等重大事项； 37. 各类表彰、奖励、救助的评议、审核、落实； 38. 土地确权登记数据公示； 39. 物管服务、村（居）工作群众满意度测评； 40. 行政村（社区）环境卫生的整治； 41. 行政村（社区）公共卫生事件应对工作的安排部署及落实
村（居）务管理	42. 村（居）民委员会的设立、撤销、范围调整，村（居）民小组的划分； 43. 村（居）民委员会换届选举方案的制订、民主选举相关事宜； 44. 治安维护、环境卫生清理、道路交通整治等公共治理； 45. 村集体经济项目的立项、承包、招投标方案； 46. 行政村（社区）网格划分及管理； 47. 推选村（居）民小组长、网格长

续表

类别	事项
财务管理	48. 行政村（社区）集体财务预决算； 49. 村级集体资产处置、集体举债、集体经济收益分配； 50. 集体经济大额资金的使用，村（居）财务安排和大额资金的管理使用； 51. 行政村（社区）集体资金、资产、资源管理，接受社会捐赠物资的使用与分配等公共事务； 52. 网格员考核奖惩管理制度
党务管理	53. 在职党员进行政村（社区）活动及管理； 54. 辖区社会组织的培育发展； 55. 党员发展和党员活动； 56. 基层党组织换届
其他	57. 法律法规和政策明确要求协商的事项； 58. 当地村（居）民反映强烈、迫切要求解决的实际困难、问题和纠纷； 59. 涉及村（居）民利益的其他重大事项； 60. 各类协商主体提出协商需求的事项

表 5-3　行政村（社区）议事协商事项目录参考（分层）

类别	事项
行政村（社区）与村（居）民之间的协商事项	1. 部分村（居）民某种特殊需求的规约等的制定或修订事项； 2. 涉及行政村（社区）治安、消防、食品安全，有关建立纠纷调解制度等的安全建设事项； 3. 行政村（社区）党员发展和教育管理、文化礼堂建设、村（居）务档案管理、妇女和未成年人合法权利保障等党群建设事项； 4. 传染病预防与控制，行政村（社区）群众性文化体育活动，村（居）民民事纠纷、利益冲突等事项； 5. 保护和改善生态环境、河道清淤疏浚和保洁、劝阻和报告违法装修行为等生态建设事项； 6. 涉及本区域多数村（居）民利益的重要公共事务和公益事业，村（居）民意见较为集中的重点难点热点等事项
行政村（社区）与自然村（村民小组）、小区、楼宇之间的协商事项	1. 自然村（村民小组）的财务开支、公益建设、集体经济、产业发展、村容村貌管理等事项； 2. 小区垃圾污水管理、宠物豢养管理、公共绿化管理、公共设施管理、噪声环境管理等事项； 3. 涉及社区文明的楼道管理、天井管理、车辆停放管理等事项

续表

类别	事项
行政村（社区）与其他组织之间的协商事项	1. 行政村（社区）与业主委员会、物业公司等在物业管理与服务方面的协商事项； 2. 行政村（社区）与辖区企事业单位、机关单位在共驻共建、资源共享等方面的协商事项； 3. 行政村（社区）与村（社区）社会组织在公共设施使用管理维护、公益事业建设、公益活动举办等方面的协商事项
行政村（社区）与政府部门之间的协商事项	1. 政府部门委托的事项； 2. 各级各类项目中涉及行政村（社区）拆建、搬迁的事项； 3. 其他需要协商的事项
行政村（社区）内部的协商事项	行政村（社区）党组织、村（居）民委员会内部管理制度、任务分工、管理监督以及其他需要协商的事项

1. 编制依据问题

一般来说，乡镇（街道）和行政村（社区）议事协商事项目录由县级层面确定并公布，乡镇（街道）、行政村（社区）参照拟定；乡镇（街道）对行政村（社区）予以指导，结合村（居）民委员会依法协助政府开展社会管理和公共服务项目清单进行编制，切实保障目录编制更加科学规范。这要求对国家相关法律和政策（见表5-4）以及地方（省级）相关规范性配套文件进行标准化、精细化梳理，做到“应纳尽纳”。

表5-4 编制行政村（社区）议事协商事项目录主要法律和政策依据梳理

类别	名称
法律	《中华人民共和国宪法》《中华人民共和国村民委员会组织法》《中华人民共和国城市居民委员会组织法》《中华人民共和国民法典》《中华人民共和国乡村振兴促进法》《中华人民共和国农村土地承包法》《中华人民共和国土地管理法》《中华人民共和国人民调解法》《中华人民共和国社区矫正法》《中华人民共和国老年人权益保障法》《中华人民共和国未成年人保护法》《中华人民共和国预防未成年人犯罪法》《中华人民共和国妇女权益保障法》《中华人民共和国反家庭暴力法》《中华人民共和国残疾人保障法》《中华人民共和国公共文化服务保障法》《中华人民共和国消防法》《中华人民共和国突发事件应对法》《中华人民共和国基本医疗卫生与健康促进法》《中华人民共和国传染病防治法》《中华人民共和国人口与计划生育法》《中华人民共和国森林法》《中华人民共和国安全生产法》

续表

类别	名称
政策	中共中央《关于全面深化改革若干重大问题的决定》，中共中央、国务院《关于加强和完善城乡社区治理的意见》，国务院《关于加强农村留守儿童关爱保护工作的意见》，中共中央办公厅、国务院办公厅《关于严格规范村庄撤并工作的通知》，中共中央办公厅、国务院办公厅《关于加强和改进乡村治理的指导意见》，国务院办公厅《关于推进基层综合性文化服务中心建设的指导意见》，中共中央办公厅、国务院办公厅《关于改革完善社会救助制度的意见》，国务院农村综合改革工作小组、财政部、农业部《关于开展村级公益事业建设一事一议财政奖补试点工作的通知》

2. 动态管理问题

结合工作需要，应根据新近出台的法律法规和政策文件的规定以及本地经济社会发展情况，面向重点领域回应社会民生关切，对议事协商事项目录及时进行调整或增补，实行动态管理。比如，针对农村“三老”（贫困老人、空巢老人、农村留守老人）特殊群体和农村“三留守”（留守老人、留守妇女、留守儿童）人员，就需要优先拓展关心关爱服务项目、民生资金使用方面的协商事项。此外，议事协商事项目录之外确需协商的，应及时纳入议事协商范围。再如，当前城市更新领域中，遇到集体用地城市更新项目、对私有房屋实施房屋征收等事项，都需要对接上级政策文件，及时将符合协商条件的事项纳入目录。

（三）明确不商议事项

基层协商始终要求协商于民、协商为民，但也要强调协商议题的底线，明确议题筛选标准的“负面清单”，以确保协商活动始终在合法合规的框架内进行，这既是为了让基层协商的议题选择更清晰、更具体、更容易把握，也是为了避免无谓的争论和冲突、保证协商的质量和效率，维护协商的严肃性和规范性、权威性和可信度。在乡镇（街道）协商、行政村（社区）协商中，下列六类事项一般被列入“不商议”范围：违反党的方针、政策和国家法律法规的事项；上级党委和政府已有明确要求或已明文规定必须执行的事项；须村

（居）民会议或村（居）民代表会议审议的事项；明显带有歧视性和违背公平正义、公序良俗的事项；涉及违法违纪类及已通过法律途径寻求解决的事项；属于个体矛盾、两方纠纷的事项。

四 协商议题探究

协商议题是协商内容框架的一个有机组成部分，相对于协商内容而言，通常指协商议事活动的题目或事项，也即协商过程中需要重点围绕其展开讨论的主题和聚焦点。明确基层协商到底要“议什么”“怎么提出议题”“如何确定议题”，确保议题具有针对性和可行性，有助于破解如何放开视野、慎重研究、选准议题等困扰基层干部群众和协商主体的难题。协商议题的确定，又是协商程序之一。

（一）协商议题的形成与来源

协商议题的形成是基层协商程序的第一个环节，作为一个系统的过程，涉及议题的提出、筛选、确定等多个流程，影响着协商的方向和效果。议题可以来源于多个渠道，包括上级交办、自主提出、下级提交、公开征集等，涉及年度重点工作议题、日常收集议题、群众诉求反映议题。比如，在行政村（社区）协商层面，议事协商事项一般通过以下渠道提出：行政村（社区）“两委”根据工作需要提出，行政村（社区）收集村（居）民意见建议后提出，村（居）民、驻地组织（单位）提出，乡镇（街道）根据工作需要向行政村（社区）提出。但协商主体提出协商议题或事项时，一般应体现提出主体与协商事项（议题）层级相对应（见表5-5）。

1. 上级交办

指上级党委和政府及有关部门根据工作需要，安排或委托乡镇（街道）、行政村（社区）就某些事项开展协商。

2. 自主提出

协商议题可由乡镇（街道）党（工）委、政府（办事处）和行政村（社区）“两委”以及相关部门作为协商主体，根据当前经济社会发展状况和群众关心的问题，结合上级党委和政府的会议精神、工作安排等进行研判后提出。

3. 下级提交

指行政村（社区）向乡镇（街道）提出，村组（小区）向行政村（社区）提出。

4. 公开征集

面向协商主体和群众公开征集，是议题来源的主渠道。包括基层干部结合民情家访、民情调研等活动，通过零距离访谈，认真收集意见建议和群众反映诉求；通过 12345 政务热线、微信公众号、微信工作群等多种平台，直接汇集民意。比如，一些地方设立"民情驿站"，从机关党员、村组干部、社区志愿者中选出民情收集员，通过乡镇（街道）、行政村（社区）、村组（小区）三级民情民意收集网络，收集涉及群众切身利益、应知未知的问题和难题；有的地方通过入户走访和"院子会"、"屋场会"、"小组会"、村民微信群等"线下+线上"方式问需于民，全面收集群众反映的问题。这些做法虽然着力点各有不同，具体方式方法因地而异，但都充分发挥了地方和群众的积极性、主动性与创造性。

表 5-5　提出议题的协商主体所对应的协商事项（议题）层级

提出议题的协商主体	协商事项（议题）层级
行政村（社区）或村（居）民	行政村（社区）与村（居）民之间的协商事项
村（居）民、村民小组组长、业主委员会或楼宇长等	行政村（社区）与自然村（村民小组）、小区、楼宇之间的协商事项
行政村（社区），业主委员会，物业公司，辖区企事业单位、机关单位或社区社会组织等	行政村（社区）与其他组织之间的协商事项
行政村（社区）或政府有关部门	行政村（社区）与政府部门之间的协商事项
行政村（社区）党组织或村（居）民委员会成员	行政村（社区）内部的协商事项

（二）特殊类协商议题

协商议题属“四议两公开”规定的重大事项时，必须进入民主决策程序，这样的议题可以被视为“规定议题”。主要事项包括：行政村（社区）发展规划和年度工作计划；村（居）民自治章程、居民公约、村规民约等的制定或修订；行政村（社区）财务预决算，集体经济大额资金的使用；行政村（社区）集体资产和经济项目发包出租、集体资产处置和收益分配等方案；第二、第三产业留用地开发利用，宅基地安排使用，村民承包土地、土地征用征收补偿分配及使用等方案；行政村（社区）基础设施项目建设立项、承包、招投标等；社会救助、保障性住房分配、危房改造、社会养老、残疾人保障等公共福利事项；行政村（社区）公益事业的兴办和筹资筹劳方案及建设承包方案；“一事一议”的事项。

案例

广东省佛山市社区协商示范经验推介[①]

1. 禅城区祖庙街道南浦社区：基层治理新探索，构建小区治理新格局

南浦社区大力推进“支部建在小区上”，建立党员楼长制，创新探索小区党支部书记和业委会主任“一肩挑”，搭建起“社区党委+小区党支部+党员楼长+小区业委会+物业公司”的小区议事网格制度。借力“社区精英议事团队”提升基层解决问题的效能，利用“智慧党建”小程序进行线上民主议事、物业表决、共享活动等，突破时空限制，以党建引领推进小区议事决策走向智慧化、智能化，构建小区治理的新格局。

2. 禅城区祖庙街道塔坡社区：“我的社区我做主”议事协商

塔坡社区从社区多元主体广泛参与协商的原则出发，成立“我

---

① 《市民政局学习推广“佛山市社区协商和村规民约（居民公约）示范经验”》，佛山市民政局网站，2021 年 11 月 18 日，https://mz.foshan.gov.cn/zwgk/mzdt/content/post_5076823.html。

的社区我做主”塔坡社区居民议事会，创新“1+X”议事会成员构成模式，即由议事会核心成员保证居民议事会的组织力及执行力，根据协商事项实际邀请议事成员以确保社区议事的参与主体广泛性与民主性。登记成立禅城首个社区社会组织联合会——塔坡社联，从服务个人、关注问题本身逐步转向社区组织孵化、向居民赋能，成为实现社区善治的有力保障。

3. 禅城区张槎街道东便社区：社区事，共同议，解难题，暖民心——东便社区协商议事会

东便社区成立协商议事会，分为成员会议协商议事大会（设5个小组，分别是议题收集小组、议题审查小组、议题宣传小组、议事后勤小组和议题实施小组）以及社区居民协商议事会督导组。从巡查走访主动收集议题到分片区监督执行，逐步形成协商主题广泛、内容丰富、形式多样、程序科学、制度健全、成效显著的新局面。自成立以来，收到各类议题过百条，解决老旧小区翻新、加装电梯、停车安保等问题，真正做到“社区事、共同议”，切实解决居民群众身边的和迫切想要解决的问题。

4. 南海区大沥镇沥雄社区：议事协商四步走，破解基层治理难题

沥雄社区在基层治理实践探索中研发了“四步走”模式，创新利益表达及议事协商机制，以“民意收集—分析研判—协商处置—监督落实”为核心思路，把居民的利益诉求表达与利益协商解决整合成闭环，有效化解基层治理难题，做到“小问题不出小区，大问题不出社区”。推进“网上市民议事厅”项目，采用“线上直播互动+线下现场议事”的方式，每月一次围绕与民生息息相关的治理难题，搭建多方议事协商的平台。

5. 南海区里水镇金溪社区：搭建“规则+”民主议事协商平台——融和圆桌议事会

金溪社区以打造“融和中恒”为抓手，按照“三个一”（一套议事规则制度、一套软装及教学视频、一套支撑系列活动）标准重

点搭建“规则+”民主议事协商平台——融和圆桌议事会。通过“造氛围、建队伍、搭平台、立规则、抓落实”的“五步工作法”，使融和圆桌议事会成为基层协商范本。

6. 顺德区勒流街道黄连社区：议事协商促民主，乡村振兴有思路

黄连社区先后参与顺德区农村综合改革试点、佛山市古村落活化等项目，通过成立社区营造协会、乡村振兴促进会、议事协商会等社区“智囊团”，充分发挥密切和广泛联系群众的优势，推动社区综合治理和社区民主决策。

7. 顺德区龙江镇文华社区：六员动议　共筑一心——龙江镇文华社区议事协商会

文华社区践行“融和善治 同心营造”的宗旨，在社区党组织的领导下，搭建“六员动议 共筑一心”的文华社区议事协商平台，由秘书处统筹收集关乎社区重大决策事项、群众切身利益的热点敏感问题，召集由社区“六员”组成的议事功能小组，搭建不同平台，开展议事协商并做出相关行动。

8. 高明区更合镇小洞村：创新党建引领“4+X”微协商自治机制

小洞村建立村党委领导的村委会和村民小组两级多样的微协商工作机制，创新构建“4+X”党建引领议事协商主体，打造“3+X”型监督队伍。成立“经济发展委员会”“乡村振兴促进会”“青年协会”等议事协商组织，常规开展“星期二协商”，以村民议事平台为载体，推动公众有序参与发展本村产业、壮大集体经济、开展人居环境整治、推进基础设施建设、塑造文明乡风、增进民生福祉等，全面振兴乡村。

9. 三水区西南街道北江社区：西南街道北江社区协商示范经验

北江社区以“三单管理+三级网格”的“三三”工作法，通过建立区域党建联席会议制度，建立社区物业管理小区工作联席会议制度，建立机关党组织、在职党员参与社区服务机制，建立社区党

组织统筹实施惠民政策机制，为社区党组织赋能，提升社区党组织整合资源为民服务的能力。

10. 三水区云东海街道映海南社区：打造社区治理共建共治共享新格局

映海南社区搭建“社区议事厅”“党员会客厅”平台，促进社区各类群体代表参与到社区治理中。发挥智慧党建平台的载体优势，形成“需求－资源－服务”多元对接的有效链条，落实“三单”管理机制，依托“红领联盟”共建党组织，撬动企业、商圈和社区等党建资源，助力解决社区基层治理问题。

第三节　协商形式

一　协商形式阐释

协商内容与对象决定协商形式，协商形式服务于协商内容。以“有事好商量、众人的事情由众人商量”理念推进基层协商，贵在创设适合基层社会治理特点的协商形式和载体。协商形式需要在实践中创新，但无应用目的、不惜成本的“为创新而创新”并不可取，其可能会导致资源浪费、效率低下，并且可能无法真正解决问题。

（一）协商形式的生成

1. 服务于协商内容

在开展协商活动时，协商形式都应服务于协商内容及具体协商事项，应结合不同协商事项的性质和特点、参与主体情况和依托平台选择最适合的协商形式。此外，还要考虑到本地协商文化氛围、协商组织实施能力等其他因素。基层协商形式从目的和性质来划分，可以分为民主议事形式、民主恳谈形式、民主听证形式、民主咨询形式、民主评议形式或民主恳谈协商、专家咨询协商、书面征询协商、走访约谈协商、沟通协调协商、决策听证协商等；从方法来看，又有传统现场会议形式和现代网络形式之分。可以说，每种协商形式都有其特定的目的和适用场景。

2. 来源于协商实践

《关于加强城乡社区协商的意见》提出了城乡社区协商的六种形式，即村（居）民议事会、村（居）民理事会、小区协商、业主协商、村（居）民决策听证、民主评议。其中，村（居）民议事会、村（居）民理事会被视为主流形式。可以认为，这些常规形式，都是基层普遍坚持且行之有效的协商形式，适用于开展乡镇（街道）、行政村（社区）、村（居）民小组、小区、网格、楼栋等多层次的各类协商。在基层协商实践中，仍要加强探索实践，结合参与主体和协商事项，着眼于如何更为经常、更为有效地开展协商，更好运用全媒体开展网络协商等新形式协商，拓展基层协商形式。一些地方积极探索新经验，协商载体拓展至村（居）民会议、村（居）民代表会议、村集体经济组织成员（代表）大会、党群联席会议、楼院理事会、网格议事会、专家参事会、物业联席会等，通过线上与线下相结合的形式进行协商，既立足地方实际又具有鲜明特色。

3. 依托于协商平台

协商平台主要是指为开展协商活动、选择协商形式提供某种服务或支持的载体，包括在线平台和线下场所。《关于加强城乡社区协商的意见》同样提出了城乡社区协商的四种平台，即民情恳谈日、社区（驻村）警务室开放日、村（居）民论坛、妇女之家。这些平台载体的共同特点是广泛联系群众且群众认可度高，能够为合理选择协商形式提供依托。实践中，在用足用好上述四种平台的基础上，一些地方还将平台拓展至政府开放日、“两代表一委员”接待日，人大代表联络站点、政协委员基层联系点，党群服务中心、行政村（社区）议事厅及辖区公共空间等，根据协商内容、主体范围等方面的具体情况，灵活开展多样的协商活动。要坚持固定场所与流动场所相结合，应灵活利用院坝、文化广场等场所，发展丰富、多元、创新的协商参与形式，实现协商“零距离”。

（二）协商形式的影响因素

如何确定协商形式，主要取决于以下几个因素：协商内容及议题的性质、范围和重要程度（某些议题必须采取某种特定的协商形式）；协商参与主体的数量规模、空间分布等情况，某一形式是否能够确保协商主体参与、满足协商活动开展条件；协商参与主体的实际状况，包括年龄、素质结构和议事经验及接受度等；协商开展的基础条件，包括场所、设施、设备和技术、资源；协商的目标和预期成果；等等。

二　协商形式选择

一般来说，包括基层协商在内的所有协商渠道，都有线下协商、线上协商和线上线下结合协商三种形式。选择恰当的协商形式，对提高协商质量具有重要的促进作用，反之亦相反。

（一）协商形式

1. 线下协商

线下协商亦可被称为现场协商或传统协商，主要包括以下几种。

第一，会议式协商。一般召开由协商主体参加的民主协商会、专题议事会、民主听证会、民主评议会等协商会议，让各方利益相关者坐在一起，就某一特定议题进行交流和讨论，座谈、听证、咨询等均属于会议式协商。这一形式通常用于处理较为复杂的协商议题，且需要具备集中议事的条件。其中，点评协商也是会议式协商，组织协商对象开展评议活动，就相关重点工作（项目）进行现场分析点评、事后绩效评议。总之，对涉及范围广、群众关注度高、矛盾相对集中的重要事项（公共事务、公共矛盾、公共秩序管理、公共设施建管用等），以及需要村（居）民会议或村（居）民代表会议表决的事项，应以会议协商为主。

第二，书面式协商。对公共决策特定事项以及涉及公民、法人或其他组织切身利益的决策事项，采用征求意见书、告知函等书面形式征询辖区有关单位、社会团体和利益相关群体代表人士的意见。

第三，访谈式协商。对涉及面窄的议题，主要是涉及面较窄的矛盾纠纷，由行政村（社区）干部和协商机构成员以走访座谈、约请面谈等形式，就某一特定事项对辖区有关单位、团体和代表性人士进行个别走访，通过“面对面”交流、“串门式”谈心沟通意见。

2. 线上协商

线上协商又可称为互联网协商，主要指通过网上议事厅、网络会议、视频连线等方式进行线上协商活动，多用于开展线下集中议事协商较为困难，且通过线上形式能实现广泛协商的事项。广义的线上协商还包括通过官方微信公众号、视频号、门户网站、微博、微信群、QQ 群、邮件、腾讯会议等新媒体形式，多渠道进行网上民意调查、网上征询意见、网上公示等互动协商。可通过村（社区）信息平台、视频会议、社交软件等进行线上协商。

3. 线上线下结合协商

线上线下结合协商即以“线上+线下”相结合的形式开展协商，以解决单靠线上或线下形式难以解决的问题。

（二）适用要求

1. 线上线下联动

线上协商形式具有灵活、便捷、高效、直观、节约的显著特点，对进一步增强协商效应、扩大协商的社会影响具有促进作用。因此，应着眼于线上线下融合、场内场外聚合、本地外地联合，在继续利用好协商会、听证会等线下主要协商形式的同时，大力实施数字赋能，发挥好“数智+协商”融合叠加优势，加强线上协商平台建设，积极创新协商形式。需把握好三点：一是法律法规和政策明确要求线下协商的，应当采取线下协商方式，除此之外均可采取线上与线下相结合或者线上方式进行；二是要确保老年人、残疾人等特殊群体的知情权、参与权，采取线上协商的应当保留其线下意见表达渠道；三是采取线上协商时，也要求确认线上参与者的身份真实性和意见有效性。

2. 协商形式与适用情形相匹配

协商形式的选定，应充分考虑各协商形式的适用情形（见表5-6），并在实际操作中综合灵活运用，以进一步增强协商效果。对于涉及公共事务的重大议题，一般要求组织开展线下协商；人员居住分散，在规定时间内难以集中的，可采用线上协商；对于日常性、临时性和涉及面较窄的事项，则可综合采取座谈式协商、书面征询协商和线上协商等方式灵活进行。

表5-6　协商形式适用情形

协商形式	具体方式	适用情形
线上协商	智慧平台、微信、QQ等	1. 人员居住分散，在某个规定时间内难以集中协商； 2. 协商参与人员自愿通过互联网参与协商； 3. 协商参与人员具有一定的文化水平和能力，能借用现代信息技术开展有效沟通和正确表达自己的意见
线下协商	座谈式协商	1. 涉及行政村（社区）公共事务、公共矛盾、公共秩序管理、公共设施建管用以及行政村（社区）组织管理权限内应“还权于民”的其他事务等的议题 2. 涉及面窄的议题，主要是涉及面较窄的矛盾纠纷
	论证协商	专业性、技术性强的议题
	入户走访协商	1. 拆迁等涉及村（居）民公共利益的议题 2. 涉及村（居）民民事纠纷调处的议题
	书面征询协商	所有协商议题
线上线下结合协商	智慧平台、微信、QQ、视频形式与现场协商相结合	1. 协商人员无法统一协商方式； 2. 部分参与人员无法参与现场协商

三　线下协商指引

线下协商形式以传统“面对面”为优势，可以促进协商参与主体之间的沟通理解，更便于集思广益、达成共识，促进意见建议的落实，但需要把握好具体方式的选择。

（一）乡镇（街道）协商层面

基层实践中，在乡镇（街道）层面通常可采取以下三种具体方式开展协商。

1. 民主协商会

对需要广泛征求社会各界意见建议的议题，如涉及辖区经济社会文化、生态环境保护、民生保障等的议题，可采取民主协商（议事）会或座谈会的方式进行议事协商，通过多方参与、民主讨论的方式，通报情况、听取意见、酝酿协商。

2. 民主听证会

对涉及面广、关注度高的重大事项或专业性、技术性较强的议题，可采取召开民主听证会或公开征求意见、召开专题议事会的方式进行议事协商，切实保障群众知情权、建议权、评议权和决策权。

3. 协调会

对上级党委政府和乡镇（街道）自身工作事项的部署落实，可采取协调会的方式进行议事协商。对于需查看协商议题关联现场的，还可组织召开现场协调会。

（二）行政村（社区）协商层面

由村（居）民委员会主导的协商，除村（居）民会议、村（居）民代表会议外，还有其他重要协商形式和辅助协商形式。

1. 村（居）民会议和村（居）民代表会议

村民会议、村民代表会议和居民会议、居民代表会议是村（居）民进行民主协商、民主决策的重要途径和方式，决定村（居）民自治的重大事项。原则上，村（居）民会议每年至少应召开 1 次，村（居）民代表会议每季度至少应召开 1 次。

2. 重要协商形式

重要协商形式主要包括：村（居）民恳谈会、村（居）民议事会、村（居）民民主听证会、村（居）民民主咨询会、村（居）民民主评议会。其中的村（居）民议事会在行政村（社区）“两委”主导下开展议事协商，这是行政村（社区）协商中采取最广泛的主流协商形式。原则上，村（居）民议事会每季度至少应召开 1 次。

行政村协商，可采取村民议事会、理事会、决策听证会、民主评议会等形式组织协商；社区协商，可采取社区协商会、议事会、联席会、恳谈会、听证会等形式开展协商。

3. 辅助协商形式

对其他需要广泛征求村（居）民意见和建议的议题，还可采取小区协商会、楼（栋）协商会、业主协商会、村（居）民小组协商会和党建工作协调会、书记茶话会、“参与式预算”的方式进行议事协商；对专业性、技术性、法律性较强的议题，可采取专家参事会、专家听证会的方式进行议事协商；对临时性或较小的议题，还可采取院坝会、广场会、凉亭会、板凳会、长廊会、圆桌会、地头会等协商形式。

案例

浙江金华市浦江县仙华街道中埂社区“4164”社区议事协商模式①

社区协商是基层群众自治的生动实践，是社会主义协商民主建设的重要组成部分和有效实现形式。中埂社区紧扣现代社区建设总体目标，立足社区实际情况和现有基础，重点做好社区党组织领导的居民议事协商机制建设、议事协商议题和主体的确定、议事协商形式创新、协商事项纳入社区“两委”工作程序、议事协商成果运用、对社区议事协商工作的支持和保障、善用议事协商助力共同富裕基本单元建设等七个方面的工作，打造“4164”社区议事协商模式，开展社区议事协商创新，把握社区议事协商关键环节，着力破解制约社区议事协商深入开展的关键问题。

1. 搭建议事“4”个平台

公共事务咨询平台：利用社区服务中心、“百宜亭”、“小哥+老

① 本案例来自浙江省金华市人民政府网站。

哥”工作室等主要场地，设置社区公共事务咨询服务台，赋予服务台公共事务问询、社情民意征询等职能。

社区议事协商平台：设置社区议事协商会议室，制定并展示议事协商程序步骤。以楼组居民为主要宣传对象，印发社区议事协商宣传册，将协商议事的理念和模式引入居民的观念中，推动议事协商平台在社区建设中发挥作用。

资源整合实施平台：社区居委会开展社区资源登记，整合社区力量，活化社区闲置空间。组建社区物业、驻区单位和社会组织等成员单位参与的社区议事协商队伍，形成人员队伍名单，使队伍成员参与社区的议事协商过程，促进议事决策的贯彻执行。

网络议事监督平台：依托网格化信息管理，实现网络议事监督。建设“社区议事协商发布信息平台”，及时公开社区工作动态。建立“社区议事协商沟通社群”，邀请社区居民及其代表、社区居委会负责人参与，加强社区居民之间的交流沟通与问题反馈，强化居民的监督评议。

2. 遵循议事“1”条规则

按照“动议中心、限时限次、一时一件”等原则设定本社区的议事规则，促进议事规则得到落实，实现文明议事和高效决策。

规则共分为三大部分，第一部分为动议规则，要坚持动议可行原则、动议中心原则；第二部分为发言规则，要坚持主持中立原则、机会均等原则、发言完整原则、面对主持原则、限时限次原则、一时一件原则、遵守裁判原则、正反轮流原则、立场明确原则、文明表达原则；第三部分为表决规则，要坚持充分辩论原则、正反表决原则、过半通过原则。

3. 规范议事“6”个环节

确定议题内容环节：各参会人员提出动议，并在会议上形成一个主动议（一个会议只能有一个主动议），然后由主持人宣布议题。

通知与准备环节：通知协商会议时间、地点及相关人员，各参会人员准备好与议题相关的材料。

协商会议召开环节：会议开始后，各参会人员围绕主动议进行辩论，各方需举手进行发言，发言内容必须切题，且不得打断发言人员的讲话，不得进行人身攻击。

共识与表决环节：辩论到达尾声后，由主持人宣布对主动议进行表决，并采取过半通过原则，即赞成多于反对，动议通过，平局等于未通过。

结果公示与备案环节：主持人公布会议结果，并对会议结果进行备案，将其上报上级。

落实与反馈环节：落实会议结果，依托网格化信息管理，实现网络议事监督。

4. 创新议事“4”类形式

针对不同类型的议题分类展开社区议事协商：一是议事自治型，指社区居民就与自身利益密切相关的公共事务展开协商；二是听证咨询型，指在做出涉及社区公共事务的决策时听取居民意见，并就一些重大事项等进行动员宣传；三是联动共建型，指通过引入“五社联动”机制，参与社区共建；四是协调对话型，指对社区事务中的一些利益矛盾纠纷通过对话协调等方式实现有效调解，缓解社区矛盾。以此四类议事协商，处理与社区居民利益和日常生活密切相关的社区公共事务。

案例

河北省沧州市运河区公园街道朝东社区建立
“1+6+8”基层民主协商机制①

沧州市运河区公园街道朝东社区是一个老旧小区多、人口多、商户多的“三多”社区。过去，由于社区服务管理力量单薄，各类矛盾纠纷时常发生。近年来，该社区坚持运用新时代“枫桥经

① 《居民满意率98%！事事有人管、大家事大家办……这里为基层治理开出新“良方”！》，中国长安网，2023年8月7日，http://www.chinapeace.gov.cn/chinapeace/c100039/2023-08/07/content_12675854.shtml。

验”，大力推行“1+6+8”基层民主协商机制，逐步将社区打造成化解矛盾隐患、宣传政策法规、服务人民群众的前沿阵地，实现了居民遇到难题时“说理有地方，事事有人管”。这一创新机制的建立，不仅增强了基层组织驾驭各种事务的能力、密切了党群干群关系，而且有效地化解了社区基层各类矛盾、解决了群众关心的热点难点问题。

“一厅协商议事”筑体系。为进一步延伸群众诉求了解、矛盾纠纷排查“末梢神经”，社区搭建起一个集来访接待、协商议事、视频巡查、入户排查、矛盾调解五大功能于一体的社区居民议事说事“红色议事厅”：纵向构建“社区党委-3个网格党支部-14个楼院党小组-28个党员中心户”组织体系；横向建立党建联席会议制度，构建“社会治安联防、文明社区联创、党员教育联抓、公共事业联建、文化服务联办”的社区治理共同体。辖区划分为14个网格，实行网格员、网格协管员、网格警务员、网格监督员“一格四员”运作模式。“四员”和居民组长协同发力，依托“平安微爆料”线上平台，收集社情民意，及时发现网格内各类矛盾纠纷隐患，着力解决居民在生活中遇到的各种困难。

“六大协商主体”聚力量。社区党委成立社区协商理事会，协商处理社区出现的重大事项，并确定社区党组织、居委会、业委会、物业公司、驻区单位、社会组织为六大协商主体。广泛吸纳有威望、擅调解的“两代表一委员”、法律顾问、行业专家、“五老”志愿者等多方力量，共同参与协商。物业企业安保、保洁、维修人员等兼任社区志愿者和信息员，融入居委会、业委会等组织，协助排查各类矛盾问题。

“八步议事机制”提质效。八步具体为：广开渠道“提议题”、多方恳谈“出主意”、议事组织“拟方案”、多方协商“达共识”、专家审查“定公约”、居民表决“说了算”、社区“两委”“督促办”、张榜公示“全透明”。社区积极落实“八步议事机制”，在全面走访、征求意见、确定议题的基础上，依托居民议事厅，议事协商小组、社区协商理事会、社区党委逐级召开会议讨论，把问题摆到桌面上让大家来议，形成初步拟办方案，经居民代表表决后最终实施，确保取得“方向精准、步骤严格、群众满意”的预期效果。

第四节　协商程序①

一　协商程序阐释

如果说协商内容是基层协商的关键要素，那么协商程序则是基层协商的制度保证。加强基层协商运作的程序化建设，重在完善知情机制、互动机制、反馈机制等合规机制，规范和完善协商议题的提出和确定、协商活动的安排、协商活动的进行、协商成果的运用等重点环节及其规程，对协商的参加范围、讨论原则、基本程序、交流方式等作出规定，并确保各环节紧密衔接和有序推进。

（一）确定依据

《关于加强城乡社区协商的意见》在“规范协商程序”部分中明确，协商的一般程序是：村（社区）党组织、村（居）民委员会在充分征求意见的基础上研究提出协商议题，确定参与协商的各类主体；通过多种方式，向参与协商的各类主体提前通报协商内容和相关信息；组织开展协商，确保各类主体充分发表意见建议，形成协商意见；组织实施协商成果，向协商主体、利益相关方和居民反馈落实情况等。目前，各地在实践中按照这一规范都普遍确立了城乡社区协商的程序。比如，温州市市场监督管理局于 2022 年 3 月发

---

① 本书此处所指“协商程序”是狭义的，即针对开展协商活动过程本身设定的一系列有序规则和流程。在《中共中央关于加强社会主义协商民主建设的意见》中提及的广义“协商程序”，是指包括“制定协商计划、明确协商议题和内容、确定协商人员、开展协商活动、注重协商成果运用反馈”五个环节在内，涵盖整个协商过程的系统性工作步骤。

布了《城乡社区协商操作规程》，该文件规定，协商程序由提出协商议题、审核协商内容、确定协商方案、公告协商方案、拟定协商规则、组织开展协商、形成协商意见、告知协商结果、落实协商事项等九个阶段组成，并作出相应的操作指示。这一协商程序更为细致、严谨、明确，更具有实际可操作性，体现了《中共中央关于加强社会主义协商民主建设的意见》提出的“支持鼓励协商民主建设探索创新”的精神。

（二）通用程序

综合来看，可以明确乡镇（街道）协商和行政村（社区）协商的程序，一般包括六个基本环节：确定协商议题[①]、公布协商信息、邀请协商主体、组织协商活动、公开协商结果、落实协商事项（见图 5-3），各个环节环环相扣、相辅相成。

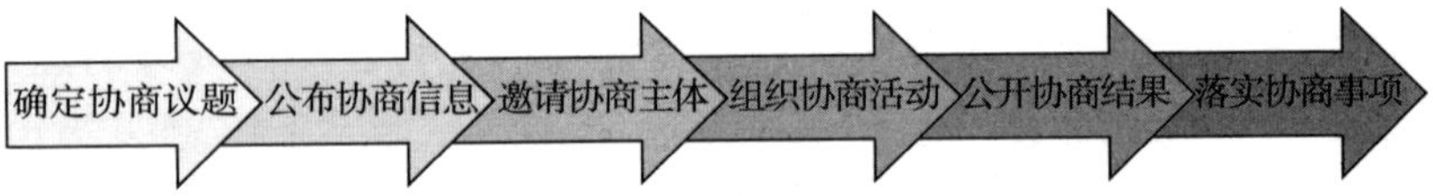

图 5-3　乡镇（街道）协商和行政村（社区）协商程序

二　要点问题把握

协商程序涉及的环节和流程较多，是一个复杂的综合体。上述通用程序中的六个环节都是不可或缺的。这些必备环节不仅是为了确保协商运作的规范性和准确性，更是为了防范潜在的风险和问题。因此，在实际工作中，应该重视这些制度性环节，以避免因省略或忽视部分环节而带来不必要的后果。此外，还需要把握好以下几个问题。

（一）关于应急协商程序

基层常见突发事件较多，包括自然灾害、事故灾难、公共卫生

---

① 可参见本章第二节“协商内容”中“协商议题探究”的内容和第七章第三节“基层协商的工作优化”中“协商议题的选择与确定”的内容。

事件和社会安全事件等，事关重大。是否应将相关决策事项纳入基层协商内容，并为应急处置各类情形创设应急协商程序，是学界探讨和实践中需要关注的问题。依据国家有关法律法规和政策文件，基层突发事件应急预案的编制主体是乡镇人民政府、街道办事处和村民委员会、居民委员会。因此，乡镇（街道）、行政村（社区）制定应急预案时，可考虑建立一种快速响应的协商机制。如遇有重大突发事件、重大问题时，应启动应急协商程序，及时召集有关协商主体参与协商。在企事业单位协商层面，值得借鉴的是2023年颁布并施行的《江苏省集体协商条例》，其在集体协商程序中明确了应急程序的适用情形。

案例

江苏省淮安市启用“应急程序”签订工资专项集体合同①

2023年上半年，淮安市淮安区经济开发区总工会在走访企业中了解到，由于受疫情等因素影响，某公司的国外订单大量减少，成本上升，这种情况给这家产品销售主要依靠出口的企业带来了极大生存困难。为此，该公司曾处于半停产状态，公司行政方有裁员100人的想法。

为助推企业早日渡过难关，不裁员、少裁员，淮安区经济开发区总工会相关负责人主动帮助企业施策出招，建议该公司依据《江苏省集体协商条例》启用“应急程序”开展协商，暂时性调整职工工资标准，引导职工与企业同舟共济、共渡难关。工会的这一建议得到企业和职工的一致认可。

为将这次集体协商做实做细，让职工知情、理解与认同，该公司工会向职工通报了企业经营情况，充分听取职工的意见。随后，淮安区经济开发区总工会负责人和集体协商指导员进企参与指导，职工方与企业方就职工等级工资标准进行了紧急协商。在该公司第

① 《淮安签订首份“应急程序”〈工资专项集体合同〉》，江苏工会网，2023年6月8日，https://www.jsgh.org/art/2023/6/8/art_3586_64037.html。

二届第三次职工代表大会上，与会职工代表就2023年度工资专项集体合同（草案）展开讨论，最终表决通过并正式签订合同。

此次签订的工资专项集体合同，严格按照《江苏省集体协商条例》中“应急程序”有关规定要求，突出“生存、发展”要素，将职工工资与企业当前的生产状况挂钩，以职工每月工资不低于当地最低工资标准为底线，保障职工个人基本生活。此举起到了稳岗位稳人心的良好效果。

（二）关于确定协商召集人

协商召集人是协商议事会的具体组织者，也是协商议事工作的一线推动者，既可以是组织，也可以是个人。确定协商议题、公布协商信息、组织协商活动等程序，都需要召集人召集议事会成员及利益方代表一起商议，其重要性不言而喻。因此，合格的协商召集人要当好“四个人”角色：当好议题征集“中间人”，保证协商事项上下认同；当好商前调研“牵头人”，保证协商活动有的放矢；当好活动组织“主持人”，保证协商过程规范有序；当好成果运用“督办人”，保证协商成果落地见效。在行政村（社区）协商层面，涉及村（居）民整体利益的协商活动，由行政村（社区）党组织作为召集人，牵头组织开展；其他层次的协商活动，可由行政村（社区）“两委”、村（居）民代表、村（居）民小组长、网格长、楼栋长等作为召集人，经行政村（社区）党组织同意，按程序组织开展。作为召集人，应不折不扣履行职责，充分发挥自身组织、引导、协调、监督、落实作用，以保证每次协商活动环环相扣、紧凑有序、务实高效。

（三）关于“再次协商”

现有相关权威政策文件中，未对基层协商中“再次协商”作出次数上的明文规定。一般认为，对协商表决未达到通过比例且表决赞成人数比例少于1/3的议题事项，应终止协商；对经协商未达成共识或存在较大分歧（表决未达到通过比例但表决赞成人数比例达到 1/3）的议题事项，但不应草率决断，可暂时搁置协商，经同级党组织批准，待时机、条件成熟后可组织安排再次协商，直至找到各利益主体的最大公约数，最终形成统一意见。但各地在实践操作中规定不一，对同一议题的协商次数，有的明确当一次协商未能达成共识或解决问题时“可进行二次协商”，有的提出“原则上不超过 2 次”。从基层协商的目的和要求来看，不应片面追求一次协商的成功率，有的协商议题需要“多次协商”，更符合群众愿望和基层实际，能够确保好议事、议好事、议成事。但要对初次协商结果进行评估，分析其未能达成一致的原因，明确需要解决的关键问题，并准备新的解决方案或调整原有方案，使之更加合理和可行。

（四）关于协商结果确认

确保协商符合绝大多数群众的意愿，使协商结果获得最广泛的认同，是基层协商的目标。这一价值追求强调，若共识难以达到“全体一致”，应按少数服从多数的原则谋求共识的“多数一致”；在未实现共识“多数一致”的情形下，应做到条件不成熟的不强行协商、意见不统一的不强行决策。基层协商的共识结果，是在坚持特定原则的前提下根据协商事项内容和涉及利益群体范围而定的。符合规定的协商事项进入表决，一般按要求形成表决结果（意见）：涉及全体居民切身利益的事项，如服务设施建设、环境卫生、物业管理等，应按照“少数服从多数”的原则确定协商共识，即参与协商各方对协商形成的基本共识进行举手或投票表决，通常超过半数或 2/3 同意则视为通过，即可进入落实环节，提出可落实的协商意见；涉及部分（个别）利益群体的事项，需要按照全体意见一致即“一票否决”的原则确定协商共识。目前，一些地方通过实践提出规定，经协商达成一致意见的，由协商主体签名确认协商意见，如遇重大事项可以进行公证或律师见证。

（五）关于协商成果采纳

基层协商能否最终发挥作用、取得实效，关键在于能否抓好协商成果转化和落实。在基层，群众最愿意看到的是成果落实。协商的结果的意义体现在采纳应用中，因此要抓好协商结果的督促落实，确保成果转化。对参与协商的利益相关方提出的意见，乡镇（街道）党（工）委和行政村（社区）党组织还要酌情及时召开会议进行专题研究，讨论形成应用意见和决策方案，杜绝议而不决、决而不行现象，真正把议事协商成果转化为为民、便民、利民的实际行动和工作措施。可排出协商成果落实工作推进计划表，明确目标要求、落实主体责任、紧盯序时进度，推动协商结果有效落实。对涉及面广、较为复杂的事项，应组织实施主体向利益相关方说明情况，并协定办结期限。同时，妥善做好意见未被采纳和对协商结果持不同意见群众的解释沟通工作，进一步赢得群众的信任、理解和支持。乡镇（街道）、行政村（社区）可依托民主议事会设立专项监督小组，对协商结果落实情况进行监督；建立协商结果督办制度，明确职责分工，实行限时办理和问责制；建立完善协商结果落实情况通报制度，明确协商结果的落实时限和反馈方式；加强驻村第一书记（工作队长）、各级驻村干部对落实议事协商事项工作的督促和指导。

（六）关于开展“微协商”

源自政协基层协商民主实践的“微协商”，是指为处理群众具体的小事、细事、琐事开展的小范围、及时性协商，是一种人民群众喜闻乐见的协商。这一“短平快”的协商模式，议题选取更加精准务实、程序更加简便灵活，充分彰显“小事情、大民生”和“小平台、大舞台”的理念，已被借鉴推行至乡镇（街道）和行政村（社区）协商中。坚持以“微协商”为切口，持续关注百姓需求，深入开展此类活动，需要以增强居民自治能力为目标，以解决居民群众急难愁盼问题为导向，以精准高效为原则，因地制宜在网格、住宅小区（街巷）、楼栋等基层自治单元创新开展多层次、多样化的“微协商”，包括广场协商、庭院协商、小区协商、网格协商、楼栋协商、村落协商、圆桌协商、业主协商、邻里协商等。实践中，还应重视组建“微协商智囊团”，吸纳“两代表一委员”、基层群团组织负责人、社区意见领袖以及专家学者、乡贤能人等进入智囊团，重点在助推协商治理、提供决策咨询、化解矛盾纠纷、丰富志愿服务等方面发挥作用。

三　协商程序指引

乡镇（街道）协商、行政村（社区）协商程序在整体结构和步骤上大体相同，某些细节或具体操作上有所不同，主要区别在于行政村（社区）协商的某些议题需要进入民主决策这一环节。村（居）民小组和小区、网格、楼栋或其他小片区范围内的协商活动，也可参考运用以下程序指引。但在协商程序确定上，应采取个性议题上门议、共性议题专题议、急难议题联合议的模式。

（一）乡镇（街道）协商程序

在乡镇（街道）协商程序方面，除把握好六个基本环节外，需要格外注意的是：对于某些涉及面广、关注度高的事项，要经过专题议事会、民主听证会等专门程序进行协商；跨乡镇（街道）协商的协商程序，应由上级党委或政府研究确定。

1. 确定协商议题

根据乡镇（街道）工作实际，以及行政村（社区）提交的需要乡镇（街道）协商的事项，进行系统梳理和综合分析，在充分征求意见基础上，按照“先急后缓”的原则研究提出并确定协商议题。协商议题确定后，一般应尽快（30 日内为宜）召开协商会议。

2. 公布协商信息

根据协商议题的实际特点和要求，通过各种方式与各利益相关方沟通联系后，拟定协商工作方案，在开展协商活动前（5 日前为宜）以适当形式公布协商信息。

3. 邀请协商主体

乡镇人民政府、街道办事处在开展协商活动前，提前（提前 5 日为宜）向协商主体和社会公众代表、村（居）民发出邀请，通报协商议题、背景以及协商形式、时间、地点等相关信息。参与主体的确定，需充分考虑议题的内容事项、利益关系、复杂程度和影响范围等综合因素。

4. 组织协商活动

按照公平公开公正的原则组织开展协商活动，确保各类协商主体充分表达意见建议，形成协商意见。存在较大分歧的，可组织再次协商。

5. 公开协商结果

形成协商结果后，将协商结果尽快（3 日内为宜）以会议决议、协商意见等形式确定，并通过线上、线下等方式进行公示。

6. 落实协商事项

明确落实协商事项的责任领导、责任部门、完成时间、工作要求和反馈时限。

（二）行政村（社区）协商程序

行政村（社区）协商应针对不同协商形式规范协商程序和议事规程。协商的一般程序如下。

1. 确定协商议题

行政村（社区）“两委”应以线上线下方式多渠道征集协商事项，根据议题收集情况，在充分征求意见基础上，按协商内容要求研究确定协商议题，围绕议题内容确定参与协商的各类主体。乡镇（街道）可以向行政村（社区）“两委”提出需要协商的议题，行政村（社区）“两委”在研究讨论后确定协商议题。

2. 公布协商信息

协商议题及方案确定后，行政村（社区）“两委”应将议题内容以及协商时间、地点、形式、召集人（主持人）和协商记录员、协商指导员、协商监督员等信息，在开展协商活动前（5 日前为宜）以适当形式（社区公开栏、电话、短信、网站、公众号等）公开。利益相关方对协商方案提出意见建议的，行政村（社区）党组织或村（居）民委员会应积极吸纳。

3. 邀请协商主体

行政村（社区）“两委”向协商主体发出邀请，通报协商议题、背景以及相关信息要素，同时向其提供议题材料。

4. 组织协商活动

行政村（社区）“两委”按照客观公正、机会均等的原则组织开展协商活动，确保各类协商主体充分表达意见建议，形成协商意见。在此过程中，村（居）务监督委员会应对议题协商开展过程实施全程监督。对协商过程违反法律法规或与有关政策冲突的，乡镇人民政府、街道办事处需依法及时予以纠正，并强化以案释法，做好法治宣传教育工作。而对于通过多次协商仍无法解决或存在较大争议的问题或事项，应当提交村（居）民会议或村（居）民代表会议决定如何处理。

5. 公开协商结果

形成协商结果后，对协商结果以会议决议、协商意见、居民公约、村规民约、住户守则、商户守则等形式予以确定，并将协商结果向各利益相关方通报。同时通过线上、线下等方式进行公示，自觉接受群众监督。协商事项涉及乡镇（街道）的，应向乡镇（街道）报告协商结果及其落实情况。

6. 落实协商事项

需要行政村（社区）落实的事项，由行政村（社区）“两委”组织实施，并公开期限、形式，村（居）务监督委员会对实施情况进行监督；需要协商利益相关方（协商主体）实施的事项，由行政村（社区）“两委”督促落实，由相应主体及时组织实施，并及时将实施情况反馈给其他利益相关方；受政府或有关部门委托协商的事项，行政村（社区）“两委”及时报告协商结果及分歧情况，并跟踪反馈结果。

第六章　企事业单位协商

推进企事业单位协商，是加强基层民主政治建设的重要基础，是企事业单位民主管理制度体系化建设的有效抓手。在企事业单位广泛开展协商，就是要在企事业单位各个层级、各个群体和经营管理的各个环节，丰富民主管理形式，扩大职工群众的有序参与，促使劳资双方通过对话、沟通、合作等协商性方式，就企事业单位发展的重大问题和涉及职工群众切身利益的重要事项开展协商，实现广纳群言、广集民智，增进共识、增强合力。当前，在企事业单位协商实践中，仍存在一些问题及挑战：思想认识不深，领导干部对职工代表大会制度地位作用的重要性认识有待提升；协商内容（议题）与现行政策不相适应，协商内容选择少、协商议题确定难，协商进度和质效不理想；工作发展不平衡，非公企业开展协商的难度较大，有的企事业单位协商不规范、作用发挥不到位；工作水平不足，职工代表存在“不敢说、不会说”现象，履职能力有待提升；等等。实现协商民主在企事业单位的广泛多层制度化发展，重点是搭建协商平台、畅通对话渠道、丰富沟通形式、注重互动过程、寻求共识结果，加快完善企事业单位协商的运行机制。目前，企事业单位协商在国家层面尚没有相关的专门政策性文件，也未受到理论界研究者和地方政策部门的普遍关注。

第一节　企事业单位协商的内涵解读

一　推进企事业单位协商的意义和维度

企事业单位作为国民经济和社会发展的中坚力量，不仅要着力增强创新发展能力、提高发展的质量和效益，还应积极健全和落实民主管理制度，更好实现维护职工合法权益、构建和谐劳动关系、促进企业改革发展。这需要进一步提高政治站位、深化思想认识，以实干和自觉推动企事业单位协商取得实实在在的成效。可以认为，进一步完善企事业单位协商机制和体系，是我国基层协商新的增长点。

（一）认识推进企事业单位协商的三重意义

从加强民主管理制度体系化建设的角度来审视，推进企事业单位协商，探索职工参与民主管理的有效方式，有着更宏观层面的重要性。

1. 落实党中央决策部署的实际举措

企事业单位协商既是基层协商的重要组成部分，又是企事业单位民主管理制度的重要基石。党的二十大对“健全以职工代表大会为基本形式的企事业单位民主管理制度”① 作出过明确部署；《中共中央关于加强社会主义协商民主建设的意见》同样把这一要求作为了推进企事业单位协商的首要任务，可见其重要性和紧迫性。进入新时代以来，党和国家着眼新时代新使命，作出构建社会主义和谐社会、加强保障和改善民生、推进基层社会治理现代化、发展全过程人民民主等重大战略部署。这些战略部署落实和体现在企事业单位民主管理制度体系化建设领域，就是要构建和谐劳动关系、依法加强民主管理，积极发展基层民主。与城乡居民参与基层公共事务协商决策有所不同的是，企事业单位民主管理包括职工对所在单位管理经营决策的参与，涉及完善公司治理制度、促进稳定就业提质扩量、激发市场主体活力、优化经济发展环境等一系列重大问题，事关激发市场主体信心活力和助力推动经济高质量发展。从这个意义上来说，大力推进企事业单位协商，就是贯彻党和国家一系列重

---

① 习近平：《高举中国特色社会主义伟大旗帜　为全面建设社会主义现代化国家而团结奋斗——在中国共产党第二十次全国代表大会上的报告》，人民出版社，2022，第39页。

要战略部署的一项重要政治任务和基础性社会工程。

2. 确保劳动关系长期和谐的现实需要

当前，我国正处于发展重要战略机遇期和社会矛盾多发期。随着经济社会发展，以往规范劳动关系的理念、制度、手段、方法已经难以适应新形势下劳动关系协调与发展的需要，劳动关系在总体和谐稳定的同时出现了一系列新的变化和博弈，特别是劳动关系的冲突性增强、涉及面扩大、关联性提升，导致一些地方和企业的工资纠纷、劳务合同纠纷以及劳动条件、职业发展、合同执行等方面矛盾时有发生。如果不能及时化解劳动关系领域的这些矛盾，就有可能让小问题演变成大问题、简单问题演变成复杂问题、经济问题演变成社会问题、局部问题演变成全局问题。劳动关系的稳定，不仅关系到企事业单位的生存和发展，还关系到社会的稳定和发展。推进企事业单位协商，能够形成不断解决利益矛盾、妥善化解利益冲突、有效促进利益和谐的协商机制，使劳动关系既充满活力又和谐稳定，加快构建和发展和谐劳动关系。

3. 促进企事业单位高质量发展的必然选择

企事业单位作为经济社会发展中活跃的创新力量，加快实现高质量发展，必须以更好维护职工合法权益为基础，以促进职工队伍稳定为重点，通过动态化、常态性开展协商，不断调整和优化收入分配格局、提高劳动者素质，使职工的利益诉求得到关注、意见建议得到重视、实际利益得到落实，充分调动与保护职工的积极性和创造性，通过以民主聚人心、以协商促发展，推动企事业单位形成共建共享新格局。与此同时，在涉及改革改制等的关乎长远发展的重大决策事项上，借助深化企事业单位协商与职工董事、监事制度和厂务（事务）公开制度的联动融合，依法依规让职工群众和利益攸关方参与到决策的论证、制定和实施中来，通过广泛听取职工意见，与职工充分协商，在更高层次、更深程度上增强协商议事对企业重大决策和经营管理的影响力，为实现高质量发展聚智赋能，实现在经营决策与管理中发扬民主、优化决策、汇集众智的目标。

（二）理解推进企事业单位协商的四大维度

《中共中央关于加强社会主义协商民主建设的意见》对推进企事业单位协商作出了部署安排，为协商活动的开展锚定了目标、指明了方向、明确了路径。

1. 核心平台：职工代表大会制度

这一制度是我国基层民主制度和基层群众自治制度的重要内容，它与农村村民自治、城市居民自治等共同组成了我国社会主义基层民主。我国建立的企事业单位民主管理制度体系，以职工代表大会为基本形式，以集体协商、厂务（事务）公开、职工董事与职工监事等制度为重要形式。其中，职工代表大会作为企事业单位发展协商民主、推进民主管理制度体系化建设、实现职工民主参与和管理的核心平台，是职工在企事业单位中享有民主权利的重要保障，具有广泛的代表性、法定权威性和普遍适用性。职代会代表着来自企事业单位各个层面的职工，通过民主集中制原则和法定程序作出决策，能够最大限度地代表民意，使民主管理工作更高质量、更有效率，保障职工群众的知情权、参与权、表达权、监督权。健全以职工代表大会为基本形式的企事业单位民主管理制度，必须突出职代会制度的权威性，进一步完善职代会的运行程序，强化职代会的审议、评议、监督等职能，加强职工代表与企事业单位行政管理层的平等对话和互动交流，广泛开展职代会民主评议和民主质询活动。国有及国有控股企业应每年至少召开一次职代会；涉及企事业单位经营管理的重大问题和涉及职工切身利益的重大事项，如单位转型升级和改革发展、裁员分流、劳动报酬、工作时间、休息休假、安全卫生、保险福利、职工培训、劳动纪律、（专项）集体合同草案等的相关决策方案，必须提交职代会讨论审议，并在职代会上表决通过，且必须采用无记名投票方式进行表决，经全体代表过半数通过方为有效。

2. 重要抓手：职工沟通协商机制

这一机制是指为了畅通职工表达合理诉求渠道而构建的劳资沟

通会、劳资恳谈会、工会组织与行政管理层联席会议、职工（代表）大会、集体协商等制度。职工沟通协商机制的本质要求是既多形式又多层级：多形式是指企事业单位与职工通过劳资沟通会、劳资恳谈会、职工（代表）大会等形式开展集体协商、签订集体合同等；多层级是指在企事业单位行政与工会、部门与职工代表、工会与职工等层级之间开展定期沟通、每年协商。企事业单位可根据自身实际，建立其中一种或多种形式的沟通协商机制，通过机制运行预防化解劳动纠纷，共建和谐劳动关系。工会组织推动层面，应关注中小微企业及劳动关系复杂多样的特点，重点在发生群体劳动纠纷企业、职工人数较多的非公有制企业、面临关停并转迁等关键节点可能影响职工权益的企业中建立职工沟通协商机制；积极探索在互联网平台企业和快递物流企业中建立多形式多层级沟通协商机制。

3. 关键场域：集体协商

集体协商是职工与企业凝聚合力、共担风险、共谋发展的制度保障，这一制度在协调劳动关系中具有基础性作用。集体协商不仅能有效地维护职工合法权益、协调劳动关系，也能更好地激发职工的积极性、主动性和创造性，凝聚起职工和企业同心同德、同向同行的强大合力。目前，《中华人民共和国劳动法》《中华人民共和国劳动合同法》《中华人民共和国公司法》等法律都对开展集体协商作出了相应规定，截至 2024 年 3 月，全国已有 30 个省（区、市）的人大或政府出台了 41 部集体协商地方性法规或政府规章。[①] 积极推动由工会代表职工与企业就调整和规范劳动关系等重要决策事项进行集体协商，能够建立企业与职工的利益共享机制，推动实现劳动报酬增长和劳动生产率提高同步。但目前，集体协商制度仍存在覆盖面有待扩大、协商质效有待提高等问题，要解决这些问题，需要有关部门、工会和企事业单位共同努力，进一步完善集体协商制度。

---

① 《推进集体协商需要合力，也需要刚性》，中工网，2024 年 3 月 7 日，https://www.workercn.cn/c/2024-03-07/8175456.shtml。

4. *有效保证：劳动关系三方协商机制*

完善劳动关系协商协调机制，是党中央着眼新时代新征程对构建和谐劳动关系作出的重大决策部署。劳动关系三方协商机制通常是指政府（人力资源和社会保障部门）、工会组织（行业工会、工会联盟）、企业代表组织（工商联合会、企业联合会）三方代表共同参与，就关于劳动关系的社会经济政策、法律的制定和实施等进行相互协商的组织体制、法律制度以及运作程序，是我国劳动关系调整机制的重要组成部分。进一步坚持和完善劳动关系三方协商机制，应以打造劳动关系和谐企业、园区、行业，推动职工体面劳动、新业态劳动用工规范、产业工人持续增收、矛盾处置和风险监测、更高水平劳动人事争议调解仲裁组织建设为抓手，研究解决企业发展和职工权益方面的普遍性问题，充分发挥基层三方机制作用，健全完善集体协商制度，建立技术工人薪酬激励集体协商、新就业形态劳动者协商协调机制，建设规范有序、公正合理、互利共赢、和谐稳定的高质量和谐劳动关系。在基层，面对劳动关系中的利益主体日趋多元化、复杂化的形势，一些乡镇（街道）还未建立劳动关系领域突发事件的应急机制，应加快完善“三方四家”[①] 协商联席会议制度，围绕调整劳动关系过程中职工普遍关心的热点、难点问题和影响劳动关系和谐稳定的全局性问题，及时把企事业单位协商难以解决的重要议题，作为社会治理类议题纳入乡镇（街道）协商中，确保基层劳动关系和社会稳定。

二　推进企事业单位协商的要旨和机制

作为企事业单位民主管理重要渠道，企事业单位协商是促进民主管理和决策，更好实现各方利益的平衡和共赢，通过平等对话和协商解决各种问题的过程。为此，需要把握好开展企事业单位协商的核心追求，并加快建立确保其长久运行的系列配套机制。

---

① “三方四家”通常是指政府方、职工方、企业方“三方”和与之相对应的人社部门、工会、经信部门（企联）、工商联“四家”。

（一）把握推进企事业单位协商的两个关键点

我国企事业单位类型繁多，协商工作内容也千差万别。尽管这一协商通常涉及多方面参与和多层次诉求，但其目标和价值旨归是企业促发展和职工得实惠，实现职企双方共赢。

1. 促进企事业单位健康有序发展是立足点

企事业单位协商的根本目的是实现更好发展，只有发展才能解决内部各类矛盾和问题，才能从根本上保障职工的民主权益。要坚持依法合规、因企制宜的原则，立足企事业单位实际和职工队伍状况，结合不同单位特点、不同发展水平、不同利益诉求，尽力而为、量力而为，积极稳妥地推进协商。通过沟通协商，真正使劳资双方就企事业单位经营管理和涉及职工切身利益的事项增进共识、形成合力，构建起和谐稳定的劳动关系、积极向上的团队精神、齐心协力的干事氛围、民主决策的工作机制，把职工群众的积极性、主动性、创造性引导到为单位改革发展稳定作出贡献上来，不断增强单位的向心力和凝聚力，实现持续健康、有序、和谐发展。

2. 维护发展职工群众合法权益是着眼点

职工是企事业单位最核心的资源和最重要的资本，也是企事业单位生存发展的根本。因此，要坚守人民立场，以满足职工需求为导向，围绕“为了人、依靠人、发展人、成就人”，把维护职工的合法权益摆在重要位置，落细、落小、落实职工群众最关心、最直接、最现实的合理诉求，及时解决职工后顾之忧。其中，工资薪酬又是职工最关心、最直接、最切身的利益。在推进企事业单位协商中，积极探索开展形式多样的工会与行政协商实践，能最大限度解决职代会闭会期间职工诉求收集不及时、沟通渠道不畅通等问题，推动其与职代会制度有效衔接，使民主管理制度更加完善，确保职工诉求和建议得到有效回应和采纳，更好地体现职工为重、职工为本和发展为先的发展理念。

（二）建立深化企事业单位协商的四个机制

要建立企事业单位协商与民主管理形式互动实施机制、建立工会与行政联席会议机制、建立工会与行政沟通协商机制、建立基层二级联动劳动关系协调机制。

1. 建立企事业单位协商与民主管理形式互动实施机制

一是建立企事业单位协商与职代会制度互动实施机制。进一步健全完善以职代会为基本形式的企业民主管理制度体系，发挥职代会作为发展协商民主重要平台的作用，增强协商民主的交流互动性，认真落实职代会的职能。二是建立企事业单位协商与厂务（事务）公开制度互动实施机制。更加注重把职工关心的热点、难点和关键点作为厂务（事务）公开的重点，提升厂务（事务）公开中“应公开尽公开”的实际效果，增强协商民主的有序性、针对性。三是建立企事业单位协商与集体协商、集体合同制度互动实施机制。进一步落实“涉及职工切身利益的重要事项必须协商、调整和规范劳动关系的重要问题必须协商”等要求，充分发挥集体合同制度在构建新时代和谐劳动关系中的基础性作用。四是建立企事业单位协商与职工董事、监事制度互动实施机制。通过从源头参与协商决策，确保职工群众真正参与到企业管理、监督和决策之中，在更高层次、更深程度、更广范围上，进一步增强协商民主对企事业单位重大决策、经营管理的影响力。

2. 建立工会与行政联席会议机制

工会与行政联席会议机制是落实全过程人民民主的重要平台，是企事业单位促进民主管理的有效形式。这一制度的建立，有利于助推形成以职代会制度和集体合同制度为主体、联席会议制度为补充的劳资沟通协商体系。作为企事业单位劳资协商的一种创新制度，其作用和优势十分明显，主要体现在以下方面。一是促使职工诉求表达更顺畅。与程序多、周期长的职代会和集体合同签订相比，联席会议参会人员较稳定、易组织，召开时间相对灵活，且职工迫切需要得到回应的诉求、单位急需职工参与讨论的议题，都能及时得到协商。二是促使单位决策行为更规范。联席会议中，企事业单位行政方可以传达、通报生产经营管理及相关制度执行等情况，工会作为职工代表方则能够及时表达合理诉求，并能得到迅速回应，更有利于达成共识。同时在这一制度下，通过定期召开联席会议，单位行政方既可以向职工征集议题，也可以提出生产经营、薪酬管理等方面议题。因而，联席会议更容易获得企业方的认同和支持。三是促使劳资双方关系更和谐。对企事业单位来说，通过落实联席会议机制，推动单位决策和经营管理的民主化、规范化、科学化，能够加强劳资双方理解信任、稳定职工队伍和劳动关系、提升企业管理水平；对职工来说，通过积极表达诉求与意见，既维护了民主权益、合法权益，又激发和调动了自身参与管理、关心单位的积极性和创造性。

3. 建立工会与行政沟通协商机制

工会与行政沟通协商机制以满足职工需求为导向，以促进企事业单位持续健康发展为着力点，以做实做好职代会闭会期间民主管理工作为目标，推动构建和谐劳动关系。这一机制要求做到以下几点。一是保障协商有据、责任明晰。通过协商制度的建立，明确工会与行政方在沟通协商工作中的权力、责任和分工。二是拓宽沟通协商内容范围。既要关注涉及职工合法权益和切身利益的问题、职工在日常工作生活中遇到的现实困难和问题，也要重视职工对改善单位生产经营管理等方面的合理化建议等。三是规范完善协商工作程序。建立征集协商议题、确定协商人员、召开协商会议、工会督导办理、开展满意度测评、建立工作台账的协商闭环工作流程，明确协商时间、内容、程序及协商会议确定事项的办理反馈等。四是建立沟通协商“网上通道”。运用现代信息手段，打造更加快捷畅通的沟通协商渠道，确保职工诉求在第一时间得到回应，及时高效地回应职工关切、消除职工疑虑、化解劳动纠纷。

4. 建立基层二级联动劳动关系协调机制

经过多年来各地不断的探索发展，劳动关系协调员制度已日渐成熟并得到普遍推广。实践证明，劳动关系协调员队伍是构建和谐劳动关系的重要力量，是畅通劳动关系工作“最后一公里”的重要基础和保障。基层实践中，一些地方的镇街结合社会治理工作，探索建立了基层二级联动劳动关系协调机制。这一机制的创新在于：在镇街辖区内分层壮大劳动关系协调员队伍，即在镇街设立劳动保障管理员，主要承担日常法律法规政策宣传、督促指导企业依法规范用工、劳动关系矛盾纠纷排查和协商调解等工作；在行政村（社区）设立劳动关系协调员，主要职责是推动、参与劳动关系矛盾纠纷排查和协商调解，预防和化解矛盾纠纷，及时反映辖区内（包括企业、在建项目）可能存在的影响劳动关系和谐稳定的风险隐患，及时报告重大劳动关系矛盾纠纷。基层二级联动劳动关系协调机制的建立，与基层协商本质要求高度契合，体现出当地基层对基层协商实践和基层治理方向的精准把握。基层劳动保障管理员、劳动关系协调员“两员”通过深入园区、企业和工地开展走访排查，能够收集到职工群众的诉求和建议，并通过机制渠道将其转化为乡镇（街道）协商、行政村（社区）协商、企事业单位协商（集体协商）的议题，促进基层协商内部互动衔接。同时，“两员”参与协商调解，可以增强协商工作力量，助力解决职工方代表“不敢谈”“不善谈”难题。可以认为，在推动劳动关系双方合作共赢、促进企业和谐发展、提升基层劳动关系治理能力方面，基层二级联动劳动关系协调机制必将发挥其重要的基础性作用。

第二节　企事业单位协商要素

一　协商主体与协商内容

相较于基层协商中的行政村（社区）协商，企事业单位协商的协商主体更明确、协商内容的范围更具体。

（一）协商主体

企事业单位协商主体也是一个多元化的群体，实践中，包括但不限于下列组织、群体和个人：职工方（职工、职工代表）；企事业单位行政方，本区域、本行业企业单位代表；工会组织，包括企事业单位工会组织、区域性工会组织、行业性工会组织等；劳动关系中利益关系涉及的企业代表组织（工商联合会和企业联合会、企业家协会、行业协会和商会）等；利益相关方代表，即职工方或企事业单位邀请参与专业类、技术类协商事项的有关专家学者、律师、法律顾问等。

（二）协商内容

第一，协商范围。主要包括三个方面：涉及职工群众切身利益的重要事项；涉及企事业单位经营发展的重大问题；涉及企事业单位民主管理的事项。按有关法律法规规定及政策文件精神，涉及职工切身利益的重要事项、调整和规范劳动关系中的重要问题，是必须进行协商的事项。

第二，主要内容。确定企事业单位协商内容时，应根据当地经济社会发展状况和自身实际，在合法合规的基础上，聚焦职工和企事业单位共同关注的事项，重点推进单位工会与单位行政层面的协商。主要协商内容如下：职工分流安置、经济补偿等劳动关系变更相关事项，以及劳动条件、劳动标准和劳动用工管理等涉及职工切身利益重大事项；企业改制、重组、合并、搬迁、停产、解散、破产等重大改革调整；职工对改善企业生产、经营管理等方面的合理化建议；企业行政认为有必要向工会、职工通报说明的企业有关情况；法律、法规规定应当协商的其他事项；其他需要协商沟通处理的事项。

第三，内容分类。大致可分为两个大类，即劳动关系相关类协商和单位内部事务类协商。

一是劳动关系相关类协商。在企业中，企业与职工方开展的集体协商内容涉及劳动报酬、工作时间、休息休假、劳动安全卫生、保险福利、职工培训、劳动纪律以及劳动定额管理、劳务派遣人员权益保护等多方面。对这些内容的协商是围绕着劳动关系调整而展开的，目的在于签订集体合同或者专项集体合同，明确双方的权利和义务，以保障职工权益和企业正常运营。在事业单位中，单位与职工方开展集体协商内容更多涉及职工绩效考核评定标准、岗位职级晋升管理等方面，侧重于调动职工的工作积极性。

二是单位内部事务类协商。在企事业单位日常运营管理中，部门之间就资源协调、任务分配、项目合作、提高服务等进行协商。

第四，议题提出。企事业单位协商议题的来源至少有四个：企事业单位职工、工会提出，有关方向职工公开征集，企业方行政及部门自己提出，当地协调劳动关系三方研究提出。原则上，所有协商的议题（要求）都应当以书面形式提出。

二 协商形式与协商程序

企事业单位协商是多层面的，其形式较为多样。其协商程序与乡镇（街道）、行政村（社区）协商基本一致，只是组织实施主体有所变化。

（一）协商形式及要求

1. *常见形式*

在企事业单位协商实践中，各地推行且成形的协商形式主要有：投票式协商、会议式协商、团体式协商、专题式协商、群体式协商、个体式协商、“微协商”等。这些协商形式，是基于对协商主体、协商内容、协商范围和协商组织实施工作等综合情况的考虑而形成的，可以说是形式、模式和方法的结合体。

投票式协商，是在遇到涉及职工切身利益的重大决策、重要事项时采取无记名投票的方式进行协商，主要用于职代会；会议式协商，主要指民主对话会、民主恳谈会、民主质询会、民主议事会等；团体式协商，是指由工会代表职工与企事业单位就调整和规范劳动关系等重要事项，进行集体协商、签订集体合同；专题式协商，是针对当前或一个时期所需要解决的某个热点难点专题问题而采取的一种协商方式，通常以会议为主要形式，集探讨、交流、协商于一体；群体式协商，是指就单位同一工种（工作种类）内的具体问题，组织职工内部不同利益群体进行的协商对话；个体式协商，是指职工作为个体与单位就劳动合同制度等开展协商，主要解决个别职工的特殊诉求问题；“微协商”，是指针对集体协商中出现的某些特殊情况，所采取的灵活协商形式。

2. 运作要求

一是分类选择形式。团体式协商方面，要坚持凡是涉及职工切身利益的重要问题、重要事项，如劳动报酬、工作时间、休息休假、保险福利、职工培训、劳动纪律以及劳动定额管理等方面的规章制度和重大事项，都通过集体协商的方式予以确定和调整；专题式协商方面，可以从开展职代会提案办理、职工合理化建议落实等入手，逐步将专题协商的实施范围扩大到企事业单位决策前和决策中，提高协商民主质量和成效；群体式协商方面，要注重有机整合和集中表达多数职工的利益诉求，兼顾少数职工的合理诉求，实现职工整体利益与局部利益、长远利益与眼前利益的有机兼顾、统筹落实。二是线上线下协商互动。一方面，应通过信箱、问卷、座谈、访谈等传统方式了解民情、纾解民困；另一方面，还可通过 OA 管理系统、电子邮箱、微博、微信、飞信、QQ 等现代手段，征集协商议题或开展网上协商，不断丰富职工群众参与协商实践渠道。三是搭建互动交流平台。推广“餐桌上的协商”“班组里的民主”“车间里的公开”等灵活便捷的协商新平台，为更多职工参与民主协商提供渠道保障。

（二）协商程序

企事业单位协商同样遵循基层协商的通用程序，即确定协商议题、公布协商信息、邀请协商主体、组织协商活动、公开协商结果、落实协商事项。特别需要明确的是，组织开展协商活动时，涉及面广、影响面大的重要事项，还应由当地人社部门、工会组织、企业代表组织开展劳动关系三方协商，有其专门程序。

案例

可供企事业单位借鉴的江苏省徐州市税务局“有事好商量”协商议事机制①

“商以求同谋良策，协以成事谋发展。”徐州市税务局将建立“有事好商量”协商议事机制作为优化税收营商环境的重要举措，通过建立企业、职工、税务、人社、医保等部门共同参与的基层协商议事会议平台，采取说理式普法、平等对话、理性沟通、换位体验、“你难我解”等方式，及时回复纳税人缴费人的涉税诉求，妥善解决了社保费缴纳、发票抵扣、个性化纳税服务等热点问题。

为确保“有事好商量”协商议事机制常态长效，徐州市税务局从制度设计入手，配套出台了“民主议事工作规则”等系列制度，形成“2个指导文件、3个配套措施办法、4个环节流程、8个落实步骤”的“2348”制度体系。徐州市税务局推出多元化矛盾化解方式，完善平台建设，提高协商能力，解决征纳争议跨部门处理难问题，拓展各类涉税主体权利救济途径，努力让涉事群众满意、企业满意、政府满意。

在此基础上，徐州市税务局积极构建“四环八步工作法”，将协商议事机制分解为四个关键环节（搭建议事构架、审定协商议题、开展协商议事、落实成果运用）、八个实施步骤（搭建平台、立体联通，议题收集、确定议题，事前调研、规范组织，联动办理、效果评估），实现了协商议事平台市县级上下联通、横向互通的立体全覆盖，形成环环相扣的有机整体，做到“有事”能商量、会商量、商量好，确保协商取得实在成效。

参与有平台，协商有体系，议事才能见成效。据介绍，在协商中，协商议事主体由徐州市税务局委派的专职委员、本单位协商议事专职委员、利益相关方代表、与议题相关的其他人员组成，并根

① 本案例来自国家税务总局徐州市税务局。

据议题需要，邀请有关专家学者参与，提供政策解读和专业咨询。

在服务企业发展的同时，徐州市税务局围绕政策落实执行、简化办税流程、优化征管模式、提升服务效能等方面，通过分析不同类型、不同规模、不同区域、不同行业纳税人缴费人的实际需求，灵活采取“请进来”会议协商、“走出去”现场协商、“连起来”网络协商等多种协商形式，力求以“商”凝心，“量”出实效。为营造和谐文化氛围，徐州市税务局还建立了“有事好商量”工作专栏，编印“有事好商量”相关宣传手册，开展“有事好商量”征文比赛，将协商理念、协商精神传递给纳税人缴费人和税务干部，在全市税务系统范围内实现“有事好商量”由“工作层面”向“税务文化”的深化。

第三节　集体协商探析

一　集体协商的内涵及要求

集体协商是企事业单位协商的核心组成部分，也是企事业单位协商中最常见的一种协商行为，可从其概念、原则和价值三个方面加以深度理解。

（一）集体协商概念

集体协商是指企事业单位（用人单位）和与之形成劳动关系的职工（职工方）就调整规范劳动关系事项进行平等协商，并通过集体合同、会议纪要、备忘录等形式对达成一致的事项予以确定的行为。[①] 企事业单位与职工就劳动关系有关事项，通过集体协商签订并经职工（代表）大会或者全体职工审议通过的书面协议，就是集体合同。集体协商是签订集体合同的必经程序和重要阶段，集体合同

① 参见《江苏省集体协商条例》（2023 年 1 月 12 日江苏省第十三届人民代表大会常务委员会第三十四次会议通过）。

则是集体协商结果的表现形式。与劳动者个体单独和用人单位协商相比，集体协商的最大优势在于可以引导双方在利益博弈中互谅互让，实现双方利益的平衡并达成最大共识。

（二）集体协商遵循

集体协商实质是劳动关系双方通过商讨沟通，实现求同存异、寻求共识的过程。在集体协商中，用人单位和职工方都应遵循一定的原则，以确保协商的公正性和有效性。

1. 前提

充分兼顾职工和用人单位双方的合法权益，是开展集体协商的首要前提。集体协商要取得双方满意的结果，既要充分考虑职工方面的利益诉求，也应兼顾企业的发展利益，确保双方相互尊重、理解和支持，寻求共同的利益平衡点，通过有效的协商使双方共同受益、合作共赢。

2. 原则

开展集体协商，应当遵循合法、公平、平等、诚信的原则：自觉接受法律约束的政策指导是集体协商的基础，双方应遵守国家法律法规和政策规定，确保协商内容的合法性和合规性；协商双方公平是协商共识达成的保证，双方应合理确定各自的权利和相应义务，不能要求一方承担不公平的义务；协商双方平等是确保协商公正性的关键，双方应平等参与协商过程，充分表达各自的观点和利益诉求；诚信是协商成功的根本，参与协商的各方应坚守诚实守信，全面履行协商约定，以确保达成的协议具有可执行性。

（三）集体协商价值

从民主管理角度来看，集体协商既是维护劳动者合法权益的重要途径，也是实现劳动关系协调的必要手段，具有能够最大限度平衡劳动关系双方利益的独特优势。在党委领导、政府负责、社会协同、职工和用人单位共同参与的工作机制下，推进集体协商工作，在维护职工合法权益、构建企业利益共同体和加强企业协商民主制度建设方面，发挥着重要和不可替代的作用。

二 集体协商内容与程序

集体协商内容主要涵盖用人单位制定、修改或者决定的直接涉及职工切身利益的规章制度或者重大事项，其程序也相对简便。

（一）协商内容

1. 确定依据

主要依据：《中华人民共和国劳动法》《中华人民共和国劳动合同法》《中华人民共和国工会法》《中华人民共和国公司法》等法律。

2. 主要内容

集体协商内容包括但不限于以下事项：劳动报酬，工作时间，休息休假，劳动安全卫生，保险福利，职业技能培训，劳动纪律和职工奖惩、考核制度，劳动定额，女职工和未成年工等的特殊权益保护，劳务派遣人员权益保护，裁减人员的条件、程序和补偿标准，法律、法规规定应当协商的其他事项。实践中，一些地方还针对基于互联网平台衍生的大量新就业形态，将主播、骑手等劳动者的计件单价、订单分配、抽成比例、报酬构成及支付、工作时间、劳动保护、奖惩制度、商业保险、职业伤害保障等事项纳入集体协商内容。

（二）协商程序

1. 适用程序

企事业单位（法定代表人、主要负责人或者其指定的其他负责人）与职工方（单位工会）均有权提出集体协商的要求，根据协商内容、情形及程序适用范围，一般会在三种适用程序中做选择。

普通程序。协商事项需要签订集体合同或者涉及减损、变相减损职工权益的，应当采用普通程序。普通程序协商以书面形式提出，主要以协商会议形式在规定协商期限内进行。

简易程序。一般由企事业单位工会代表职工方与单位开展协商，可以采用书面、口头或者其他形式提出协商。采用协商会议、电话沟通、网络协商等形式均可。

应急程序。对于劳动纠纷导致群体性停工怠工、生产经营过程中发现存在重大事故隐患、发生突发事件而影响企业正常生产经营或者劳动关系稳定等事项，应当采用应急程序。协商可以采用书面、口头或者其他形式提出，一般应在 24 小时内开展协商。

2. 工作流程

一般而言，普通程序和应急程序按“产生代表—启动要约—协商准备—进行协商—审议审查—公布成果”六个步骤进行。需要重点把握以下环节。一是选好协商代表，用人单位与职工方协商代表，应当按照规定程序确定产生，双方代表人数应当对等（3～10 人为宜），且不得相互兼任。二是加强协商前调查研究，作为协商准备工作最重要的环节，商前调研直接关系到协商质量、实效和职工群众满意度。三是协商中未达成一致意见或出现事先未预料到的问题时，经双方同意可中止协商，待条件成熟后再重新开启协商。四是集体合同草案应当提交职工（代表）大会或者全体职工审议通过，人社部门应当对集体协商主体资格、协商程序和集体合同内容进行合法性审查。集体合同生效后，用人单位应当以多种方式向全体职工公布，自觉接受职工群众的监督。

三　工资集体协商

工资集体协商，是指职工方与用人单位方依法就单位工资分配制度、工资分配形式、工资收入水平和工资支付办法等事项进行平等协商，在协商一致基础上签订工资协议的行为，可理解为集体协商的主要组成部分。在保障职工劳动报酬、稳定职工队伍、建立正常的工资增长机制和构建和谐劳动关系方面，工资集体协商发挥着积极作用。但在当前，工资集体协商仍存在协商过程和协议文本不规范、协商流于表面和形式化、劳方谈判能力和条件不足、工资合同难落实等多重困局。

（一）类型划分

从协商层级或渠道来看，工资集体协商类型主要包括以下几个。

1. 企业工资集体协商

企业的职工方代表（工会）与企业方代表依法依规就劳动报酬、工作时间、休息休假、保险福利等开展集体协商，在协商一致的基础上，签订单独工资集体协议的行为。

2. 区域性工资集体协商

以区域，如乡镇（街道）、行政村（社区）、经济开发区、工（产）业园区等为单位，由区域工会组织与相应的区域企业组织或区域内企业方推选产生的代表，依法依规就劳动报酬、工作时间、休息休假、保险福利等开展集体协商，在协商一致的基础上，签订区域性工资集体协议的行为。

3. 行业性工资集体协商

在同行业企业相对集中的区域，由行业工会组织代表职工与同级企业代表组织或企业代表，依法依规就劳动报酬、工作时间、休息休假、保险福利等开展集体协商，在协商一致的基础上，签订行业性工资集体协议的行为。

案例

国家协调劳动关系三方会议《集体协商十佳案例（2019—2021 年）》选登[①]

1. 常州强力先端电子材料有限公司职工技术创新集体协商案例（企业协商类）

常州强力先端电子材料有限公司是高端光刻胶材料领域的知名企业，公司职工中专业技术人员和生产操作人员占大多数。在常州市总工会的指导下，企业通过开展职工技术创新专项集体协商，建立健全职工创新激励机制。

① 案例选自 2022 年 6 月国家协调劳动关系三方（人力资源社会保障部、中华全国总工会、中国企业联合会和中华全国工商联）会议第二十七次会议审议通过的《集体协商十佳案例（2019—2021 年）》，参见中国新闻网，2022 年 7 月 7 日，https://www.chinanews.com.cn/gn/2022/07-07/9797443.shtml。

扎实摸底调研，找准切入点。公司工会就技术创新专项集体协商进行分析论证，在充分调研的基础上，首次协商就重点对利润分配方式进行了磋商，而第二次协商则研究了分配比例等细节问题。最终，职工技术创新专项集体合同明确了对一线技术工人技术创新的奖励措施，公司设立了现场型、管理型、服务型、攻关型、创新型五种奖项和奖励。如果职工改进现有产品生产工艺或工程带来了利润增长，奖励金额为利润的5%，计算周期为一年。创新型奖励金额和比例从产生利润开始计算，连续5年内，每年分别提取利润的12%、10%、8%、6%、2%。

职工技术创新专项集体合同实施当年，有13个项目获得奖金近30万元，受益员工达到50人，另有1个项目被确定为创新型项目，员工享受连续5年的收益。企业负责人在合同签订后大受触动，主动与工会商议，将奖励金额比例从5%提高到10%。实施至今，职工创新积极性显著提高，职工技术创新专项集体合同的签订，让技术创新从原来的“要我做”，转变成现在的“我要做”。

2. 三明快递行业集体协商案例（行业协商类）

近年来，快递员群体职业归属感不强、劳动强度与工资收入不匹配，加盟制企业员工劳动合同签订率和社会保险参保率低等问题突出。为切实保障快递员群体合法权益，促进快递行业健康发展，福建省三明市在全省率先开展快递行业集体协商工作，取得了明显成效。

2021年，三明市总工会联合人社、邮政管理、企联、工商联等，推动成立9个市、县级快递行业工会组织，按照“总体兼顾、循序渐进、满足基本”的原则，将行业最低工资标准等7个快递员最关心、最直接、最现实的利益问题作为协商议题。双方通过协商达成了以下约定。保障快递员工资收入，行业最低工资为每月2000元；一线收派员岗位最低工资为每月2700元；严格落实快递总部企业关于末端网点上调派费的政策；在法定节假日安排职工工作的，依法支付高于正常工作时间劳动报酬的合理报酬。落实快递员保险权益，直营快递企业为员工100%缴纳“五险”，购买商业意外险、雇主责任险；加盟企业逐步扩大“五险”覆盖面；基层网点为全体快递员办理工伤保险，并购买商业险。

通过开展集体协商，三明市有效规范了当地快递行业用工秩序。协商后，加盟制快递企业依法与员工订立了劳动合同，企业增加了自有员工比例。广大快递员工资收入得到保障，抵御职业伤害风险的能力也有所增强。

3. 三门峡经济开发区区域集体协商典型案例（区域协商类）

2020年3月，正值疫情防控和企业复工复产的关键时期，为支持复工复产、稳定职工就业岗位，在三门峡市协调劳动关系三方支持下，三门峡经济开发区决定开展区域性集体协商，引导职工与企业共担责任、共渡难关。

开发区工会深入辖区进行调研，制订了2020年区域集体协商工作方案。经征求企业和职工意见，将疫情期间职工缺勤“先休后补”、加班费计算基数以及提高技术人员和技术工人待遇等作为协商议题。企业方协商代表和职工方协商代表拟定集体合同（征求意见稿）后，召开沟通协调会，就各项议题达成初步共识。4月28日，正式签订专项集体合同。双方约定，区内企业休息日加班费标准不得低于180元/日，工作日加班费标准不低于17元/小时；保障疫情期间高技能人才薪资，高新技术企业的科技人员、一线技术工人最低工资在当地最低工资标准基础上分别上浮80%和50%，一般工业企业上浮60%和40%；企业工资分配向高技能人才倾斜，人均工资增幅不低于本单位管理人员。

三门峡经济开发区充分发挥集体协商机制维护企业劳动关系和谐稳定的作用，将企业复工复产中遇到的问题作为切入点，通过“先休后补”缓解了企业用工难；通过工资分配向高技能人才倾斜，为推进园区产业工人队伍建设、助力企业健康发展夯实了人才基础。

（二）把握尺度

推进工资集体协商的核心目的，是实现企业效益与职工工资挂钩，即通过劳资双方平等协商，促进职工工资增长与企业效益增长相匹配，保障职工实际工资水平与企业劳动生产率、经济效益以及当地经济社会发展水平相适应。因此，需要把握好切合企业实际与保障职工权益的平衡：对于生产经营正常、经济效益增长的企业单位，可将工资增长幅度、考核奖惩、劳动定额、休息休假、津贴补贴等职工关心的问题纳入协商议题；而对于生产经营困难的企业单位，则可围绕保工资、保支付、稳岗转岗、待岗培训等涉及职工重大利益的事项进行协商。但也要兼顾企业的承受能力和经营状况，对企业没有能力或暂时不具备条件解决的一些问题，企业行政和工会应做好解释工作，确保协商机制成为和谐工程、双赢工程。

（三）拓展方向

在新就业形态下，以服务业为主的新就业形态企业，为经济高质量发展注入了新的活力。随着网约配送员、快递员、外卖送餐员、网约车驾驶员、互联网营销师等新就业形态劳动者规模的不断扩大，普遍存在于这类企业的用工规范性不够、安全健康风险突出、社会保障不足、劳动强度与工资收入不匹配等问题凸显，推动其平台企业、平台用工合作企业普遍开展集体协商已势在必行。在电商物流、快递、外卖、网约车、清洗保洁等行业，需要推动规模以上企业扎实建立集体协商制度，建立劳资双方的平等协商对话机制，培育一批不同规模、不同类型的新就业形态头部企业集体协商示范典型，引导新就业形态企业和新就业形态劳动者实现“共商、共赢、共享”目标。新就业形态企业方，要依法开展集体协商工作，推动集体协商工作规范化、制度化，真正将协商民主贯穿于企业做出和实施决策、生产经营和日常管理、调整和规范劳动关系的全过程，促进企业实现更好更快发展。

案例

大唐泰州热电公司：构建企业多层协商机制①

大唐泰州热电有限责任公司为中央直属企业中国大唐集团管理下的基层企业。近年来，公司围绕提质增效、创新驱动谋篇布局，充分发挥以职代会为核心的企业民主管理制度作用，运用企业内部多种协商机制，建立健全企业薪酬激励制度。一是召开职代会，讨论通过《小指标竞赛管理办法》《安全生产奖惩规定》《科技项目管理规定》等多项制度，设立指标竞赛专项奖励基金。二是通过召开工会委员会扩大会议，讨论《职工职业发展双通道管理办法》等多项制度，将职工技能等级、专业技术职称与薪酬挂钩，建立与专业职级匹配的薪酬待遇体系。三是开展“能级工资”集体协商，就提高安全生产奖励、设立技能人员能级津贴、设立攻关奖励、加大技能竞赛奖励力度等多项内容开展协商，签订年度“能级工资”专项集体合同。通过开展广泛多层的协商，在公司上下营造了“有事多商量，遇事多商量，做事多商量”的协商氛围。

① 本案例来自江苏省人力资源社会保障厅《集体协商健全企业薪酬激励机制十大典型案例——案例5：构建企业多层协商机制 打好“赋能成长”组合拳》，江苏省人力资源社会保障厅网站，2022年6月17日，https://jshrss.jiangsu.gov.cn/art/2022/6/17/art_77261_10500218.html。

第三部分

发展篇

第七章　基层协商的组织实施

组织实施工作是指对某一项工作，从目标要求、工作内容、方式方法及工作步骤等方面作出全面、具体而又明确的安排部署，再准备所需的人力、物力、财力等资源以确保其贯彻落实并将目标任务转化为实际行动的全过程。基层协商的组织实施，必须是在基层党组织的领导下，有组织、依法依规地进行协商，不能是自发的、无领导的和无组织的协商。其组织实施主体，也即牵头（主导）组织实施协商工作的主体，是在协商活动实施开展过程中承担主要责任和主导工作的组织或个人。有计划、有步骤地推进基层协商活动，推动群众从“要我协商”向“我要协商”转变，需要规划设计上的统筹兼顾、思路方式上的不断创新、工作举措上的切实可行，这要求开展建立健全党领导基层协商的工作机制、加强领导和组织协调、研究制定相关配套政策措施及协商计划、强化对协商工作的支持和保障、宣传协商民主理论和实践、注重实践经验提炼总结等诸多方面的工作，积极探索新时代推进基层协商的有效路径。从这个意义上讲，精心组织实施、扎实有序推进，也可视作新形势下不断发展完善基层协商必不可少的环节。目前，在基层协商实践中，行政村（社区）协商（城乡社区协商）基础更为扎实、开展更为广泛、探索更为集中、影响更为深刻，本章对其予以重点解读。

第一节　基层协商的工作推进

一　基层协商工作架构

从工作开展推动来说，基层协商的工作架构包括三个层次，即统筹领导工作、协调指导工作、组织实施工作。这三个层次的主体，都必须以更高站位、更强担当、更实作风做好基层协商工作。

（一）统筹领导工作

加强组织领导，是抓好各项工作落实的基本前提，也是确保基层协商工作稳妥有序开展并取得实效的根本保证。完善党对基层协商工作全面领导的体制机制，首先要求各级党委要认真落实领导责任，把开展基层协商作为一项重点任务来抓，履行好把方向、管大局、作决策、保落实的职责。应该清醒认识到，党委的这一领导责任不是业务责任而是政治责任，不是额外责任而是分内责任，不是间接责任而是直接责任。

1. 乡镇（街道）和行政村（社区）协商层面

《中共中央关于加强社会主义协商民主建设的意见》明确要求“加强和完善党对协商民主建设的领导”，提出“各级党委要充分认识加强协商民主建设的重大意义，把协商民主建设纳入总体工作部署和重要议事日程，对职责范围内各类协商民主活动进行统一领导、统一规划、统一部署”，“建立党委统一领导、各方分工负责、公众积极参与的领导体制和工作机制”。同时，《中共中央　国务院关于加强基层治理体系和治理能力现代化建设的意见》进一步提出，“由乡镇（街道）党（工）委主导开展议事协商”。以更加有力的组织领导推进基层协商，实际上更多的是指“地方基层”建立党委统一领导、党政齐抓共管的领导体制。一方面，县级党委政府要把加强乡镇（街道）协商工作列入重要议事日程，不仅要抓到乡镇（街道），还要抓到行政村（社区），加强组织领导、工作协调和督促检查，统筹制定具体实施办法及协商目录、流程、规则等相关配套政策，定期研究协商中的重要问题。另一方面，乡镇（街道）党（工）委对推进城乡社区协商负有直接领导责任，乡镇政府、街道办事处承担指导城乡社区协商的工作任务，要加强具体指导，帮助解决具体困难，确保行政村（社区）“两委”班子充分发挥好组织领导作用。同时，要主动牵头开展与政府职能有关的协商，并督促落实协商成果。为提高工作效率和协同效能，基层实践中，一些地方还专门成立了街镇级基层协商民主建设、居民议事会工作、协商民主工作等领导小组，由乡镇（街道）党（工）委书记任组长，乡镇（街道）领导班子成员任副组长，各部门负责人和行政村（社区）党支部（党总支）书记全部担任领导小组成员，负责统筹协调各项工作，对基层协商的全要素和全过程进行规范。实践中，在高位推动的地方，还专门成立由市州级党委常委任正副组长，组织部、民政局、公安局、财政局等相关部门领导任成员的加强城乡社区协商工作领导小组。还有一些地方建立完善乡镇（街道）、行政村（社区）、网格三级协商组织架构，同步建立乡镇（街道）专题协商议事、行政村（社区）专题协商议事、网格专题协商议事、群团组织协商议事、社会组织协商议事、区域性协商议事等工作机制，广泛搭建协商议事分层平台；或通过建立协商沟通制度、议事制度、监督制度、共建协商制度、物业协调服务协商制度、反馈制度和协商议事记录制度等制度，不断完善城乡社区协商制度体系。

2. 企事业单位协商层面

要求建立健全党委领导、政府负责、社会协同、职工和用人单位共同参与的工作机制。县级及以上地方人民政府应当把企事业单位协商及用人单位建立集体协商制度情况纳入政府有关部门目标责任考核内容；出台相关意见，针对不重视协商民主制度建设、不开展协商工作的企事业单位，建立主要负责人约谈制度。

（二）协调指导工作

现阶段，基层协商涉及内容越来越广，协商工作覆盖领域正不断扩大，单靠乡镇（街道）党（工）委、政府（办事处）和企事业单位工会一方的力量，往往难以达到预期成效。因此，县级党委政府的相关职能部门对开展基层协商工作进行协调指导，已成为现实需要。

1. 乡镇（街道）和行政村（社区）协商层面

民政部门作为专职部门，要会同有关部门做好对城乡社区协商工作的指导和督促落实，推动将城乡社区协商上升为城乡社区的基本工作制度。党委统战、组织、宣传、政法等部门也应发挥职能作用，在搭建协商平台、打造协商品牌、加强党建引领等方面探索路径和方法。县级发展改革、民族宗教、公安、司法行政、财政、生态环境、住房和城乡建设、文化和旅游、交通运输、市场监管、水利（务）、农业农村（乡村振兴）、人社、教体、卫生健康、林草、粮食、自然资源和规划、应急管理、信访等与基层事务关联密切的部门，有责任加强协调配合，积极参加与本部门职责有关的协商活动，形成工作合力，从面上推动基层协商治理。县级纪检监察部门、乡镇（街道）纪检监察组织也要整合基层监督力量和资源，主动下沉一线，推进自身与村（居）务监督委员会有效衔接，聚焦城乡社区协商重点领域开展监督，督促推动村（居）务监督委员会履职尽责。

2. 企事业单位协商层面

人力资源和社会保障部门应当依法对本行政区域内企事业单位协商工作进行指导、协调、监督和检查；地方工会、产业（行业）工会负有指导、协调、帮助和监督的职责；工商业联合会和企业联合会、企业家协会、行业协会等企业代表组织，也应当指导、支持和帮助开展企事业单位协商；工业和信息化、公安、交通运输、司法行政、卫生健康、应急管理、国资监管、市场监督管理等有关政府部门，在各自职责范围内予以协助，共同推动企事业单位协商民主制度建设规范有序开展。

（三）组织实施工作

1. 乡镇（街道）协商和行政村（社区）协商层面

一般而言，根据协商事项大小、范围及重要程度，分别由乡镇（街道）、行政村（社区）党组织牵头，乡镇人民政府（街道办事处）、行政村（社区）村（居）民委员会组织实施。在现实基层协商中，乡镇（街道）、行政村（社区）具有双重角色，既是按政策规定必须作为利益相关方参与协商议事的协商主体，又是协商工作的组织实施主体。这两种不同的角色和相应责任，在某些情况下就可能相互影响甚至产生冲突，必须增强担当意识和大局意识。具体组织者根据情况而定。

对涉及两个及以上行政村（社区）的重要事项，单靠某一村（社区）无法牵头组织协商时，由乡镇（街道）党（工）委牵头组织；对涉及有关单位（部门、行业）的重要事项，由乡镇（街道）党（工）委报请上一级党委、政府牵头，会同有关单位、部门或行业主管部门共同协商。

对涉及行政村（社区）公共事务、全体或部分村（居）民切身利益的事项，由行政村（社区）党组织、村（居）民委员会牵头组织；对涉及社区网格（楼宇、小区）和村（居）民小组内公共利益或村（居）民个人权益的事项，在行政村（社区）党组织的指导下，由村（居）民小组（小区、楼宇）党组织或网格员、楼宇长、村（居）民小组长组织开展协商。

2. 企事业单位协商层面

企事业单位工会依法组织、代表职工方与用人单位进行协商，维护职工合法权益。

二　基层协商工作目标及重点

（一）工作目标

坚持把党的领导贯穿到基层协商全过程，在基层党组织领导下，坚持目标导向和问题导向相统一，精心谋划部署，确定工作运行流程，细化任务分工、明确程序环节、压实工作责任，进一步完善基层协商制度、健全议事协商机构、创新协商内容和形式、规范议事协商程序，推动形成既有民主又有集中、既尊重多数人意愿又保护少数人合法权益的协商机制，稳步推进基层协商。通过开展乡镇（街道）、行政村（社区）、企事业单位等多层次协商，发动村（居）民、驻村（社区）单位、职工和企业代表组织等多主体积极参与，强化与基层自治机制、其他协商渠道等有机衔接，与各类社会力量、基层治理工作等多方联动，构建多层次、多主体、多联动的基层协商模式，不断提升基层协商制度化、规范化和程序化的整体水平，促进基层治理人人参与、人人尽责、人人享有。

（二）工作重点

推动协商民主广泛多层制度化发展是一项系统工程。在推进基层协商工作的过程中，建立协商机制、明确协商事项、拓展协商主体、丰富协商形式、规范协商流程和强化协商结果落实是关键，各方面、各环节的工作都需要科学组织实施。应围绕建机制、搭平台、激活力、增实效等实践问题，立足重基础、重制度、重平常、重具体，把握好推动基层协商工作的重点内容或者说工作任务。其大体包括以下六个方面。

1. 政策制度方面

研究制定推进乡镇（街道）、城乡社区协商和企事业单位协商的实施办法、方案和工作计划，明确协商工作机制、经费保障、场地使用、教育培训等政策依据和指导意见，针对不同地区的不同情况，加强分类指导和有效推进；协同有关部门研究制定党代表、人大代表、政协委员参与居住地基层协商的措施办法。乡镇（街道）党（工）委、政府（办事处）和县级民政部门，应对标全国村级议事协商创新实验试点单位，按照实验方案中明确的实验主题、任务进度开展创新实验，聚焦乡村振兴重点任务和村民群众切身利益，完善制度程序、拓展参与实践、提升协商质效，有针对性地调整实验方案和推进策略，创建协商标准化、体系化基本操作流程，为开展创新实验提供技术指导和政策支持。

2. 协商内容方面

在广泛征求意见的基础上，针对各层次协商明确和细化协商的范围与内容，遵循依法依规、标准规范、动态管理的原则，建立乡镇（街道）协商、城乡社区协商、企事业单位协商内容事项（议题）目录及协商年度计划目录，加快实行协商内容事项清单管理。全面梳理法律、法规、规章和规范性文件设定的协商事项，将其全部分类纳入协商内容事项（议题）目录，为在基层协商实践中正确理解和运用法律法规提供依据。

3. 培育主体方面

将参与主体的结构合理作为开展基层协商的基本遵循，根据协商议题类型、涉及群体范围、解决难易程度以及参与对象特点，把辖区相关组织及其他利益相关方纳入协商主体清单，以确保合理确定协商主体和动员方式。构建协商议事主体参与机制，根据协商内容和形式的不同，灵活调整需要参与的主体。建立推广“协商邀约制”，选择性邀请对协商议题感兴趣、热心于公共事务的村（居）民群众等人员和其他相关公众列席或旁听参与协商。探索建立街镇级协商智库，挖掘、培育各方力量共同参与基层协商。

4. 协商形式方面

根据不同协商事项的具体特点和要求，因地制宜、因事制宜，搭建线上线下的协商平台，结合实际探索创新协商形式，开展灵活多样的协商活动。充分利用互联网特别是移动互联网等技术，开辟社情民意网络征集渠道，推动基层协商与信息化深度融合。

5. 成果运用方面

建立健全协商成果采纳、落实、反馈、公示、评价等制度，重点追踪协商完成情况、通过协商是否形成决议、协商决议贯彻落实情况，对协商成果的运用和反馈作出常态化、制度化、闭环性的规定，从制度上保障协商成果的落地。主要包括：研究制定基层协商成果采纳和落实制度、成果运用持续跟踪制度、公开评价和考核问责制度；加强村（居）务监督委员会建设，细化实化民主监督各项程序，及时公开协商成果落实情况。

6. 示范引领方面

积极开展民政领域县乡两级城乡社区协商示范建设，以可复制、可推广为目标，培育树立一批叫得响、立得住、群众公认的民主协商带头人和先进社区典型。及时总结提炼和宣传推广基层协商实践中的好成果好经验，充分发挥示范引领作用，通过抓两头促中间、抓点带面，扩大典型示范的辐射面和社会影响，带动整体工作的开展。乡镇（街道）建立定期工作经验交流制度，推动已经成熟和得到普遍运用的规则、程序上升为制度规范，确保取得预期的示范性理论成果、实践成果和制度成果。

案例

江苏省无锡市梁溪区：创新社区“协商邀约制”模式①

江苏省无锡市梁溪区在创新社区治理和服务实践中认识到，邀约是现代服务领域所推行的主动商洽交流的重要手段，社区推行邀约协商是站在用户体验角度的一种人性化服务，其目的是落实协商事前、事中、事后责任主体，让目标更有指向性，参与更有广泛性，议事办事效率更高。为此，全区在推进社区协商工作中，创新建立社区“协商邀约制”，实行“约人议事、找人主事、定人监事”，打造参与公共事务管理的多元利益共同体，较好地解决了协商中“议而不决、决而不行”的问题，许多影响群众生产生活的烦心事得到及时有效的处理。其主要经验做法如下。

1. 主动邀约，找准“大家事大家办”的责任主体

把利益相关方“请进来”。针对社区反映的具体问题，社区党组织或居委会发挥牵头引领作用，鼓励支持利益相关方遵循“大家的事大家商量着办”的原则。在实践中，各街道社区结合协商议题，先后邀请个体自然人作为诉求甲方，有利害关系的机关部门、机构或其他利益相关者作为被诉求乙方一并参与协商，同时约请居民代表、行政机关负责人、人大代表、政协委员和相关专业技术人员参加，得到了广泛参与和支持。

把诉求意愿“摆出来”。依照“协商邀约制”，在征询社区大多数党员、居民代表意见的基础上，按照先急后缓、先易后难原则，合理筛选协商内容，确定协商议题，做到“一事一邀约、一事一会

① 本案例来自江苏省无锡市梁溪区民政局。

商”。各街道社区围绕群众关切的民生福利保障、公共服务事务、物业管理服务、环境卫生整治、征地拆迁安置等突出问题，充分运用邀约协商的双向互动技巧优势，广泛开展民主协商议事，确保了议事顺利和目标达成。

把协商主体身份“亮起来”。立足于社区自身民意诉求，确定邀约协商的各类利益群体，亮明代表身份，开展议事协商活动。近年来，社区组织的邀约协商会议或活动中，与会代表不分座次摆放席卡，组织牵头方挂牌到场，协商议题提前送达参与者，协商过程有参考资料、有发言记录、有专业指导，协商结果得到公示和反馈，协商成果落实情况得到跟踪。

2. 尊重诉求，集聚“几把钥匙开一把锁”的力量

善用邀约对象。根据协商事项，分类别主动邀请利益关系最直接的对象参与协商：对居民“关注的事”，邀约主管部门和单位作为协商主体，争取上级支持；对居民“烦心的事”，邀约利益相关方作为协商主体，进行会商会办；对居民“难办的事”，邀约当事人和专业力量作为协商主体，尽力而为、量力而行。

巧用协商方式。针对协商议题，采取会议协商、现场协商、票决协商或书面协商等不同方法，先后以会议协商解决了老新村改造和市政设施改造等惠民工程建设问题，以现场协商解决了社区停车难、环境差等纠纷矛盾，以票决协商解决了棚户区改造、社区休闲场所设置问题，等等。

会用协商依据。在邀约协商实践中，注重集中民智、凝聚民心，尊重居民诉求，发挥“草根领袖”作用，引导尊重权威意见，充分体现情、理、法的结合，依法依规表达诉求、满足需求。对职责范围内必办的事务，做到主动邀约、积极会商；对有法规依据的事务，争取权威部门支持，力求公共利益最大化；对无据可依的一般诉求，做好解释工作，在相互尊重理解中谋求共识。

3. 健全机制，落实“协商就是服务”的工作要求

推动邀约协商能力建设。全区每年集中组织以提高议事协商水

平为主题的培训，开设邀约协商专题讲习班和模拟课堂，实训邀约协商的话术技巧和方法。聘请法律工作者、心理咨询师担任社区协商顾问，聘请机关部门负责人和专业人士担任协商督导员，增强协商的专业性和权威性。

搭建邀约协商平台载体。指导和支持社区设置邀约协商工作室，结合参与主体和协商事项，举办民情恳谈会、议事会、理事会、听证会和评议会，设立社区邀约开放日、居民论坛、妇女之家、社区网站、社区微信群等平台载体，为开展灵活多样的协商活动提供便利。

健全邀约协商制度。针对居民关注的突出问题，制订年度邀约协商计划，排出协商议事时间表，按照“谁决策，谁负责”原则，明确邀约协商工作职责，建立邀约协商主体责任制，加强对责任主体的考核评议，规则制度统一上墙公示接受监督。

案例

湖北省咸宁市崇阳县“四确定一落实”规范社区协商议事工作①

为指导社区进一步做好民主协商议事工作，承接好咸宁市建设全国社区治理和服务创新实验区过程中“以‘公共空间’为抓手，完善社区协商治理体系”的试点项目，打造崇阳版的民主协商议事模式，2020年，崇阳县制定《村（社区）协商议事工作流程》，通过明确“四确定一落实”，进一步规范社区协商议事工作。

确定协商议题。要求社区从以下八个方面来确定协商议题：一是法律法规和政策明确要求开展协商的事项；二是党和政府的方针政策、重点工作部署、重点项目在社区的落实；三是社区规模调整、撤村建居、基础设施建设、生态环境保护、重大活动开展等；四是居民反映强烈、迫切要求解决的社会福利、困难救助、社会治安、环境卫生等方面的实际困难和问题；五是在拆迁、旧城改造等方面

① 本案例来自咸宁市崇阳县民政局。

涉及群众切身利益的各种矛盾纠纷和问题；六是涉及居民权益的政策措施的制定和调整，居民自治章程、居民公约等的制定和修改；七是其他涉及居民利益的重要公共事务和公益事业；八是1/10以上居民联名或者1/5以上居民代表或户代表联名提出的需要协商的事项。协商的议题要通过多渠道广泛收集征求群众和社会各方面意见来确定，并要求在协商会议3日前公布。

确定协商主体。协商主体采用“6+X”模式：“6”为6类固定成员，即社区党组织、居民委员会、居务监督委员会、居民小组长、社会组织（驻社单位、基层群团组织、业主委员会、物业公司等）的成员和有威望的同志（老党员、老干部、“两代表一委员”、群团组织负责人、社会工作者等），“X”即涉及的其他利益相关方，根据协商事项进行动态调整。参与协商的主体要求在协商会议3日前公布。

确定协商形式。通常采取居民会议、居民代表会议、居民小组会议、居民议事会、居民理事会、小区协商、业主协商、民主决策听证、民主评议等形式，以“星空夜话”、民情恳谈日、警务室开放日、社区论坛、多方联席会议、道德讲堂、妇女之家、新时代文明实践站等为平台，开展形式多样的协商活动。开展协商的形式、时间、地点要在协商会议3日前公布，并通知到参与会议的单位和个人。

确定协商程序。首先要确定协商议题和参与协商的主体；其次要确定开展协商活动的时间和地点，以及采取何种方式来协商；最后要组织开展协商议事活动，并公布协商结果。要求社区在开展协商议事时要做好会议记录、留存会议图片。对跨社区的协商或协商时意见分歧较大的，要提请乡镇党委、政府研究确定。同时，要求在协商会议结束后3日内公布协商结果。

落实协商成果。一是需要社区落实的事项，社区“两委”应当及时组织实施，并留存解决相关问题前的现场图片、问题在解决时的现场图片和问题解决后的现场图片，形成“事前、事中、事后”

的对比，方便群众、媒体和社会监督；二是应由居民群众自己解决的事项，社区应组织居民群众自己解决；三是受乡镇人民政府或有关部门委托的协商事项，社区要将协商结果及时向乡镇人民政府或有关部门报告，乡镇人民政府和有关部门要认真研究，并将情况及时反馈给社区，通知到各个协商主体。

第二节　组织实施的工作主体

一　组织实施主体概述

简单地说，基层协商的组织实施主体（组织实施工作主体），就是基层党组织、基层政权组织及街道办事处、基层群众性自治组织和工会组织。以下主要针对乡镇（街道）协商和行政村（社区）协商展开论述。明确组织实施主体，有利于明确其在协商工作开展中的职责任务：乡镇（街道）不应以各种名义擅自将已明确应由自身承担的协商事务及职责任务，交由行政村（社区）组织完成。

（一）乡镇（街道）协商层面

一般情况下，乡镇（街道）协商是在乡镇（街道）党（工）委领导下，由乡镇人民政府、街道办事处主导并自主决定实施的。在遇到涉及两个及以上行政村（社区），单靠某一行政村（社区）无法开展协商的重要事项时，也需由乡镇（街道）党（工）委牵头组织开展协商。

（二）行政村（社区）协商层面

在《关于加强城乡社区协商的意见》中，根据协商实施空间和人口规模，明确界定了两种协商情形的组织实施主体，即涉及行政村（社区）公共事务和居民切身利益的事项，由行政村（社区）党组织、村（居）民委员会牵头，组织利益相关方进行协商；人口较多的自然村、村民小组，在村党组织的领导下组织居民进行协商。

《中共中央　国务院关于加强和完善城乡社区治理的意见》提出，凡涉及城乡社区公共利益的重大决策事项、关乎居民群众切身利益的实际困难问题和矛盾纠纷，原则上由社区党组织、基层群众性自治组织牵头，组织居民群众协商解决。在具体实践中，由行政村（社区）党组织、村（居）民委员会牵头或主导的某些协商，也可由行政村（社区）协商议事理事会、议事会或议事协商委员会等具体实施主体组织利益相关方进行协商。此外，涉及楼宇（小组、小区）内公共利益以及村（居）民个人权益的事项，由楼宇（小组、小区）党组织或楼宇长、村（居）民小组长组织开展协商；经过协商达不成一致意见的，由行政村（社区）党组织和村（居）民委员会牵头组织开展协商。

二　组织实施原则

（一）组织有序原则

加强服务保障能力建设，结合实际及时建立协商机构，制定工作制度、明确工作职责、保障工作经费，配齐配强工作力量，确保“事有人管、责有人负”，为协商开展提供服务保障。加快建立健全领导有力、组织有序、监督有效的工作运行机制，建立环节完整、衔接有序的工作流程，实现资源的优化配置，提升协商工作效率和创新能力。多渠道、多形式、多层次开展政策宣传，提高公众对基层协商的认识，有效提升群众参与度。

（二）实施规范原则

实现“全主体”参与、“全领域”覆盖、“全过程”规范的充分协商，必须牢固树立法治意识，自觉将法治思维贯穿协商民主制度化，依法有序组织各类参与主体开展协商活动，用法治思维协商问题、用法治方式解决问题，保证协商活动有序进行、协商结果合法有效。坚持目标导向和问题导向相结合，建立健全工作机制，强化工作部署，积极贯彻落实工作要求，瞄准协商重点事项，把准协商重点环节，按照规定程序精心谋划、精准实施，做到先协商后决策、先协商后通过、先协商后实施。

（三）稳步推进原则

深入分析和准确把握协商工作规律特点，科学设计协商方案，提高协商的针对性、有效性。突出因事施策，注重将群众反映的各类诉求和问题，按事项大小和轻重缓急的具体类别，分别明确权责、分类办理。强化协同推进，加强督导检查，扎实有效地推进基层协商活动。开展定期分析研究工作，以创新精神应对协商工作开展中的新情况、新问题，不断探索，及时总结。

（四）突出成效原则

着力提高程序效率，注重协商形式和协商内容相匹配、协商程序和协商效率相统一，完善协商制度程序和运行方式，进一步提高协商成效。提高议事协商的广泛性和针对性，增强多元参与主体的治理能力。注重协商成果运用，不断畅通转化渠道，对达成共识的议题，抓紧组织实施，确保协商结果落地生根、开花结果，让群众更加“看得见、摸得着、感受得到”。

三　具体协商机构

基层协商工作的组织实施主体有其代表或授权机构，主要有协商民主理事会、议事协商委员会等能使民意收集更加广泛、民主协商更为有效的基层协商组织，大多建立例会召开、讨论表决、审议修改、民主评议等一系列的完善制度，围绕工作需要组织开展协商。根据制度设计，这些协商机构都属于村级参事议事、建言献策，凝聚共识、统一思想的群众性协商组织。在行政村（社区）层面，具体协商机构应坚守“两个必须、两个不能”。第一，必须在党组织的领导下依法有序开展议事，确保基层党组织的领导核心作用和基本职能不变；必须遵守党的方针政策和国家法律法规，尤其是要在《中华人民共和国村民委员会组织法》《中华人民共和国城市居民委员会组织法》规定的范围内开展议事协商。第二，不能取代村（居）民会议和村（居）民代表会议；不能侵犯法律赋予村（居）民会议和村（居）民代表会议的权力。“两个必须、两个不能”设定了行政村（社区）协商开展的“红线”，也考验着基层协商组织实施主体的智慧。近年来，各地设立比较普遍、较有影响的基层协商组织主要有以下几种。

（一）协商议事会

现实实践中，一些地方在乡镇（街道）建立街镇级协商议事会，在行政村（社区）建立村级协商议事会，成员涵盖现（曾）任“两代表一委员”、行政村（社区）组织负责人、村级组织负责人和村（居）民代表、老干部代表、乡贤代表、企业代表等。乡镇（街道）协商议事会主任一般由党（工）委副书记担任，可下设办公室和若干个组；行政村（社区）协商议事会在行政村（社区）党组织领导下，主任由行政村（社区）党组织书记担任，可下设办公室、监督组。村级协商议事会可结合每月主题党日活动，定期召开民主协商议事会议。建立基层两级协商议事机构，更有利于有效地提升组织的运作效率、灵活性和应变能力。类似的自治机构还有党群协商议事会、片区协商议事联合会等。

（二）协商民主理事会

协商民主理事会又称民主协商理事会，一般以行政村（社区）为单位建立，属群众性议事组织。由行政村（社区）党组织、村（居）民委员会指导建立，在行政村（社区）党组织的领导和村（居）民委员会的指导下开展协商工作。协商民主理事会通常由常任理事会成员和非常任理事会成员（固定成员）、其他成员（利益相关人员）构成，总人数在 20 人左右，原则上基层干部占比不超过 1/3。设理事长 1 名，原则上由行政村（社区）党组织书记担任；同时可以设名誉理事长 1 名，由乡镇挂点领导担任。常任和非常任理事会成员由行政村（社区）党组织提名，经村（居）民会议或村（居）民代表会议选举产生；常任理事会成员实行任期制。

延展

村级议事协商延伸载体：村民小组（自然村）村民理事会

近年来，安徽省一些地方立足本地实际，开展探索村民自治有效形式的试验，在村民小组或自然村建立村民理事会这一自治组织载体，就是其中亮点之一。自2017年起，在全省开展以村民小组或自然村为基本单元的村民自治试点工作，这一经验在试点中被作为重点予以推广。

其基本做法是：选择不同类型的县（市、区），在保持现有村民委员会设置格局的前提下，对处于独立居民点且拥有集体土地所有权的若干村民小组或自然村，按照自治半径相对合理、公共利益联系紧密的原则，根据群众意愿建立村民理事会，代表村民对本集体组织范围内的公共事务开展议事协商，实行民主管理和监督。同时，明确村民理事会的协商功能，即村民理事会在村党组织的领导和村民委员会的指导下开展协商议事，对村民小组或自然村的财务开支、公益建设、集体经济、产业发展等涉及村民利益的重要事项开展民主协商。理事会成员的产生可采取村民代表推荐、户代表选举方式，也可采取直接推选方式。理事会成员由各村结合实际确定，一般应包括党员代表、村民代表、妇女代表、农民合作经济组织代表、“乡贤”代表等。提倡村民小组长与村民理事会理事长互相兼职。

重新审视这一经验做法，可以发现其面临的不少现实困境。作为一种探索，理事会在协商运作中，如何解决程序规范、协商能力提升、议事场所搭建、工作必要经费筹集等问题，需要在实践中进一步探索。

（三）议事协商委员会

议事协商委员会一般在村级建立。作为行政村（社区）党组织、村（居）民委员会领导下的常设议事机构，村级议事协商委员会由村（居）民代表大会选举产生，是以民主议事、民主监督等为主要功能的群众性自治组织，享有代表全体村（居）民参与村（居）务议事协商的职权，专门负责组织实施村级议事协商具体事务。其主任原则上应由行政村（社区）党组织书记或村（居）民委员会主任兼任；成员一般应从基层政府及其派出机关、行政村（社区）“两委”、村（居）务监督委员会、村（居）民小组、“两代表一委员”、辖区单位、基层社会组织、帮扶单位、业主委员会、集体经济组织、农民合作组织、村（居）民代表中推荐产生，以非行政村（社区）“两委”成员为主；规模一般在10～15人，一般实行协商委员会成员“常任制+非常任制”。由村（居）民委员会和村级议事协商委员会负责召开和主持的议事协商会议，偏重于对公共事务进行协商讨论，而村（居）民代表大会、听证会主要偏重于行政村（社区）事务决策。

第三节 基层协商的工作优化

一 协商议题的选择与确定

协商议题既关系到协商的方向，也影响着协商活动的开展成效。因此，选定一个科学合理的协商议题，是保障基层协商取得良好成效的关键一环。

（一）选择把握

实践中，面对基层协商议题数量多、内容涉及面广的情况，由于部分协商主体在协商议题选择上不精准，往往出现顾此失彼、主次不清的现象；有的在协商议题的选择上缺乏针对性，未考虑与当地党委政府重点推进工作相结合，选择的协商议题过大或不切合实际，因实践中解决落地条件尚未成熟而缺乏操作性；还有的议题则是个性诉求，不属于协商的事项。确保协商议题的科学性，要始终以群众需求为导向、以群众满意为标准，让群众所想所急所盼成为协商的中心议题。选好协商议题，关键是要围绕解决群众意见较为集中的热点难点问题以及迫切需要及早解决的矛盾纠纷，完善基层协商议题的收集、提出、确定机制和“微协商”模式，解决议题选择不够精准、标准不够细致、过程不够透明的问题，以确保议题选得对、选得准、选得实。

（二）闭环确定

协商议题确定环节要求有回应、有落实、有结果，形成工作闭环。通常情况下，协商议题收集后，从提炼到最终确定，至少需要经过“整理—办理—论证—审定—公示”五个必备环节。这些环节可能由不同的组织实施主体负责，如基层党组织、村（居）民代表会议、议事协商机构和企事业单位工会等。

1. 议题整理

在议题多渠道收集阶段，应精心做好统一登记汇总工作，指定专人负责分类、整理，详细记录议题名称、内容、反映时间、反映人、联系电话等信息，并建立议题台账。

2. 议题办理

协商议题征集、梳理后，在确定议题前，乡镇（街道）、行政村（社区）的协商议事机构和企事业单位工会，应对收集的议题进行科学分类整合，对初步拟定的议题进行深入研判，并初步提出解决方案。引入项目化管理思维和方式，推广建立议题清单制工作法，是务实管用的举措。

3. 议题论证

随后，乡镇（街道）、行政村（社区）的协商议事机构和企事业单位工会应围绕筛选的议题，邀请主要参与主体和共同参与主体的部分代表召开征求意见论证会，进行充分酝酿探讨，初步确定协商议题，以确保协商后续工作精准发力、高效有序。

4. 议题审定

议题审定是基层协商的重要前期准备工作之一，通过对协商议题合理性、可操作性以及开展协商必要性的审核，能够避免议题提出的随意性以及开展协商阶段的无效内容讨论。以行政村（社区）协商为例，应建立议题审查机制，由村级党组织对议题进行审查。在审议阶段，由党组织提议，召开行政村（社区）“两委”会议商议，并召开党员大会审定，一般需要依据重要性、合法性、合理性、可行性等标准，对议题进行筛选和审核；在议题表决阶段，由党组织书记主持村（居）民（代表）会议或由村级议事机构进行决议，公开议题审定全过程。议题审核时，需由行政村（社区）“两委”确定议题协商的召集人、记录员、指导员及监督员（见表 7-1）。经行政村（社区）“两委”会议审查通过的协商事项，正式确定为协商议题。

表 7-1　协商召集人、记录员、指导员及监督员的条件要求与主要职责

职位名称	条件要求	主要职责
召集人	宜由议题提出人，行政村（社区）“两委”成员或在群众中具有一定代表性、影响力及较强召集组织能力的村（居）民担任	负责确定协商方案、拟定协商规则、主持开展民主协商活动等
记录员	宜由行政村（社区）专职工作人员或者干部担任，也可由协商主体推选能胜任协商记录工作的人员担任	负责协商内容及全过程的记录工作
指导员	宜由行政村（社区）干部或驻行政村（社区）干部担任	负责指导协商工作，并在协商过程中帮助对接和联络有关部门
监督员	宜由村（居）务监督委员会成员担任	负责协商过程及协商成果落实过程的全程监督，并记录、公布落实情况

5. 议题公示

在乡镇（街道）、行政村（社区）和企事业单位层面审核同意后，应按照程序要求，提前对拟协商议题及有关事项进行线上线下公示，内容包括议题提议人、议题名称及主要事项、协商形式、议事议程、协商时间和地点、协商召集人（主持人）、参与协商人员、协商要求等信息。行政村（社区）层面研究确定后待公示的议题，需报乡镇（街道）层面审核。

案例

广西来宾市兴宾区桥巩镇毛塘村建立议题“五个清单”①

议题目录清单（清单1）：由党总支及其下属支委会委员、村委会委员、村民代表、志愿者定期或不定期收集并提炼出公共事务和公共问题议事协商议题清单，提交村党总支筛选确定形成“议题目录清单”。

议题交办清单（清单2）：由党总支或各自然村党支部牵头，组织议事协商委员会，对定期或不定期采集到的公共事务和公共问题议事协商议题清单进行协商讨论，形成“议题交办清单”，提交村委会，在由定期召开的村民代表会议研究表决确定后，交由不同的主体或有承办能力的组织实施。

议题办理情况清单（清单3）：承办主体或有承办能力的组织在议事协商议题落实结束后，报告议事协商议题落实情况，形成“议题办理情况清单”，报议事协商委员会审查，并在村务公开栏公布，接受群众监督。同时，将清单提交给村务监督委员会，请其提出监督意见。

议题办理结果公示清单（清单4）：由党总支定期组织召开村议事协商委员会会议，对上报的议事协商议题最终落实情况进行审议和评估，形成“议题办理结果公示清单”。

议题办理结果评议清单（清单5）：通过定期召开议事协商委员会会议，将议事协商结果提交村民代表会议监督评议、提交村务监督委员会监督后，形成“议题办理结果评议清单”，通过微信、公众号、村务公开栏等平台公开，接受群众评议。

二　协商流程实务与操作

协商流程是指在协商活动中，参与者按照一定的顺序和步骤进

---

① 《协商议事解决村级发展难题》，《中国社会报》2022年1月12日。

行沟通、谈判和决策需经过的程序，通常包括准备、沟通、谈判、达成结果等环节。

（一）制订协商工作方案

根据事先确定的协商内容、商议主体、协商形式等，结合总体工作部署要求，制订好协商工作方案，进一步加强工作的落实，确保提高协商效率、增强协商成效。其内容一般包括：总体要求（指导思想、工作思路、主要目标）、主要任务（重点工作、推进机制、绩效评估）、工作要求（组织领导、宣传培训、工作经费）、责任落实（领导责任、属地责任、部门责任）等方面（见图 7-1）。

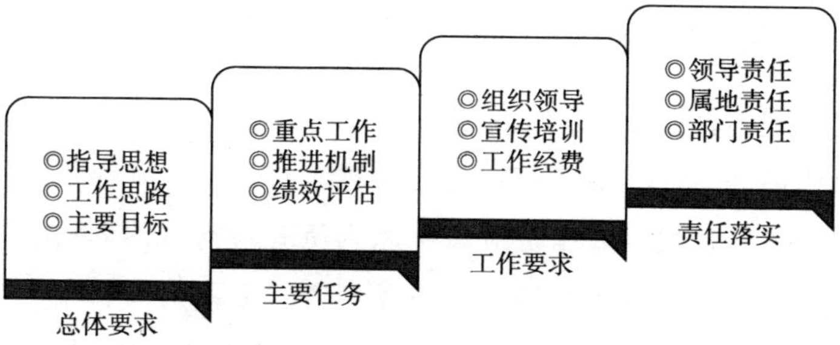

图 7-1　协商工作方案内容参考

（二）规范基本流程

在基层协商中，不同的协商场景会有不同的协商流程，除入户走访协商、书面征询协商等形式以外，互联网协商、座谈式协商、论证协商以及“互联网+现场”协商等协商形式，采用相似的基本步骤和规则。整个协商过程的记录，可用书面、图文、音频或视频等形式留存资料，由专人负责。原则上，需要规范以下四个基本流程。

1. 宣布协商正式开始

在实际参加会议人数不低于应参会人数的 2/3 的情况下，方能召开协商。由协商召集人（主持人）主持，说明介绍议题来源、议题审查、具体内容、议事规则、参会人员和会议议程等情况，并安排发言次序和时间；其间通常会对拟定的协商规则发起表决并通过。

2. 议题情况说明

由议题提出人对议题进行简要说明，包括议题的背景、目的、相关事实和数据以及建议解决方案等内容。

3. 利益相关方发言

协商参与主体就议题发表意见，研究提出解决问题的具体措施。对于专业性技术性强的议题，由专业人士解答利益相关方的疑问。

4. 表决及公布协商结果

由参会各方对协商形成的基本共识进行举手或投票表决；协商结果以书面形式呈现后，主持人当场公布。

（三）制定协商规则

协商规则是协商人员在协商过程中应共同遵守的规矩或行为准则，对协商活动程序及协商行为起着规范作用，可确保协商活动有序、高效进行。规则的制定应该考虑到所有参与方的利益，并且应确保其在协商过程中得到遵守。协商规则一般由协商召集人在进行民主协商前拟定（见表 7-2）。协商规则的拟定和修改，同时也是协商议事的议题之一。

表 7-2　协商规则参考

条目	内容
第 1 条	以动议为中心。议事协商讨论的内容应当是一系列明确的动议，必须是具体、明确、可操作的行动建议。做到先动议后讨论，无动议不讨论。提出主体（人）对议题进行说明
第 2 条	主持人中立。议事协商主持人的基本职责是遵照规则来掌控议事协商秩序，尽可能不发表自己的意见，也不能对别人的发言表现出倾向
第 3 条	人人机会均等。利益相关方举手发言，任何人发言前须示意主持人，得到其允许后方可发言。先举手者优先，但尚未对当前动议发过言者，优先于已发过言者。同时，主持人应尽量让意见相反的双方轮流得到发言机会，以保持发言机会均等平衡
第 4 条	发言明确立场。发言人要面对主持人，需首先表明对当前待决动议立场持赞成还是反对的态度，并说明理由

续表

条目	内容
第 5 条	尊重他人。参与议事协商人员不得随意打断他人发言，不干扰他人发表意见，参会者之间不宜直接辩论。如有该情况出现，主持人应予以制止
第 6 条	文明表达。参会者发言时需注意用语文明，辩论要就事论事，不得进行人身攻击或扣帽子、贴标签等行为
第 7 条	遵守时间。参与议事协商人员，每人每次发言时间不宜超过 3 分钟，且次数不宜超过 2 次
第 8 条	服从安排。参与议事协商人员要遵守议事规则，服从主持人的安排。主持人要及时制止违反议事规则的言行
第 9 条	一事一议。发言方不能偏离当前待决的问题，只有在一个动议处理完毕后，才能引入或讨论另外一个动议
第 10 条	讨论充分。表决要在讨论充分展开之后方可进行
第 11 条	依次表决。主持人发起表决后，主持人需先请赞成方举手，再请反对方举手，最后请弃权方举手
第 12 条	少数服从多数。参与表决人员为各利益相关方，须表决的事项经实到会人员表决超过半数赞成的，方能通过。法律法规及政策已规定表决比例的事项除外

资料来源：参见《浙江省村级议事协商规范指引》《葫芦岛市村（社区）议事协商规范指引》。

（四）分类推进实施

开展基层协商工作，既要全面发力又需分类推进，根据不同协商议题的特点和需求，制定相应的策略和措施。对于关于重大事项的议题，成立工作组（专班）并制订工作计划，有序有力推进落实；对于关于常规性事项的议题，指定专人推动相关日常工作及时落实落地，确保协商明确的各项工作有人抓、有人管。

（五）完善工作台账管理

进一步完善台账管理内容，将协商议题征集、协商会议纪要、成果办理工作进展、群众满意度反馈、单项协商工作总结等重点内容统一建册立档，充分运用信息汇总、影像收集、记录分类、图表整理等方式抓好工作留痕，详细收集整理归档。实施工作台账管理，重在督查落实，应把加强台账督查作为推动工作落实的重要措施，切实抓紧抓实抓细。完善台账管理，有利于促进责任落实、提升议事协商效能，有利于及时总结经验教训、更好地推进工作开展。

三 基层协商的举措优化

按照思维出新、措施出新、成效出新的理念，提高组织实施主体工作效率和议事协商运转质量，着力解决工作推进中存在的共性问题，以更高水平的机制供给和工作举措，推动基层协商长期健康稳步发展。

（一）完善协商工作推进“四事”机制

以建立完善科学合理的协商程序为目标，建好用好系统集成、协同高效的闭环工作机制。

1. 民主提事机制

一般在每年年初，由乡镇（街道）、行政村（社区）民主协商议事会、协商委员会等议事协商机构，根据乡镇（街道）党（工）委、政府（办事处）和村（社区）党组织年度工作计划与工作报告，常态化通过相关平台以线下和线上等方式收集相关议题，再梳理和研究提出协商的重点议题。最后，由乡镇（街道）党（工）委、行政村（社区）党组织根据发展形势、辖区民生需求和年度工作重点，对议题的可行性、可操作性以及实施过程中可能出现的问题提前进行分析研判，最终审核确定协商议事相关议题和年度协商计划。临时性议题，则由乡镇（街道）党（工）委、行政村（社区）党组织视需要确定。

2. 民主议事机制

明确具体协商议题后，根据议题的大小、轻重、缓急和性质，按照“一事一议”的原则组织开展协商，确定协商类型，选择合适的协商平台和场地，商定参加协商的人员对象，拟定协商议事的具体实施方案，明确协商的时间、地点、形式和内容。按照拟定的协商实施方案，通过多种方式提前告知所有参与协商人员，并提供相关资料，支持参与协商人员对协商议题开展相关调研准备。按相关规程组织协商活动，确保营造平等、包容、宽松的议事氛围。在开展协商议事过程中，必须形成记录内容客观准确、翔实完整的协商纪要，参会人员应在协商会议记录上签字。

3. 民主理事机制

乡镇（街道）党（工）委、行政村（社区）党组织根据协商纪要，及时作出是否采纳协商结果的决定。对一致认同并采纳的协商结果，严格按照协商要求执行，制定具体实施办法，落实具体解决方案和责任人，明确办理要求和完成时限等，落实过程务必公开、透明，确保落实和执行到位。采取多种方式进行公开，及时通报落实进度，方便群众知情监督。

4. 民主监事机制

专门设立监督小组，对协商议题、协商过程、协商结果及其落实执行情况进行监督，在公开栏、网络等平台上进行通报公示，并及时反馈监督情况以接受群众监督。同步设置群众意见反馈箱，对群众反映的对协商事项不重视、不办理或办理不好的问题，逐项研究分析并限期整改解决；确因客观原因无法执行的，应及时做好解释工作或回访答复，切实保障人民群众的知情权和监督权。

案例

新疆伊犁奎屯市：推行议事协商“三张清单”和“四张卡片”做法①

为进一步推进行政村（社区）民主议事进程，新疆维吾尔自治区伊犁哈萨克自治州奎屯市结合实际，锚定“三张清单”和“四张卡片”，认真组织实施协商。

1. 做好“三张清单”

梳理议事清单。组织政法、民政、财政、人社等相关部门对目

① 本案例来自新疆伊犁奎屯市民政局。

前行政村（社区）承担的工作进行梳理和范围界定，明确不议清单，初步确定将公约制定、小区整体改造、廉租房分配、低保对象确定与取消等工作列入协商工作事项清单。

制定培训清单。举办街道（乡）、行政村（社区）干部集中轮训，聘请专业人员重点培训工作事项的办理流程、解读“七步议事”群众工作法操作流程，确保每位基层干部都能掌握政策，依法依规办理工作事项。

细化宣传清单。行政村（社区）党支部、村（居）民委员会、警务室、治保委员会、工青妇等配套组织，分类制定宣传清单，针对各自的服务对象，运用乡村大喇叭、入户走访等形式，广泛宣传议事协商的重要意义、主要内容、政策要求和运行程序。

2. 用好“四张卡片”

用好民意汇总卡，规范意见收集。通过设置意见箱，“奎广效能”、“奎屯论坛”、微信、民情微博等媒体平台和群众来信、来电、来访等广泛收集听取群众意见，及时进行梳理，填写民意汇总卡。

用好提议确定卡，明确提议责任。经行政村（社区）党组织研究，将民意汇总卡所列事项作为动议事项，按照程序召开支委会，邀请第一书记、第一主任列席，集体研究讨论，填写提议确定卡，支委成员逐一签字，报街道（乡）党（工）委审议。

用好议事决策卡，严格决策程序。经街道审议，确定进入合议、商议、审议、决议四个环节的相关事项，按环节填写议事决策卡，重点记录参会范围、参会人员、列席人员、表决情况、会议时间等要素，确保议事协商能够合理、合法、有序实施。

用好议事监督卡，保障议事公正。工作决策完毕，填写议事监督卡，决策结果通过民情微博、村（社区）党务居（村）务公开栏、包户干部入户告知等形式，向全体村（居）民公布，后期实施过程、实施结果定期公示，确保各个环节全程接受监督，在阳光下运行。

（二）编制协商操作规程指引

当前，国家层面有关基层协商的政策文件较为宏观，是笼统、宽泛的原则性要求和意见，这需要地方及基层对其进行完善和补充，解决基层协商存在的流程步骤不清晰、工作方法不到位等普遍性问题。在这一背景下，目前在城乡社区协商层面，我国一些地方结合城乡社区协商实践工作情况，以推动协商精细化、规范化、标准化为导向，制定发布了一系列方案、规程、手册、指引等指南，主要涵盖协商总体要求、实践模式、实施过程、方法技巧及议事协商优秀案例等方面内容，提高了基层协商操作实务方面的综合能力。有的地方总工会还结合企业（行业）实际，编印推出既突出理论性又注重实践性的《集体协商简明读本》等工具书。涵盖面广、实用性强的操作应用指南，能够为基层干部和所有参与协商组织实施工作的人群提供专业、规范、易操作的参考指导。目前，国内不少地区省、市、县三级都相继制定了城乡社区协商操作规程或指导规范、工作规范等，部分已从地方经验上升为省级、市级、县级地方标准，为辖区城乡社区协商制度的建设完善和创新发展提供了基础框架。

案例

浙江省村级议事协商规范指引①

村级议事协商是在行政村范围内，相关利益主体基于平等、公正、公开和理性原则，积极主动进行议事协商和沟通交流，以取得公共利益及各方利益的最大公约数并且能够有效化解矛盾、维护各自利益的民主形式和过程，是基层群众自我管理、自我教育、自我服务、自我监督的有效实现形式。为了深入推进我省村级议事协商的顺利开展，结合省域实际，制定本规范指引。

---

① 参见《浙江省民政厅关于印发浙江省村级议事协商规范指引的通知》（浙民基〔2023〕66号）。

一、适用范围和功能定位

（一）适用范围。本《规范指引》是规范全省建制行政村议事协商的指引性文件。各级各部门在指导行政村开展议事协商过程中，可参照执行。鼓励和支持各地结合实际积极探索实践，形成具有本地特色的村级议事协商品牌。

（二）功能定位。村级议事协商，主要体现在“五议两公开”的前置环节，是一个广泛倾听民呼、征询民意、集中民智、发扬民主的过程，可以起到统一思想、凝聚共识和辅助决策的良好作用，通过激发村民说事、议事、定事、评事的积极性和主动性，有效实现党建统领下的民事民提、民事民议、民事民决、民事民筹、民事民办、民事民评。

二、工作目标

学习贯彻党的二十大精神，坚持和发展新时代“枫桥经验”，聚焦群众急难愁盼问题，坚持“全过程人民民主”，增强议事协商的实操性和规范性，丰富议事协商形式，激发村民参与活力，提升议事协商实效，实现多方联动，化解矛盾纠纷，维护和谐稳定，促进基层民主健康发展，建设人人有责、人人尽责、人人享有的基层治理共同体。

三、基本原则

村级议事协商应坚持以下六项原则：

（一）坚持党的领导。充分发挥基层党组织在基层议事协商中的领导作用，确保有序开展议事协商。

（二）坚持依法依规。严格按照有关法律、法规和规章进行议事协商。

（三）坚持平等协商。公正平等议事协商，充分保障利益相关方的知情权、参与权、表达权、监督权。

（四）坚持民主集中。做到民主基础上的集中和集中指导下的民主相结合。

（五）坚持科学有效。坚持协商于决策之前和决策实施之中，增强决策的科学性和实效性。

（六）坚持因地制宜。尊重群众首创精神，鼓励基层探索创新。

四、议事协商内容

按照当地（本行政村）经济社会发展实际，确定议事协商内容，主要涉及六个方面：

（一）乡村经济社会发展中涉及当地村民切身利益的公共事务、公益事业。

（二）当地村民反映强烈、迫切要求解决的实际困难、问题和矛盾纠纷。

（三）党委、政府重要决策在乡村落地过程中需要协商推进的相关事项。

（四）法律法规和政策明确要求议事协商的事项。

（五）各类议事协商主体提出议事协商需求的事项。

（六）其他需要开展议事协商的事项和内容。

五、议事协商主体

建立由本村干部、村民和驻村单位组成的议事协商主体，协商决定本村治理发展的重要事务。在保证利益相关方参与的基础上，重点包含以下协商主体（简称“1+7+X”）：

“1”，指村党组织和村民委员会（简称村“两委”）主要负责人；

“7”，指本村的村“两委”成员、村监委代表、村民代表、各级政协或人大代表、社会组织代表、辖区单位经济组织代表、乡贤代表；

“X”，指非本村涉事的利益相关方代表、政府相关部门负责人、农村议事协商的专家学者、乡镇（街道）基层工作人员、法律界人士等，可作为其他特邀议事协商者的人士。

按照议事协商具体事项、相关要求和轻重缓急，除村“两委”主要负责人和利益相关方外，可以灵活选择议事协商主体。同时，根据实际需要可组建党群、民政、综治、城市管理等功能性议事协商小组，或通过整合若干相邻村民小组或楼栋，依托已有的网格进行分组，必要时还可建立常设性的议事协商机制。

六、议事协商形式

村级议事协商在村党组织领导下，定期或不定期召开。结合参与主体情况和具体协商事项，可以采取村民议事会、村民理事会、村民决策听证、民主评议等形式，通过线上议事协商、现场议事协商或“线上+线下”相结合方式进行。

1. 临时性和涉及面较小的事项，可采用线上议事协商等形式灵活进行（侧重于征求村民的意见和建议）。

2. 涉及小组、网格、小区、院落、楼栋内公共利益等事项，可由小组、小区（网格）党组织或村民小组长组织开展线上议事协商。协商达不成一致的，由村“两委”牵头组织开展现场议事协商。

3. 涉及村集体经济发展、公共事务等村级重大事项，可由村“两委”统一部署、组织开展现场议事协商。

4. 专业性、技术性较强的事项，可邀请相关专家学者、专业技术人员、第三方机构等进行广泛且专业的线上议事协商或现场议事协商。

5. 人员居住分散，在规定时间内难以集中议事协商，或参与人员具有一定的文化水平和能力，有意愿且能借用现代信息技术开展有效沟通和正确表达自己意见的，可采用线上议事协商。

七、议事协商程序

村民委员会负责受理议题、决定议事协商形式、确定参与协商的各类主体，并负责议事协商会议的组织工作。

（一）前期准备

1. 议题收集

（1）由村民委员会统一收集登记议题，及时接收采纳村民群众提出的意见建议，根据实际情况纳入相关议题。

（2）议题应是具体、明确的，一般可以以书面形式提出。也可以通过线上收集、网格收集、入户访问、受政府或有关部门委托、民主恳谈会、问卷调查等方式收集。

2. 议题审查、确定

（1）审查遵循“五不议”原则，即涉及党的政策、国家相关法律法规有明文规定的事项不议；上级党委、政府有明确要求、明文规定的事项不议；村规民约已作规定或违反公序良俗的事项不议；明显不公平的事项不议；属于个体矛盾、两方纠纷的事项不议。

（2）根据不同的议事协商议题提出的内容，分为不同的议题事项。

（3）村“两委”可以在规定时间内通过“两委”联席会议对以上类型的议题进行审核。

（4）由村“两委”成员、村集体经济组织成员、十分之一以上村民联名或五分之一以上村民代表联名提出的议题，由村民委员会统一受理，并召集村党组织和村民委员会联席会议，研究提出初步意见或方案。

（5）涉及村规民约的制订和修改、村财务收支情况、村集体资金使用安排、村建设规划的编制和调整等村级重大事项，应进入“五议两公开”的民主决策程序。

（6）议题审查、确定后进行公示。

3. 会务准备

（1）议题材料准备。包括事项背景资料与议题来源、会议签到表、相关专家的专业性意见建议或政府部门的文件等。

（2）确定协商主体。根据需要协商的内容、形式和要求等，及时明确协商的主体。

（3）议题和议事协商信息通知。村民委员会通过公开栏、电话、网络等有效方式，向参与议事协商的各类主体提前通报议事协商内容、时间、地点、形式和相关信息。

（4）制定议事协商方案。议事协商可以围绕某一议题或三至四个比较集中的意见或解决方案进行。

（5）人员配置。会务通常配备主持人、记录员、结果宣读人等。

会议主持人。可以选择村“两委”干部、德高望重的乡贤、学校老师等担任议事协商的主持人。

会议记录员。可以由专职村工作人员或者村干部担任，也可由议事协商主体推选人员担任，负责全过程的记录。

结果宣读人。可以由村务监督委员会成员担任，全程监督并公布议事协商结果。

（6）会场布置。会议场地、音响、照明等设施符合议事协商的环境条件。

（二）组织议事协商会议

1. 会议发言规则和注意事项

（1）发言者都具有平等发言机会，按顺序发言，坚持理性，以理服人，不能人身攻击，做到对事不对人。

（2）主持人要掌控会议节奏及秩序以便议事协商能够顺利进行，可以引导但不能诱导，不作评价，保持中立。

（3）发言者要听从主持人的发言安排和意见。

（4）发言要围绕议事协商主题进行，简明扼要，表明态度，立场明确，并说明理由。

（5）发言时间要控制在会议要求以内，不应无故打断他人发言或随意插话，尊重他人发言权。

（6）意见分歧较大的议题或提议，主持人可以提议搁置议题或提议，经实到会三分之二以上人员同意，交由下次会议审议表决或协商讨论。

（7）议题、提议要逐项讨论、逐项表决。

2. 议事协商表决机制

（1）由参会各方对议事协商形成的基本共识进行举手或投票表决，实行民主集中制，形成议事协商意见。表决时，任何人不得强迫他人赞成或不赞成某项议题。

（2）经实到会人员表决超过三分之二赞成的，可以确定为议事协商主体达成一致意见，并提出可落实的意见。表决未通过的，终止议事协商或者待时机成熟后再次组织开展议事协商。

（3）对无须协商表决的事项，如村与村民个体之间的协商事项，达成统一意见的提出可落实的意见。未达成统一意见的终止议事协商或待时机成熟后再次组织开展议事协商。

（三）议事协商结果

1. 结果公示

议事协商结果应主动及时公布。可通过网络、书面、电话等形式告知参与者和村民，并在村务公开栏等平台张贴，实施过程要注意保护村民隐私和个人信息。

2. 报送相关方

形成议事协商结果后3日内，按下列要求进行报送和告知：

（1）议事协商记录员将《村级议事协商记录表》报送至村务监督委员会，也可同时报送相关部门单位或其他组织。

（2）受政府或有关部门委托的议事协商事项，受委托单位仅需向委托单位告知议事协商结果。

3. 结果采纳、落实、反馈机制

（1）对议事协商成果，村“两委”要视情及时召开会议进行专题研究，讨论形成采纳意见和决策方案，需进入民主决策的事项，启动“五议两公开”民主决策程序。同时，妥善做好未被采纳意见的解释沟通工作。

（2）对于积极参与议事的普通村民，其意见建议被采纳后，可以给予一定的激励或奖励。

（3）对需要村“两委”落实的事项，村“两委”要积极组织实施，落实情况由村务监督委员会负责监督，并在规定期限内通过村务公开栏等渠道及时公开，接受群众监督。

（4）受政府或有关部门委托的议事协商事项，议事协商成果要及时向基层政府或有关部门报告，并将议事协商成果采纳情况和落实情况及时告知各利益相关方。

（5）议事协商结果违反法律法规的，由乡镇（街道）依法纠正，并做好法治宣传教育工作。

4. 总结和存档

(1) 做好议事协商记录和存档工作，对记录信息的格式、标识、保护、检索、作废应有相应管控程序，并及时加以总结。

(2) 村务监督委员会要对保留的议事协商记录完整性进行审核，并对各类形式的记录进行归档。

八、评价改进

(一) 可以采用村民评价、第三方评价等方式，对村级议事协商工作进行评估，包括目标评估、过程评估、结果评估和影响评估。

(二) 评价方式可采用线上手段和线下问卷等方式结合，持续提升评价质量。

(三) 根据评价结果，持续改进、提升议事协商效果。

九、相关保障

行政村可根据实际，为议事协商提供工作保障。同时，努力培育形成符合本地特色的协商文化和民主氛围，确保议事协商有效推进，顺利进行。

本《规范指引》由浙江省民政厅负责解释。

(三) 健全协商工作法

近年来，在推进基层协商中，不少地方围绕建立完善民主提事、议事、理事机制，促进基层议事协商事前、事中、事后各个环节的有机衔接，总结形成了城乡社区协商的“工作法”或“民主协商模式”，对协商主体的协商行为提出明确的程序性要求。有的总结为百姓点事、“两委”定事、居民议事、与会决事、多元办事、公众评事和民事民提、民事民议、民事民决、民事民筹、民事民办、民事民评等“六事工作法”，有的提炼为广泛征集知事、深入调查明事、多方参与议事、集体研究决事、分层分类办事、公开公示办理结果“六步协商工作法”（见表 7-3），有的提炼为“八步议事”民主协商模式（见表 7-4），等等，提法略有差异但精神实质、工作目标相同，拓展了基层群众参与公共事务的管理渠道和途径，都值得借鉴和推广。这些工作法和模式着眼于理顺协商程序、规范议事流程，都体现了系统性、规范性和高效性的特点，较好地解决了社区协商过程中“谁来议”“议什么”“怎么议”“何时议”等关键问题，能够有效地推动工作进展，提高协商效率和质量，让社区协商更公正平等、更接地气、更具实效。可以认为，这些成熟的协商工作法，同样还可以借鉴运用到乡镇（街道）协商、企事业单位协商中。在日常工作中，还要摸清辖区客观的民情民意，并以此为导向，有针对性地建立常态化工作机制，定期组织召开工作例会，研究解决协商推进中的困难和问题，探索更优工作方法，建立更具活力和实效的创新模式，促进工作有序开展。

表 7-3　北京市朝阳区亚运村街道京民社区“六步协商工作法”

步骤	环节	工作内容
第一步	广泛征集知事	社区党委依托居民党支部、网格党组织、小区物管会等，多渠道掌握小区服务管理难题，及时了解居民需求，把收集到的服务管理问题汇总形成需求清单
第二步	深入调查明事	对需求清单进行深入调查了解，摸清事项涉及的群体数量、可利用资源、解决问题渠道等，同时采取“走动式”工作法，深入现场了解实情
第三步	多方参与议事	推选居民代表、楼门长、老党员、物业公司、驻区单位代表等组建居民议事团，定期召开议事协商会议，对小区民生服务、环境美化、设施改造等议题进行民主协商
第四步	集体研究决事	在广泛协商基础上，社区党组织对协商事项进行集体研究，重点研究协商事项的解决方式、解决问题的时间要求、需要协调配合的事项等，并将研究结果纳入社区党委督办事项
第五步	分层分类办事	按照责任主体，将社区协商事项分为三类：案由简单、脉络清晰的“小事”，由包院居干、楼院长、楼门长组织现场协调解决；案由清楚、脉络分明，在居委会职能和物业管理范围内的“中事”，由社区“两委”协调解决；居民普遍反映强烈，又不在社区“两委”职权范围内的“大事”，采取“吹哨报到”机制报街道党工委、办事处协调解决

续表

步骤	环节	工作内容
第六步	公开公示 办理结果	对协商事项处理情况进行公开、公示，接受居民、社会、媒体、纪检监察机关等各方面监督，重点看问题解决情况，看群众是否满意，对群众不满意的责令整改，确保将协商事项做成民心工程

资料来源：广州市物业管理行业协会《“六步协商工作法”商出美好家园》。

表 7-4 河北省沧州市“八步议事”民主协商模式

步骤	环节	工作内容
第一步	多种渠道 “提议题”	通过召开专题座谈会、社区事务商谈会等渠道，发动群众面对面、背靠背提问题
第二步	多方恳谈 “出主意”	党组织召集相关利害关系人、单位代表及居民代表开展民主恳谈，提出解决问题的初步建议
第三步	议事组织 “拟方案”	居民议事会根据初步建议，拟定解决问题草案
第四步	多方协商 “达共识”	组织相关人员开展民主协商，达成协商共识
第五步	专家审查 “定公约”	聘请法律、社会管理专业人士审查修订方案
第六步	居民表决 “说了算”	将制定的公约或方案提交居民代表会议审议，经 2/3 以上代表同意后实施
第七步	社区“两委” 督促“抓落实”	及时召开“两委”班子联席会议，将协商制定的公约交由相关责任单位组织实施和办理，依据“谁负责，谁执行”和“谁受益，谁监督”的原则进行跟踪督办
第八步	张榜公示 “全透明”	对协商结果进行公示，通过各种方式定期通报决策或项目进展情况

资料来源：河北省沧州市民政局。

第八章　基层协商的创新发展

中国式协商民主实践只有进行时，没有完成时。在基层，随着我国改革开放的不断深入和社会主义市场经济的不断发展，错综复杂的社会矛盾纠纷不断涌现出来，涉及社会、经济、政治、文化等多个领域。这些矛盾和问题事关广大人民群众的切身利益，如果处理不当或者不能得到及时有效处理，必然会影响社会和谐稳定。越是在基层，党政工作的要事、民生改善的实事、社会治理的难事与群众切身利益关系越密切，遇到的各种困难和面临的挑战也就越多，越需要充分有效发挥基层协商在推进基层治理能力现代化建设中的独特作用。基层协商是社会主义协商民主广泛多层开展的重要场域，承载着人民群众民主素养提升、诉求愿望实现、和谐家园共建等诸多价值功能。如何进一步全面推进基层协商，不断完善基层协商的程序和机制，发挥基层协商的功能和作用，如何实现发展思路观念突破、如何让人民群众有更多的协商获得感、如何把握协商实践的内外关系等，是当前中国特色社会主义协商民主理论建设和实践探索的重要课题，对这些课题的探索应该是未来相当长一段时间内中国社会政治民主化进程中的重要任务之一。基层协商本身是一种新型民主实践的制度和形态，因此推进基层协商就是一个动态的实践过程，必须坚持守正创新，在基层协商的伟大实践中，积极推进理论创新、观念创新、制度创新和内容创新、形式创新、程序创新。这需要正视我国社会治理发展变化的新形势、新问题与新挑战，以创新思维、创新态度面对和解决基层协商民主发展过程中出现的各种矛盾和问题，总结提升基层治理改革经验，结合具体的协商实践活动，通过不断探索和创新找到合适的解决方案，突破基层协商民主可持续发展的阻碍和制约，通过提升广度和深度进一步完善和发展基层协商。只有这样，才能不断拓展基层协商的领域和空间，不断提升基层协商的现实意义，更好地发挥基层协商的政治功能及其时代价值。

第一节　如何有效发挥党建引领的作用

一　党建引领基层协商的重要意义①

落实基层协商民主是一项系统工程，越是在基层，党政工作的要事、民生改善的实事、社会治理的难事与群众切身利益联系就越紧密，协商遇到的各种困难和挑战也就越多。只有坚持党建引领，才能实现党的路线方针政策一贯到底、协商民主制度持续落地见效、人民群众有真正的参与和获得感。

（一）党建引领是确保基层协商正确走向的“定盘星”

党建引领基层协商的核心要义，是将基层党组织的政治优势、组织优势转化为治理效能，综合运用和发挥党建领方向、激活力、强保障、促全局的作用，建设有效实现党的领导的坚强战斗堡垒。实践有力证明，只有把牢党建引领“定盘星”，坚定不移用习近平新时代中国特色社会主义思想凝心铸魂，把党的指导思想、政治立场、根本宗旨贯穿于基层协商实践的全过程，发挥好党的基层组织在议题确定中把关定向、在协商开展中组织引领、在成果落实中跟踪督促的关键作用，以党的建设贯穿基层协商、保障基层协商、引领基层协商，才能确保基层协商在协商主体、内容、程序、结果上把住

① 刘文郡：《坚持以党建引领推动基层协商落地落实》，《党建研究》2024 年第 1 期。

大方向、取得新成效，确保基层协商在正确的政治方向上推进，提升基层治理的科学性和有效性。

（二）党建引领是推动基层民主落地生根的“压舱石”

党的领导是发展全过程人民民主的根本保证。党建引领基层协商是发展全过程人民民主的重要途径，通过制度化、规范化、程序化的协商机制，保障人民群众在国家治理中的主体地位，可以有力推动基层民主的深入发展。广泛、深入、有效的基层协商，早已被证明是实现协商民主、实践全过程人民民主的一种重要形式和有效途径。全面发展协商民主，必须始终坚持和全面落实党的领导，发挥好党建引领的制度优势，确保全过程人民民主沿着正确方向有序推进。基层政府和村级组织探索基层协商助推全过程人民民主落地生根、开花结果的新方法新路子，必须强化大抓党建、大抓基层的鲜明导向，筑牢基层发展“压舱石”，将党的领导优势转化为推进合力，以高质量党建引领点燃推动协商民主高质量发展的“红色引擎”，实现党建引领与全过程人民民主的“双向赋能”。

（三）党建引领是助推基层协商走好群众路线的“牛鼻子”

践行群众路线，基层党组织是战斗堡垒，党员干部是主力军。以强有力的党建为引领，是做好基层协商治理工作的方向性根本性要求。协商民主与党的群众路线具有高度一致性与融合性，走好走稳新时代党的群众路线，必须推进基层党建与基层协商深度融合，不断健全群众参与平台机制、完善党群服务体系，在深入服务群众、更好带领群众和吸纳群众意见、解决群众问题中，把党建力量传递到基层治理的“神经末梢”。基层党组织通过广泛的组织网络和密切联系群众的优势，通过党员联系群众制度，能够定期收集群众意见和建议、及时发现基层社会矛盾，能够确保党员干部保持与人民群众经常性、长期性的直接联系，确保全心全意为人民服务根本宗旨真正落地生根、开花结果。

（四）党建引领是赋能基层协商破解基层治理难题的“金钥匙”

党的二十大报告明确提出“推进以党建引领基层治理”①。作为基层治理现代化的全新探索，充满创新突破、生动丰富的基层协商民主实践，为完善基层治理提供了有力支撑、发挥了独特作用。进入新发展阶段，基层治理所面临的难题愈加凸显，已成为国家治理体系最复杂、最困难的一环。基层协商是基层治理的题中之义，以基层协商为阵地，一以贯之将党的路线方针政策有机地体现在基层治理实践中，对有效破解治理主体、机制、环境、渠道等领域诸多难题，构建协商民主的基层治理新格局具有强大引领作用。党建引领基层协商通过全面夯实基层党建、基层网格和基层治理基础，能够及时发现和解决基层社会矛盾，通过平等协商、民主决策途径，找到各方利益的平衡点，有效化解基层社会矛盾纠纷。

二　党建引领基层协商的着力点

锚定一个主攻方向：从坚持以人民为中心理念、保证人民群众在国家治理中的主体地位着眼，从化解基层矛盾、引领群众有序政治参与着力，从开展基层社会事务性协商，推进基层协商制度化、规范化、程序化建设着手，深入推进基层协商创新发展与基层党建深度融合。探索建立民主协商议事制度，巩固党的执政基础，推进基层治理体系和治理能力现代化。

（一）把累积基层协商制度的优势作为首要任务

在基层，从国家发展大事到社会治理难事，再到百姓日常琐事，都是人民有序政治参与的领域范围。确保基层协商在党的全面领导下，始终坚守这一正确的政治方向、鲜明的政治立场、共赢的政治目标，巩固人民有序政治参与机制与制度体系的建设成果，共绘党建引领协商议事“同心圆”，就是党建引领基层协商的

---

① 习近平：《高举中国特色社会主义伟大旗帜　为全面建设社会主义现代化国家而团结奋斗——在中国共产党第二十次全国代表大会上的报告》，人民出版社，2022，第67页。

首要任务。特别是乡镇（街道）和行政村（社区）党组织，要进一步落实基层协商的主体责任和监督责任，加强对协商工作的直接领导，坚持推进基层协商制度化、规范化、程序化“三化”建设方向，积极研究基层协商实践中存在的困惑与难点，着重对“与谁协商”“为谁协商”等问题作出理论和实践的回答，以基层党建力量引领基层协商民主有序开展。坚持党建政治引领，保障社会各方面的参与协商权利、民主决策权利及其实现形式，为打造平等协商、有序协商、真诚协商的政治生态提供坚实支撑。坚持党建引领、多方参与、资源整合，加快完善协商议事平台，使之成为联系群众的新纽带、服务群众的新桥梁、开展协商的新路径。

（二）把构建基层治理共治共赢新局面作为有效途径

聚焦基层协商不同阶段工作重点，充分发挥党建引领基层治理的动力引擎作用，依托以组织联动、责任联动、载体联动为主要内容的多级党组织联动体系，积极引导党建联盟进驻单位广泛参与基层民主协商，建立“一核多元”基层民主共商机制，全力推动议事协商工作迈上多元参与、协商共治新台阶。灵活利用民意征集主题党日活动、网格党支部见面会等形式和渠道，广泛收集民情民意，促进民众养成遇事多商量、会商量的好习惯，进一步营造协商氛围、提升协商效果。健全党建引领下的基层群众自治机制，依法落实村（居）务公开、财务公开制度，积极引导基层群众逐渐从基层治理的旁观者变成参与者、支持者和宣传者，推进基层治理共商共建共评共治共享，绘好基层治理“同心圆”。引导协调各方参与决策，基层党组织要充分利用民主恳谈会、民主生活会、联席会议等多种多样的党建活动，组织各类主体开展民主协商，引导各方充分把握基层群众的实际情况和真实诉求，营造各抒己见而不各说各话、畅所欲言而不固执己见的协商氛围。在决策前充分汇集并整合社会各界有关各种治理问题的意见和建议，推动多元主体在良性互动和沟通交流中凝聚治理共识，从而在源头上化解分歧、预防矛盾。[①] 以拓展协商内容、创新协商形式、规范协商程序、转化协商成果为重点，积极构建基层协商规范运行的有效机制，使基层协商成为推进基层自治法治德治创新融合的增长点发力点，开创基层协商共治共赢的社会治理新模式。

（三）把党建引领基层协商的品牌创建作为重要抓手

基层协商党建品牌建设是贯彻落实基层党建工作的有力抓手，也是推动基层协商纵深发展的现实需要，其目的就是通过树立和发挥品牌优势，对党建工作和业务工作形成引领、带动和辐射，推进党建、业务深度融合、共同提升。各基层党组织要充分结合自身优势和实际情况，广泛整合辖区共驻共建单位（部门）的各方资源，积极探索创新，打造一批主题突出、特色鲜明、成效明显、群众认可、有示范引领作用的基层协商党建好品牌、好项目。重点是做好顶层设计，树立系统化谋划、项目化推进、品牌化打造思维，着力增强党建引领在推进协商工作中的渗透力，把品牌创建融入协商议题征集、协商形式创新、协商平台搭建、协商能力提升、协商工作联动、协商文化培育等各个方面，以党建品牌助推重点工作落实落地。新创党建品牌应从名称、内涵、实效、载体、创新、宣传、管理制度化规范化等方面强化设计和运作，通过协商议事广泛征求意见，确定创建品牌名称和内涵，制订创建实施方案，并形成上下齐抓共建的工作机制，做活党建引领基层协商工作这篇大文章。

案例

浙江金华市浦江县仙华街道中埂社区：党建引领社区议事协商[②]

“浦江经验”是改善干群关系、加强基层治理的生动实践。近年来，浦江县因地制宜、科学谋划、精准发力，高标准推进社区议事协商试点项目建设，以基层党建为引领推动多方主体参与，着力打

① 何晓岳：《基层协商民主视域下“枫桥经验”的演进历程、鲜明特征及现实进路》，《中共郑州市委党校学报》2024 年第 6 期。

② 本案例来自《浦江县城市社区议事协商创新试点项目案例汇编》。

造城市社区议事协商品牌。

2022年，中埂社区被确定为浙江省城市社区议事协商创新试点。在试点探索中，中埂社区坚持发挥社区党组织在议事协商中的领导作用，引领多方主体参与议事协商，将党的领导贯穿社区治理的方方面面，创新“四个一”工作法（一张联系卡、一本小红本、一个微信群以及一次“家访会”），实现基层党建纵深延伸。通过构建党建引领多方主体参与的“1+5+X”议事主体结构，坚持党建引领，打响“百宜中埂”品牌。利用辖区资源优势，社区吸纳乡贤、离任老干部、退休法官等社会群体，积极发动一批有温情、有专长、有活力的人组成“热心小哥团”，发动一批有经验、有威望、有精力的人组成“帮忙老哥团”，共同参与社区议事协商。截至2023年9月，社区党委辖5个网格党支部和银辉党支部，建有“小哥+老哥”等12支志愿者队伍，打造出“有事找小哥，帮忙找老哥”“百宜亭”等特色党建工作品牌。此外，以“党组织指派+随机抽选”的方式，组建社区党支部议事代表库、居民议事代表库、驻区单位议事代表库、常住外来人口议事代表库，形成社区议事人员代表名单。

案例

安徽合肥新站高新区瑶海社区香江社居：创新打造“党建+协商议事”模式①

近年来，香江社居坚持民有所呼我有所应，民有所需我有所为，始终将群众关切作为议事重点，高标准打造党建引领协商议事模式。其“党建+协商议事”的探索与实践，入选全国基层党建创新典型案例和2019年长三角基层依法治理十大优秀案例。

建立党组织全覆盖模式。香江社居党委以网格为基础，将党组织设置与“网格化”管理相融合，建立“小区党支部-楼栋党小组-

① 《安徽合肥市新站高新区香江社区协商议事的探索与实践》，中国共产党新闻网，2022年9月26日，http://dangjian.people.com.cn/n1/2022/0926/c441888-32534155.html。

党员在楼栋”的党组织全覆盖模式，并将4个小区党支部划分为10个网格，配备“两长多员”，由居民骨干担任调解员、信息员等角色，与社区工作者、民警、物业、城管等共同构成网格服务力量，实现变“多网”为治理“一张网”、以“小网格”服务“大民生”。

建立协商议事会成员库。重点挖掘关注社区、热心公益、乐于奉献、威信较高，且具有一定议事能力的党员代表、居民代表、楼栋英才等人士，与物业公司、业务代表、“两长多员”等组成议事团，形成多元参与协商议事的长效机制。同时，香江社居党委牵头搭建“老党员工作室”“香江百姓议事厅”“法律咨询日”等议事平台，采取上门沟通、纠纷协调、座谈讨论、现场办理等多种形式，共商共议。

建立“三级议事”机制。香江社居按照“大事大议、小事小议、无事不议”的原则，建立“网格调解+小区议事+社区协商”三级议事机制。“网格调解会”由网格员、调解员、红色小管家组成，对网格内发生的问题进行收集并先行协调介入，将矛盾消除在萌芽状态；小区党支部、网格员、红色小管家、业主代表、物业、民警、城管等组成“小区议事会”，围绕网格内未能解决的事项及群众反映的问题进行协商议事，并分工落实协商议事结果。在党员大会、居民代表大会等传统组织议事基础上，香江社居党委牵头，组织社居委、辖区单位、小区党支部、物业、党员居民代表等，成立社居党建联席会，召开社区协商议事会，围绕社区重大问题进行协商议事。

三　完善党建对基层协商的引领机制

完善党建对基层协商的引领机制，涉及基层党组织领导方式、方法上的重大改革，必须切实加强组织领导，增强党建引领的聚合力。

（一）完善基层党组织全面领导机制

基层协商实践的效果如何，在很大程度上取决于是否有一个坚强的基层党组织发挥领导核心作用。党建引领基层协商的核心要义是，将基层党组织的政治优势、组织优势全面转化为治理效能，让基层协商成为宣传党的路线方针政策的阵地。明确乡镇（街道）和行政村（社区）党组织推进基层协商的主体责任，把协商工作列为基层党组织的重要工作职责并纳入议事日程，加强党组织对协商议题、方式、过程、成果运用等方面的引导。乡镇（街道）可成立基层协商民主建设领导小组或居民议事会工作领导小组，行政村（社区）可成立村级议事协商工作领导小组，均由乡镇（街道）党（工）委书记挂帅，充分发挥政治领导力、思想引领力、群众组织力、社会号召力推动基层自治。乡镇（街道）、行政村（社区）可建立党组织书记担任协商议事会、协商监督委员会负责人制度，保证党组织在确定议题、组织开展协商、协商结果落实及评估监督等环节的领导地位和关键作用，以确保协商不偏离党的基本路线方针和国家法律法规，始终沿着正确轨道推进。积极探索扩大党内基层民主的实现形式，全面推进乡镇（街道）和行政村（社区）党务公开，重点聚焦各项惠民政策、党内重要工作征求意见、民主决策情况等事项进行公开，扩大党务公开覆盖面、丰富党务公开形式，以党内民主带动和促进基层协商发展。

（二）完善基层党组织整合发动机制

党的基层组织是党的全部工作和战斗力的基础，党组织的政治能力则体现在政治功能和组织力上。发挥基层党组织的引领作用，提高党的领导力和影响力，既要充分发挥基层党组织的领导核心作用，也要注重发挥基层群众性自治组织的基础作用，统筹发挥社会力量的协同作用，积极发挥城乡居民的主体作用，重点完善基层党组织整合发动机制，推动基层协商提质增效。通过加强基层党组织和党员队伍建设，基层党组织要充分发动辖区内企事业单位和社会组织积极参与协商，争取更多的平台、资金、技术、资源等方面支持。依托党员“双报到”制度，在推进基层协商工作中推行实施党员“划片、定岗、联户”联系群众制度，广泛征集群众重视的“急难愁盼”协商议题，倾听群众对协商工作的意见建议，把党员培养成基层协商治理的领头人和明白人。切实发挥好基层党组织战斗堡垒作用和党员先锋模范作用，发动、引导群众和各方力量广泛参与基层协商实践，激发群众参与基层协商的内生动力，让群众遇事“想协商、会协商”，推动村（居）事务“民事、民议、民决”常态化，增强各类协商主体参与的自发性和自觉性。实践案例中，一些地方发挥“兵支书”带动优势，借鉴部队管理办法，将辖区党员、退役军人组织起来，组建“兵支书议事会”和“先锋服务队”，并从“乡贤寨老”中聘请监督员，推行“设岗定责+服务承诺+积分管理+评议定级”的党员管理模式，切实发挥党员、退役军人的先锋模范作用；还有一些社区党组织通过向业委会、物业派驻党的工作小组或党建指导员等工作创新，使党建引领业委会、物业治理工作进一步落地落实。

（三）完善基层党组织统筹实施推进机制

基层党组织既是基层协商的重要主体，又是推动协商治理广泛多层制度化发展的堡垒。完善基层党组织统筹实施推进机制，至少包括五个方面：基层党组织多级协商联动机制，依托党组织体系，构建起群众广泛参与、多级协商联动、多方协同的协商治理网络；基层党组织协商过程定向把关机制，围绕收集议题、审议议题、确立议题、公开议题开展制度创新，定期召开党委、支部会议研究部署；基层党组织协商共识凝聚机制，探索基层党组织书记担任协商主持人制度，明确其在协商过程中的主持引导作用，确保协商议事规范有序；协商成果执行机制，由基层党组织牵头制定完善协商成果办理实施办法或方案，对成果交办、办理、反馈等环节作出硬性规定，推动协商成果落地见效；协商工作质效反馈评估机制，加快形成“协商—落实—监督—反馈—评价”的全链条闭环管理流程，在参与率、知晓率、满意度和认可度方面主动接受党员群众评议，切实提高基层协商治理效能。

第二节　如何健全基层协商相关长效机制

一　建立长效运行治理机制

协商民主实践要求建立一套原则、制度与规范来维护和保障它，需要完善运行机制，通过狠抓精心确定议题、严格基本程序、促进成果转化等主要环节，以确保有制可依、有规可守、有序可遵，加快提升协商质量。与此同时，必须推进基层协商与其他工作有机结合，不能使其异化为“两张皮”。面对基层人数众多、需求纷繁的实际，如何既保障基层群众充分平等表达的机会，又保证协商的有序高效进行，进而真正形成协商结果，是基层协商要解决的重要实践问题。

（一）强化基层协商嵌入基层群众自治制度建设机制

村（居）民委员会是最贴近村（居）民的群众性自治组织，也是基层民主的重要组织形态。广泛而深入的基层协商，早已被证明是管理基层公共事务和公益事业中广泛实行群众自我管理、自我服务、自我教育、自我监督，提升决策科学性和公信力的有效途径，是构建民主选举、民主协商、民主决策、民主管理和民主监督“五位一体”村（居）民自治制度体系的重要一环。基层协商参与越广泛、讨论越充分，就越能收集社情民意、畅通上下沟通、广开基层言路、集聚民间智慧。实践中，应将协商贯穿于基层自治始终，建立行政村（社区）党组织领导、村（居）委会负责、各类协商主体共同参与的工作机制，逐步扩大基层民主范围，引导村（居）民参与村（居）务日常管理，通过协商来表达诉求、化解矛盾、增进共识，为基层群众依法合理表达利益诉求提供持久的动力和保障。重点健全行政村（社区）协商与基层民主决策、民主监督等基层自治制度的衔接机制，明确以下事项。第一，建立议事协商难以解决的事项或存在较大争议的议题提交村“两委”有关会议讨论决策的机制。行政村（社区）协商结果依法需要经过民主决策的，必须提交村（居）民会议、村（居）民代表会议、村（居）民小组（代表）会议或授权村（居）民议事会讨论决定；属于村级重大事项的，应按照“四议两公开”制度进行决策。在保证“四议两公开”程序不乱、步骤不减、环节不少的前提下，应因地制宜活化议事形式，组织开展形式轻松、互动性强的议事活动。第二，在行政村（社区）“两委”联席会议制度下，建立“两委”在广泛征求村民意见基础上确定议题和主体的机制。第三，对协商过程、协商结果等事项，村（居）民委员会、村集体经济组织应根据村（居）务公开相关要求，选择有效的公开形式进行充分、及时公开。第四，明确协商结果的执行主体是行政村（社区）“两委”，监督主体是村（居）务监督委员会。村（居）务监督委员会要加强对行政村（社区）各类协商的监督，做到所有重大事项一个步骤不少、一个环节不丢、一个次序不乱，既可以确保协商过程有序开展、协商成果有效落实，又能够提升广大基层干部的协商素养、培育广大基层群众的民主意识。

（二）建立乡镇（街道）协商与行政村（社区）协商联动机制

当前，乡镇（街道）协商实践面临一些难点，如协商定位过于模糊、推动主体不明确、组织开展不足等问题，从而制约了能够巩固基层政权和促进基层社会公共事务治理的乡镇（街道）协商发挥其独特作用。《关于加强城乡社区协商的意见》明确提出，“建立健全乡镇、街道协商与行政村、社区协商的联动机制，推动协商工作深入开展”。从协商工作的组织实施来看，街道层面应立足分层独立的协商实际，依托“居民吹哨、社区报到，社区吹哨、街道报到，街道吹哨、部门报到”的“分级吹哨”机制，建立乡镇（街道）协商与行政村（社区）协商“两级”联动机制，实现上下互动。主要涉及三个方面。一是横向与纵向联动。行政村（社区）层面无法开展协商或难以形成协商结果的事项，可上报乡镇（街道）党（工）委纳入乡镇（街道）协商议题；对于已形成行政村（社区）协商结果，但需向乡镇（街道）报告或争取支持的事项，乡镇（街道）应认真研究，再通过乡镇（街道）协商予以解决；对于情况复杂、解决困难的综合性议题，乡镇（街道）还应协调有关政府部门参加与政府职能有关的乡镇（街道）协商或行政村（社区）协商，并跟进协商结果的落实。二是指导与配合上的联动。在乡镇（街道）协商与行政村（社区）协商的联动中，乡镇（街道）还应发挥对行政村（社区）重要事项协商的指导、统筹作用，有效调配资源、协调各方力量参与；行政村（社区）应配合乡镇（街道）做好基层协商的动员、宣传、指导工作。三是内容与议题上的联动。围绕土地流转、公共设施建设、生态环境保护、移风易俗等经济社会发展问题，推进行政村（社区）协商与乡镇（街道）协商的衔接，更好推动城乡居民依法合理表达利益诉求。在推进乡镇（街道）协商与行政村（社区）协商联动中，要考虑两个方面：既要对联动范围、程序予以规定，保证实践的规范性，又要与基层的实际情况和需求相适应，增强实践的灵活性；既要建立机制解决双方权责混淆、职能缺位或越位的问题，又要注重发挥两者的能动性。作为前提和保障，行政村（社区）协商层面要着力畅通“五个渠道”：以推动行政村（社区）协商成为基层政府及其部门决策的前置条件为导向，畅通行政村（社区）与基层政府协商渠道；以协同联动为纽带，畅通行政村（社区）与行政村（社区）协商渠道；以深化辖区共商共建共享为目标，畅通行政村（社区）与相关单位（行业）协商渠道；以支持和保障村（居）民开展自治活动为重点，畅通行政村（社区）与村（居）民协商渠道；以调处化解基层矛盾纠纷为重点，畅通村（居）民与村（居）民协商渠道。

（三）建立跨区域基层协商协同合作机制

跨区域指的是跨越两个及以上的行政区域，在我国基层语境下，跨区域通常指在同一个市（地、州、盟）内跨县（市、区、旗）。当下，我国很多地区利用地域相邻、人文相近、经济相融的资源禀赋，以接边乡镇（街道）为中心、接边行政村（社区）为切入点，探索建立毗邻地区跨区域协同发展新模式。应以此为契机，建立跨区域基层协商协同合作机制，围绕乡村产业发展、乡风文明建设、基层社会治理、生态环境保护、民生实事、矛盾纠纷化解等方面工作，组建联合协商议事会这一平台，加强与毗邻接边乡镇（街道）、行政村（社区）的联合议事协商，协同联动解决跨区治理难题。建立跨界议事机制需要综合考虑不同协商内容、不同利益相关者等多个方面的因素，加强政府间统筹协调和政策引导，共同提升基层民主整体发展质效。重点是明确协商机制的范围，突出涉及领域及议题纳入；建立多元化的参与模式，广泛吸纳议题涉及的利益相关群体代表参与协商，确保参与主体能够代表不同的利益相关群体；制定科学的议事规则和程序，包括如何提出议题、如何进行讨论、如何做出决策等；提供必要的场地和支持，设立相对固定的协商场所，维持议事机制的正常运行；评估和改进议事机制，使其能够更好地适应变化的需求，并且能够持续地发挥作用，真正推动跨区域联合协商更加规范有序、持续常态。

（四）建立协商全过程监督考核机制

只有协商而缺失监督或者对协商的监督不充分，必然会影响基层协商的公信力。在基层协商事前、事中、事后运行的所有环节，都应当建立健全监督机制，打造基层协商良性运行闭环。首先，明确监督责任。要将基层协商纳入乡镇（街道）纪（工）委和村（居）务监督委员会监督范围，对行政村（社区）牵头开展的协商活动，由村（居）务监督委员会负责进行全程监督；乡镇（街道）纪（工）委负责监督乡镇（街道）牵头开展的协商活动，并对村（居）务监督委员会职能履行情况进行再监督。其次，建立健全协商跟踪督查机制。探索运用互联网、大数据、人工智能等信息技术手段，打造手机版基层协商监督平台，实现“指尖上的监督”，确保协商结果转化为群众看得见、摸得着的基层治理成效。最后，建立相应工作考核办法。制定评估指标，包括协商议题的精准性、参与者的满意度、协商结果的获得感等，以衡量协商开展的效率和效果；在鼓励思想、方法、机制等方面探索创新的同时，重点考核基层协商的创新做法及实际效果，以考核促探索，以考核促深化。

（五）建立支持保障机制

1. 减负增效方面

认真落实行政村（社区）减负增效相关要求，对法律法规和相关文件明确规定属于各级政府职能部门的工作责任和任务，不得将其转嫁给行政村（社区），在协商涉及内容、组织开展协商等方面，需要进行深度治理，切实为基层减负增效，让村（居）民委员会改变行政化倾向，有更多的时间和精力开展协商。乡镇政府（街道办事处）可以通过购买服务等方式，解决行政村（社区）协商工作在组织协调、调研开展、问卷调查等方面的经费问题，确保不增加行政村（社区）负担。基层协商工作减负增效的另一个有效途径是创新工作思路和举措。比如，陕西省渭南市创新建立一月一次的“协商议事日”制度，将每季度第一个月的第一个工作日确定为全市城乡社区“协商议事日”，组织对涉及城乡社区重要事项进行集中协商，与“主题党日”等重要时间节点充分结合，既做到协商为民，又防止了增加基层负担。

2. 降低协商成本方面

基层协商作为社会治理的重要方式，有其管理成本和运行成本。在推进基层协商实践中降低其协商成本，时间成本、资金成本和资源成本是需要考虑的三种主要成本。通过前期精心准备、建立民主协商模式、优化程序设计、使用专业的协商技巧以及在必要时引入第三方力量协助，以强化责任、细化举措，夯实基础、完善功能，可以有效地降低协商成本。需要强调的是，降低基层协商成本与负担，不是要减少协商活动的参与主体、开展频次，更不是降低协商活动的标准和要求，而是要统筹基层减负和协商工作的需求，通过顶层设计、活动组织实施工作的集成优化，尽可能避免开展盲目协商、无效协商、反复协商，从而提高协商效率。这有赖于适宜的政策环境，离不开工作创新。通过制定相关协商标准，对议事规则、开展协商的流程进行明确和细化，规定协商过程的时间节点要求、征求意见要求，对协商开展的时间、落实时间进行限制，都能提高协商效率，降低协商成本。

3. 经费保障方面

县乡两级财政部门要通过村级组织运转经费、为民服务专项资金和资助、捐赠、集资等多种渠道，为开展协商提供必要的条件特别是资金支持。在行政村（社区）开展各级各类试点创建，适度给予财政经费补助倾斜。有条件的地方，经村（居）民会议或者村（居）民代表会议讨论决定，可以制定具体实施办法，对符合规定且受村（居）民委员会委托组织群众协商的人员，酌情适当给予误工补贴或乡村治理积分奖励。引导集体经济组织和辖区社团组织、物业服务企业等积极为基层协商活动提供相应保障。推动基层协商有关项目列入政府购买社会工作服务项目，充分发挥社会工作服务机构和社会工作者的作用，为行政村（社区）协商提供专业支持。

二　健全两级协商成果落地贯通机制

基层协商凝聚的智慧和取得的共识得到有效转化的关键，在于基层党委及政府有关职能部门对协商成果的吸收、采纳和办理。相较于政协协商中成果采纳落实反馈制度的刚性规定，是否采纳落实基层协商成果，很大程度上由组织者自行判断决定。现实协商中，基层协商有时会出现协商形式化、表面化倾向，有些协商成果涉及事项复杂、利益分歧严重，导致协商事项议而不决、决而不行，成果得不到及时执行、被变相执行的情况时有发生。保障协商成果的有效落实，应建立健全协商成果采纳、落实、反馈、公示、评价等制度，从制度上保障协商成果的真落地、见真效。

（一）建立协商成果采纳和落实制度

重点对基层协商成果的采纳和运用作出常态化、制度化、闭环性规定，主要内容如下。对协商达成共识的决策意见，应按照责任主体分类实施或办理。对符合国家法律法规和政策规定应该采纳并有条件落实，且属于政府管理事项和公共服务事项的，由基层政府及其派出机关负责处理，或由其协调有关部门（单位）尽快研究落实；对因客观条件限制而暂时难以落实的，应创造条件逐步落实。行政村（社区）可以处理的事项，由村（居）委会牵头处理；涉及村（居）民个人事务和市场服务的事项，由群众自行处理或寻求市场服务。重大事项在实施协商成果前，要报乡镇（街道）进行合法性审核，乡镇（街道）审核后要给出书面答复。

（二）建立协商成果落实反馈制度

各相关责任主体（组织实施主体）要及时将协商成果办理情况向利益相关方反馈。对基层政府及其派出机关负责实施的事项，基层政府及其派出机关向行政村（社区）党组织或村（居）民委员会反馈，由行政村（社区）负责向具体利益相关方反馈；基层政府及其派出机关也可以直接向利益相关方反馈。行政村（社区）牵头办理的事项，由行政村（社区）直接向利益相关方反馈；受政府或有关部门委托协商的事项，协商结果要及时向基层政府或有关部门报告，基层政府和有关部门要认真研究吸纳，并以适当方式向行政村（社区）反馈。对超出职权范围或因工作形势发生变化而无法落实的，应作出解释说明。针对协商参与者因对协商成果有疑问或者不满意，通过既定程序提出的意见和看法，也同样需要建立反馈机制。

（三）建立公开评价制度

健全村（居）务公开制度，把协商成果采纳、落实和反馈情况纳入公开内容。坚持协商公开的要求，以适当方式及时对协商议题和形式、时间和地点、过程和规则、结果和成效等予以公开，让协商真正接受来自各方面的监督。主要内容包括：由行政村（社区）党组织、村（居）民委员会负责，按照事务、政务、村（居）务公开的要求，通过村（居）务公开栏、行政村（社区）网站、QQ 群与微信群、微信订阅号等渠道，及时公开公示协商成果的采纳、落实、反馈等情况，主动接受村（居）务监督委员会和村（居）民全程监督，确保协商成果真正转化落实、惠及民众。村（居）民委员会应不定期组织各类协商主体，按照评进度、评口碑、评绩效“三评价”要求，对基层政府及其派出机关参与行政村（社区）协商、落实协商成果等情况进行评议，评议结果纳入基层政府及其派出机关年度绩效考核。乡镇（街道）党（工）委、政府（办事处）可采用村民评价、第三方评价等方式，围绕目标评估、过程评估、结果评估和影响评估四个方面，对社区协商工作情况进行评价。

三　完善协商提质增效动力机制

坚持和完善基层管理体制与运行机制相结合、与加强党的基层组织建设相结合、与推进重点工作任务落实相结合，构建一套科学完备、有效管用的制度体系，是保障基层协商民主长远发展的关键举措。

（一）建立与“五社联动”工作配合机制

《中共中央　国务院关于加强基层治理体系和治理能力现代化建设的意见》明确指出，要完善社会力量参与基层治理激励政策，创新社区与社会组织、社会工作者、社区志愿者、社会慈善资源的联动机制。这就意味着，基层社会治理的社会力量参与机制必须实现社区与社会组织、社会工作者、社区志愿者、社会慈善资源的“五社联动”。如何链接社会资源、汇聚社会力量参与基层协商，是不断提升基层协商治理效能的必答题。一般认为，“五社联动”是以社区为平台、社会工作者为支撑、社会组织为载体、社区志愿者为辅助、社会慈善资源为补充的新型社区治理和服务机制，其目标是以“五社”力量推动基层治理多元化。从“五社联动”主体作用来看，社区是开展“五社联动”的“牵头者”，社会组织是“五社联动”服务项目的“实施者”，社会工作者是“五社联动”的“赋能者”，社区志愿者是“五社联动”的“聚力者”，社会慈善资源是“五社联动”的重要“保障者”。在基层协商视域下，“五社联动”也是广泛联动社会力量参与基层协商的重要机制。城乡社区借助并发挥社会组织、社会工作者的专业作用，可以更好地协调各方资源参与基层协商活动、促进协商成果落实，引导辖区社会团体、企事业单位等利益相关方为落实协商成果提供一定的项目支持、资金支持、物资支持、智力支持，提升其对辖区公共事务的关注度和参与度；鼓励、引导和吸纳社区社会组织参与基层议事协商，还能在协商实践中培育发展社区社会组织。通过召开志愿服务专题协商议事会、志愿者议事会等方式，能够更好地发挥社区志愿者作用，配合村（社区）“两委”开展入户调研、议题收集和参与监督。统筹、使用和管理乡镇（街道）和社区慈善基金（会）等平台，整合基层慈善资源，有助于将募集善款用于协商成果的有效执行和实施中。基层治理实践中，一些地方探索的“五社联动”理事会及其议事协商经验模式，以“五社”力量共同参与的议事协商推动基层多元治理，已成为村（居）民自我管理、自我教育、自我服务的重要自治机制。

（二）建立与“民生微实事”工作联动机制

民生微实事是指群众关注度高、受益面广，贴近群众、贴近生活，群众热切希望实施的惠民小项目，主要包括加强党的领导、解决群众困难、强化基层自治、改善人居环境、丰富居民生活等方面，涉及大量关乎群众切身利益和生活质量的小事、急事、难事，是改善民生福祉、创新基层社会治理、打通服务群众“最后一公里”的有力抓手。民生微实事无不涉及多方利益，项目实施必须遵循“居民提、居民议、居民定、居民评”的原则。乡镇（街道）和行政村（社区）要把基层协商作为民生微实事项目确定和实施的基本前提、必经流程，在项目征集、评议、确定、实施、验收等环节中，根据项目全过程开展灵活多样的议事协商活动，达成广泛共识后再行决策实施，实现民生微实事与基层群众自治的双向互动。实际上，通过“线上+线下”相结合的方式面向群众广泛征集项目，就是同步征集协商议题的过程；项目的设计、预算和实施、评估等环节，按照“谁负责，谁执行”“谁受益，谁监督”原则，也需要由群众全程参与协商和监督。对超出民生微实事范围，但群众反映强烈、需求迫切且其他渠道短期内无法解决的议题或项目，应遵循“一事一议”相关规定研究确定处理方案，充分激发基层主体活力和提升治理效能。建立与实施民生微实事项目联动机制，推动基层事务民主协商、开放协商、多元协商，有助于提升居民的主体意识和主人翁意识，凝聚社会各方力量共办实事、共享成果，加快形成以基层党组织为核心、各类社会组织共同参与的“一核多元”协同治理格局。

（三）建立与“基层干部素质能力提升”工作协同机制

协商能力是基层协商组织实施主体的基础能力之一，提升协商能力是基层党组织和协商组织实施主体共同面临的迫切任务，是当前和今后一个时期县乡两级党委政府特别是民政部门需要深入研究、探索和实践的课题。目前，在乡镇（街道）、行政村（社区）和企事业单位中，还普遍存在着民主协商意识不强（不愿协商、不想协商）、协商程序方法掌握不够（不敢协商、不会协商）等短板和不足；有些村（居）工作人员对于协商议事的概念、要点、原则、流程等认识模糊不清，在自上而下进行法规政策解读时也存在偏差。加之组织力量比较薄弱，与新时代基层协商形势和任务的要求相比还有差距，亟待进一步增强基层干部协商本领。提高基层干部的协商能力，提升协商议事的质效，促进基层协商有效服务基层治理，关键是选准着力点和切入点。开展学习培训是协商能力建设的有力抓手。近年来，全国许多地方都在深入实施基层干部素质能力提升工程（行动），建立了一整套组织领导、督促协调和检查考核制度，对乡镇（街道）党员干部和行政村（社区）“两委”成员等基层骨干开展系统化、专业化、规范化教育培养。乡镇（街道）党委要履行主体责任，依托这一工程（行动）的实施，把“提升基层干部协商能力”纳入工作总体布局，从不断建立健全干部学习培训机制入手，制定培训计划和实施细则，坚持系统培训、重点培训和集中培训、分类培训相结合，构建全链条培训矩阵，不断增强基层协商组织实施主体的政治把握能力、调查研究能力、群众工作能力、组织协调能力和协商实战能力，使之更好地组织开展各类协商活动。

案例

贵州省黔南州龙里县龙山镇余下村“五个三”议事协商模式[①]

贵州省黔南布依族苗族自治州龙里县龙山镇余下村，是贵州省乡村旅游重点村、省级民主法治示范村和第三批全国乡村治理示范村之一。近年来，余下村围绕议事协商议什么、谁来议、如何议、议事过程和落实情况如何监督、议事结果如何落实等方面进行探索，创新建立“五个三”议事协商模式，深入推进村（居）民议事协商，工作推进整体有序、机制不断健全、成效可圈可点。2021年，余下村入选首批“全国村级议事协商创新实验试点单位”。

1. 主要做法

“三议”收集议事协商议题，即通过不同主体报议、建议、提议三种方式拓宽收集议题范围。一是党员群众报议。组织群众每月定期不定期上报议题，并整合网格员、村民组长、联户长等，在每月入户走访的同时收集群众反馈的议题。二是集体组织建议。鼓励除村党组织、村民委员会以外的工会、团委、妇联等村级配套群团组织和组管委（村民组管理委员会）、红白理事会、志愿服务队等其他组织，围绕主责主业，结合掌握情况，积极向村党组织报议题、提建议。三是上级安排提议。由村“两委”结合上级党委和政府的方针政策、会议精神、工作安排等，梳理研判提出议题。

“三事”明确议事协商内容，即根据事项分级别、分主体、分程度确定协商内容。一是分级别筛事。结合村情完善制定村级事、组级事、自家事“三张清单”，建立“26项村级事、15项组级事、10项自家事”事项清单。二是分主体派事。根据议题内容涉及的不同主体，按照党务事党组织议、经济事集体经济组织议、邻里事邻里议等原则，采取线上线下多种渠道相结合方式，对议题进行分流后派单给议事主体。三是分程度划事。将村级事、组级事按轻重缓急、影

① 本案例来自贵州省黔南州龙里县民政局。

响范围，划分为重大事项、一般事项、小微事项三种类别。

“三商”规范议事协商程序，即从流程、形式、机制三个方面结合规范优化协商规程。一是健全流程商。村级重大事项严格按照“四议两公开”程序议事，探索建立“五议三公开”程序开展组级重大事项议事。二是丰富形式商。一般事项和小微事项按照就事、就近、就便原则，结合参与人员情况和具体协商事项灵活选择协商形式。小微事项以个别走访座谈、约请面谈、“串门式”谈心等形式开展协商。三是完善制度商。村“两委”建立健全“一周一例会、一月一交流、一季一问政”工作机制，在全村营造出比学赶超、争当先进的干事氛围。

“三督”保障议事协商成效，即通过源头管理、全程跟踪、群众参与三种渠道强化结果运用监督。一是源头管理督。将决议的执行和落实情况，与目标考核、评先评优、绩效奖励等挂钩，并通过公示栏、“红黑榜”等进行展示，倒逼各决议执行主体主动履责。二是全程跟踪督。充分发挥村务监督委员会、组务监督委员会、村纪检委员、村级民生监督员作用，对决议执行和落实情况进行定期不定期监督。三是群众参与督。将各类决议通过“三务”公开栏、村寨QQ群、微信群等渠道及时公示公开，主动接受群众监督。

“三保”提升议事协商水平，即强化组织、阵地、资金三个要素，夯实议事协商基础。一是强化组织保障。探索自然村寨建立党支部、组管委（寨管委），按照“组策组民定、组务组民理、组事组民管”思路，推选各村寨组管委成员进行协商以治理村寨，实现众人的事由众人议。二是强化阵地保障。因地制宜融入政协“请你来商量”模式，按照有阵地、有队伍、有机制、有活动、有品牌、有成效“六有”要求，高标准建设村级议事协商室。三是强化资金保障。整合财政转移村级组织运转资金、省级城乡社区建设“以奖代补”专项资金，用于支持试点创建工作。

2. 创新亮点

构建多层次全方位协商格局。结合地处城乡接合处的村情村况，余下村“两委”围绕“谁组织”“与谁商”“商什么”，聚焦群众身边事，对群众关心的事项进行分类划定、分类明责，即制定村级事、组级事、自家事“三张清单”，并明确村级组织和“两委”牵头负责组寨之间矛盾纠纷等村级事，组管委牵头负责组内群众筹资筹劳“一事一议”具体事项等组级事，网格员、小组长、联户长、乡贤寨老等自治管理人员牵头负责门前卫生“三包”等自家事。与此同时，按照村级事、组级事、自家事合理划分事务类别，根据事务大小、轻重缓急、涉事范围组织相应利益群体参与协商。这一创新举措，既厘清了村级议事协商的内容事项，又明确了议事协商的具体组织实施主体，探索出了新时代推进村级议事协商的有效路径，基本构建了灵活组织、适用管用的协商格局，充分激发了群众参与议事协商动力和活力，做法得到了村民认可和上级肯定。

聚焦共建共治提升协商实效。实践中，余下村把好议题确定关、议事过程关、成果转化关，确保群众建议条条有回应、反映诉求件件有落实，提高群众参与的广度和深度，不断引导广大群众自商、自筹、自建、自管。围绕“议什么”畅通诉求渠道，通过线上线下渠道，广泛了解群众热议、关心关注的热点难点堵点等问题，建立议事协商议题征集台账，适时组织议事协商；围绕“怎么议”规范议事程序，议事方式上，采取院坝会、座谈会、村民议事会等多种形式，议事范围上，按照党务事党组织议、经济事集体经济组织议、邻里事邻里议和村事村民议、组事组民议、寨事寨民议分层次开展；围绕结果落实强化全面监督，广泛公开议事结果及其执行情况，接受各利益相关方对议事决策落实情况的全过程跟踪监督。特别值得一提的是，围绕放大“五个三”基层议事协商制度优势，余下村将人居环境整治“五小三改”（建设小菜池、小水池、小菜架、小院墙、小菜园，改造村庄公共区域环境及农户改厕、改圈）内容纳入议事协商范围，从议题收集到组织商议、监督落实，保证群众全过程参与，将协商事项决议、施工进度等通过“三务”公开栏和村寨QQ群、微信群等渠道及时公开，主动接受群众监督。

3. 经验启示

加强党建引领是核心。作为村集体经济发展壮大的“主心骨”和农村稳定和谐的“压舱石”，村党组织是实现群众自治和乡村治理总体目标的关键因素。余下村党总支聚焦组织领导保方向，构建“支部建在一线、党员干在一线、作用发挥在一线”的基层党建工作新格局，建强村寨党支部、农家党校、组（寨）管委“三个组织”，建好党员队伍、联户长队伍、志愿者队伍、乡贤队伍“四支队伍”，实现党的组织和党的工作有效覆盖。探索把党支部建在自然村寨，成立蔡家院党支部，建立党支部（党小组）提议、党支部（党小组）与组（寨）管委商议、挂村领导参议、村“两委”审议、村民会决议和决议公开、实施过程公开和实施结果公开的“五议三公开”组级事务议事决策机制，对引领带动开展村级、组级协商起到了把方向、管大局、保落实的重要作用。实践证明，建立村党组织领导的议事协商机制，保证村党组织对议事协商的主导权，有利于发挥党组织战斗堡垒和党员先锋模范作用，增强群众信任、获取群众支持，推动村级组织解决好群众“发展的大事”和“身边的小事”，让群众真正成为协商民主的主角、基层治理的主角。

完善机制制度是基础。制度带有全局性、稳定性，起着管根本、管长远的重要作用。在发动群众有序参与基层协商和开展自治实践的进程中，聚焦乡村振兴重点任务和村民群众切身利益，建立完善制度化、规范化和程序化的村级议事协商机制，无疑是提升协商效能的“助推器”。余下村总结推行的“五个三”议事协商模式，实质是围绕加强党的领导、畅通参与渠道、激发参与活力、提升议事协商实效等实践问题的深化探索，为其在全行政村范围内开展协商厘清了思路、提供了方法、规划了路径，让村级组织和自治管理人员能够照着制度办、跟着路线走，不断推动城乡社区协商实践走向深入。实践证明，只有通过强化制度保障，把务实管用的真招实策固化下来、落实到位，才能增强村议事协商的可操作性和规范性，解决好村民最关心、最直接、最现实的利益问题。

组织领导有力是保证。余下村基层协商的生动实践，得益于黔南州、龙里县和龙山镇地方各级党委和政府立足工作全局、加强统筹谋划，把城乡社区协商工作纳入重点工作计划和重要议事日程。在推进创建全国村级议事协商创新实验试点工作中，州级层面指导以县（市）为主体，制订细化试点建设方案，明确试点内容、方法步骤和保障措施，强化安排部署、实地调研指导、跟踪推进落实，让议事协商创新实验工作开展有方向、有目标、有遵循。县级层面召开县委常委会会议审议《龙里县龙山镇余下村“全国村级议事协商创新实验试点”创建工作方案（试行）》，将试点创建工作与基层组织建设、基层治理、新时代文明实践等工作有机结合，充分发挥村级议事协商机制在基层治理工作中的作用。州县镇三级上下联动、多渠道筹措资金强化议事协商设施建设，整合各类资金对试点进行重点打造，从服务设施、阵地、制度建设上夯实村级议事基础。正是高位统筹谋划，推动余下村加快形成了齐抓共管、上下联动、多方参与、协同推进、服务群众的村级议事协商工作新格局。

第三节　如何更好形成协商共识成果

一　提高深度协商互动水平

党的二十大报告作出“全面发展协商民主”的重要部署，并对人民政协提出“提高深度协商互动、意见充分表达、广泛凝聚共识水平”[①] 的实践要求，这不仅为政协协商也为基层协商提供了重大实践指引。协商议事过程就是逐步形成共识的过程，能不能凝聚或达成共识，很大程度上取决于协商的拓展深度与互动水平。因此，

① 习近平：《高举中国特色社会主义伟大旗帜　为全面建设社会主义现代化国家而团结奋斗——在中国共产党第二十次全国代表大会上的报告》，人民出版社，2022，第38~39页。

在基层协商实践中，必须防止协商形式化、表面化和碎片化，通过协商工作有序有力有效开展，让民心在基层凝聚、资源在基层整合、问题在基层解决、服务在基层拓展。

（一）注重深度协商

当前，因利益关系调整、基层诉求表达渠道不畅通等问题，群体事件偶有发生，其发生的原因虽然是复杂的，但深度协商不够、没有得到群众充分认可是其共性原因之一。深度协商是我国协商民主的本质要求，是凝聚共识的法宝。要保证深度有效协商，至少应达到以下条件。一是在协商准备方面，开展商前研判。基层党组织带头人、协商召集人要当好协商前调研的牵头人，针对议题深入开展专题调查研究，把协商议题搞清弄透，充分了解议题涉及的方方面面的情况；对一些涉及法律、规划、生态环保等的专业性强的议题，要邀请相关专家提前介入。在此基础上，尽可能对协商过程包括协商方向、路径和结果进行预判。二是在协商程序方面，保证程序正义。就是按照科学合理、规范有序、简便易行、民主集中的要求，制订协商计划、明确协商议题和内容、确定协商人员、开展协商活动、注重协商成果运用反馈，并将其固化、细化、优化，确保协商活动规范有序务实高效。三是在协商形式方面，突出多元有效。应周全考虑协商议题、协商主体的实际，本着操作便捷、活动高效、成本节约的原则，充分征求协商参与主体意见建议，综合选择协商形式，将线上协商与线下协商有机结合，更好地推动民事民提、民事民定、民事民办。拓展和创新基层协商形式，有利于灵活多样地开展协商活动，基层协商实践中，开展“三个协商”要结合自身特点、参与主体和具体协商事项情况，依托议事、听证、评议、座谈等协商载体，综合采取会议协商、咨询协商、访谈协商、书面协商、网络协商等形式。四是在协商聚力方面，力求达成共识。各类协商活动都应当鼓励威望高、办事公道的协商主体和素质高、研究深的行业专家参与其中，形成有“深度”的协商意见，为科学决策提供参考。

（二）注重高质量的协商互动

基层协商实践涉及一系列过程和环节，必须以程序和技术保障制度实践，否则必然会导致协商主体缺乏参与热情、协商过程无序、协商结果缺乏认同等不良后果。协商共识生成的机理是，从各方持有自己想法到观点得到修正，逐步形成最大认同点，然后再由多数人去做少数人的工作，最后达成多数一致或广泛共识。而这种共识的形成，依赖于高质量的协商互动机制，即坚持依法依规、民主讨论、公开表决和少数服从多数。精心设计协商互动程序，制定完备规范的协商议事程序实施细则，积极创造各利益相关者意见充分表达的有利条件，有助于在协商过程中让参与者能够把意见建议客观全面地表达出来，通过有效的沟通和互动，实现各方的利益平衡和共赢。这要求更加注重程序设计和技术规范，遵循在协商讨论中充分发扬民主这一要求，增强协商主体之间信息和观点的传递、交流与反馈的互动性。在反映问题、陈述意见上，既要有效避免协商中“各说各话”，合理表达自己的要求、利益和诉求，并积极倾听、理解和尊重对方的需求和意见，又要力求做到知无不言、言无不尽，让各利益群体通过协商机制进行平等交流、理性讨论，弥合分歧、化解矛盾，从而提升深度协商互动议事效能。

（三）以法治护航助力基层协商实践

基层协商共识的达成，很大程度上依赖于协商议事内容合法合理、协商议事规程科学规范、协商议事活动依法有序、协商议事结果合法有效，这有赖于建立依法协商法治护航机制，强化基层协商全过程的法治保障，进一步提升基层协商的规范化、科学化和法治化水平。一是强化协商活动普法引导。发挥普法志愿者、“法治带头人”、“法律明白人”、农村学法用法示范户和网格员等的力量开展法治宣传教育，引导群众和各类协商主体依法参与协商、表达合理诉求，让基层事务、矛盾纠纷等通过民主协商议事有效解决。二是开展协商事宜法治体检。邀请法律顾问、基层法律服务工作者、人民调解员等专业力量，组建“法治智囊团”，指导帮助乡镇（街道)、行政村(社区)和企事业单位梳理协商议事内容、制订协商议事方案、完善协商议事规程、开展议题法治审核，确保协商活动符合法律法规规定，确保协商内容合法、合理、合情。三是提升协商程序规范程度。发挥法官、检察官、社区民警、律师、基层法律服务工作者、人民调解员、城乡社区法律顾问等组成的“法治智囊团”的作用，从确定协商议事议题、选择协商议事方式、开展协商议事活动、协商议事结果公示等方面，协助完善协商议事流程，制定或修改协商议事流程规章。四是提升协商主体法律力量比重。优先吸纳“三官两员一顾问”(法官、检察官、警官，调解员、网格员和法律顾问)、基层法律服务工作者、公证员等法律专业力量，以及“两代表一委员”、司法行政工作站成员、普法志愿者等志愿人员加入协商主体队伍，使其在协商议事过程中提出更多法律意见。五是促进协商结果依法转化。强调法律顾问的科学评价，推动法律顾问对协商议事结果提出法律意见，对违反法律法规的协商议事结果，对接当地基层政府或村(居)民委员会依法纠正，并做好法治宣传教育工作。

二　探索建立社会公众列席与旁听制度

《中共中央　国务院关于加强基层治理体系和治理能力现代化建设的意见》在“增强乡镇(街道)议事协商能力”部分中提出“探索建立社会公众列席乡镇(街道)有关会议制度”。这一制度是中国特色社会主义协商民主在基层实践的体现，已在我国乡镇(街道)得到普遍落实和推行，助推了乡镇(街道)议事协商能力逐步提升。也应看到，尽管公众列席乡镇(街道)相关会议制度在基层协商治理中已经取得了一些成效，但其在实践中也存在不少现实堵点和短板问题：一方面，有的协商议事会对列席群众的作用发挥不重视，造成群众“客观听会”；另一方面，部分列席群众的责任意识和主人翁意识不强，缺乏参与开展协商的积极性，变成自己“主观陪会”，带来协商过程的低效率、协商结果的低质量等问题，限制了协商民主制度在基层的有效实践。目前，社会公众列席制、旁听制在政协协商渠道中运用较为成熟，但如何将“两个制度”运用到基层协商中，是当前需要关注和探索的一个问题。基层协商的核心是扩大公共参与，让群众广泛参与基层事务管理。建立社会公众列席和旁听制度，就是提升协商民主包容性和参与度的有效载体和重要抓手，可以提高决策透明度和公众参与感。

（一）完善社会公众代表[①]列席制度

“列席”是指非正式成员参加会议，有发言权而没有表决权。“列席”人员一般是与会议议题有着紧密联系者，范围相对较窄，且不参与表决。按照《国务院办公厅印发〈关于全面推进政务公开工作的意见〉实施细则的通知》（国办发〔2016〕80号）要求，应让公众更大程度参与政策制定、执行和监督。在协商民主语境下，受邀“列席”的社会公众代表，都应具备相应的条件，其主要成员与基层协商主体高度一致。目前，一些地区文件明确，行政村（社区）协商可根据议题需要，对有必要邀请社会公众代表列席的事项，邀请各级组织、有关部门和利益相关方（党代表、人大代表、政协委员、群团组织负责人、群众代表、社会工作者、老党员、老干部等）列席会议，并根据实际情况发表意见和作出相关解释。但解决社会公众代表列席乡镇（街道）会议或民主协商会、听证会、协调会的范围、审批、形式、名额、次数等问题，以及完善跟踪监督机制、提高列席群众参与的广度和深度、加强制度宣传等，都需要进一步丰富和完善这一制度的民主内涵和实践内容。乡镇（街道）一级可探索建立社会公众代表列席基层协商会议制度，提高基层政府重大决策过程的社会公众参与度。

（二）探索社会公众代表旁听制度

“旁听”是指听会，主要特点是自愿性和非强制性。旁听人员与

---

① 社会公众代表，一般包括利益相关方、有关方面专家学者、新闻媒体代表、党代表、人大代表、政协委员、相关企业代表、相关行业协会商会代表、律师协会代表、政府法律顾问等人员。

会议议题的关联程度相对较低，范围也比较广。一般来说，旁听公众代表在参与会议过程中，通常不承担任何正式角色，对议题、结果等没有发言权和表决权，更多的是知情和了解。但其同样拥有建议权，也可以在协商活动后以书面形式提出对议题或有关工作的意见和建议。在基层协商创新实践中，深圳市在基层议事协商工作指引中，把“开放预约旁听”确定为了社区（村）协商的必备程序之一，并明确了主导层级、告知时间和方式、旁听频次和席位（见表8-1）。作为一种鲜活的创新制度和经验，通过审视可以发现，其仍有较大的发展空间和广阔的应用场景。比如，明确旁听人员的确定、协商议题的范围、每次旁听的人数、旁听人员建议的采纳流程等，尚没有明确规定，都有待在实践中理顺和规范。

表 8-1　深圳市基层议事协商开放预约旁听规定

主导层级	告知时间	告知方式	旁听频次	席位
行政村（社区）“两委”	开展协商活动5日前	通过线上、线下等方式	每年不少于4次	每次不少于2席

资料来源：参见深圳市民政局《关于印发〈深圳市基层议事协商工作指引（试行）〉的通知》（深民〔2022〕101号）。

三　提升协商能力水平

基层协商主体的协商能力和水平，直接影响着基层协商体系的实际运行效果。新时代进一步完善基层民主建设，支持和帮助干部群众养成协商意识、掌握协商方法、提高协商能力尤为重要。

（一）增强基层干部群众协商意识

一个地方干部群众遇事协商的意识强不强，关系到基层协商成效好不好。提升协商能力水平，需要坚持以学促信、以学增效，分层次、分阶段、分类别地组织基层干部和普通社工学习中央相关文件精神，进一步统一思想、强化认识。深化协商文化建设，弘扬社会主义协商文化，有针对性地组织开展协商民主的专题培训，进行协商民主的理论教育，帮助基层干部群众提升政策素养、掌握开展协商的具体方法和知识。在完善党建引领机制中提升基层干部群众议事协商能力，重点通过加强协商主体培育、拓展协商活动领域、强化协商基层实践，以协商文化的引领力、凝聚力、塑造力、辐射力，不断扩大基层协商的参与面和覆盖面。加强对群众民主素质、民主能力的培育，在社会各界树立协商意识、扩大协商参与、营造协商氛围，让“有事好商量，有事多商量，有事会商量”成为基层领导、各界人士和社会各方自觉遵守的准则。

（二）创新工作推进举措

设有人民调解、治安保卫、公共卫生、妇女和儿童工作、环境和物业管理等下属委员会的村（居）民委员会，要强化力量整合和工作融合，发挥其在推进城乡社区协商方面的重要作用，增强基层自治组织自治活力和服务效能。常态化运用综合服务设施和综合信息平台等载体，广泛开展基层协商政策宣传教育，优化宣传内容和形式，推动协商文化进社区（乡村）、进单位、进学校，倡导协商理念，在全社会营造关心、支持、参与基层协商的良好氛围。探索将基层协商民主的价值取向和议事协商的规则制度融入村规民约，切实强化精神激励和道德约束。推动把城乡社区协商作为基层干部培训行动计划重要内容，开展多层次的干部专题培训，定期举办培训班、开办网上讲堂和开展情景式教学等，邀请职能部门人员、专家学者等进行理论讲授和案例讲解，帮助基层干部掌握并有效运用协商的方法和程序。不定期举办基层协商工作现场观摩会，组织乡镇（街道）、行政村（社区）党组织书记和协商机构负责人（协商召集人）以及相关业务工作人员等观摩协商会议；或组织他们前往先进地区观摩学习，进一步总结交流经验，提升协商工作水平。打造协商文化主题公园、协商文化园等阵地，发挥本地道德文化底蕴的优势，进一步加强道德引领，提升基层干部群众对协商民主的认同感、参与感，使基层协商赢得更多群众支持和社会认同。发挥好社区社会组织作用，借助社区社会组织培养协商专门人才，提升社区协商整体能力水平。

（三）加大宣传力度营造参与氛围

提高协商民主的公众知晓度和社会影响力，离不开基层乡镇（街道）党（工）委、人民政府（办事处）强有力的宣传工作，应进一步增进相关主体和群众对基层协商工作的了解和认识，努力营造全社会关心、支持、参与基层协商活动的浓厚氛围。要借助大众传媒和信息化手段，加大对协商民主的宣传力度，围绕党的十八大以来协商民主广泛多层制度化发展的实践，进一步讲好协商文化故事，培育基层群众协商意识，逐渐形成“有事好商量，遇事多商量”的基层协商文化。创新宣传平台载体，在依托传统媒体开展宣传讲述的基础上，注重强化互联网思维，促进传统媒介与新兴载体结合，加大讲好协商民主的宣传推介力度，不断提高群众的知晓率和参与度，加快形成协商合力。常态化开展协商民主主题宣传活动，利用基层网格大讲堂、社区大讲堂等平台，实现协商民主理论进基层、进社区、进群众，提升基层群众协商民主素养和能力。与此同时，积极推动协商成果及时转化落地，增强群众在协商实践中“看得见”的获得感。

第四节　推动基层协商创新发展需要把握的几重关系

一　着力当前与着眼长远的关系

“着力当前与着眼长远”是指既要重视谋划当前的工作和任务，又要从全局和战略高度考虑到长远的发展和影响。具体到开展基层协商工作上，就是要围绕进一步推进基层协商制度化、规范化和程序化，正确认识和处理着力当前与着眼长远的关系，努力实现“当下治”与“长久立”一体推进。

（一）着力当前问题

现实中，基层协商实践中还存在不少的“当前问题”，比如，一些地方尚未制定出台相关制度规范、习惯将不合时宜的“土办法”用于协商、协商场地欠缺等；再如，一些复杂的问题仅靠乡镇（街道）或行政村（社区）力量无法解决，需要县级乃至更高层面的多部门进行协调，但部门之间因职责界定不明而难以形成合力，致使一些协商结果不能有效地转化为执行决策和项目。这些问题，是能够在短期内得到控制和缓解的，关键在于完善有助于协商行稳致远的思路和对策。基层协商“三化”建设事关长远、事关全局，不可能一蹴而就，也不能操之过急、盲目蛮干，必须循序渐进、持续推进。着力当前，关键要坚持“减存量”与“控增量”齐抓，采取果断措施进行整治和解决，既清扫“面上”问题，又解决“里子”问题，在抓落实上取得新实效。重点从落实相关实施意见和工作方案提出的工作目标、工作措施、工作要求抓起，创造条件推动中央决策部署和上级政策要求在本地细化、具体化、操作化。协商目录清单方面，要把协商目录的编制完善和有效实施工作作为重要任务抓实抓牢，实现全覆盖；分类指导方面，要在落实统一要求的基础上，把握不同地域、不同类型基层协商的情况和特点，健全协商程序、完善工作机制、明确工作举措，并有针对性地进行引导、规划和支持，形成可操作、能落实的办法；调查研究方面，注重跟踪新情况、研究新问题，及时发现和总结好经验好做法，定期组织开展汇报会、座谈会、交流会、现场观摩会等多层级的协商经验交流活动，不断提高议事协商工作水平。

（二）着眼长远问题

着眼长远就要不断增强工作的科学性、预见性、主动性、创造性，正确处理好“稳和进”“立和破”“标和本”“近和远”的关系，扎实做好打基础、利长远的工作。关键是要建章立制，善于系统集成有效创新举措，切实把制度优势充分发挥出来。主要路径包括：统筹开展“三位一体”协商，从完善顶层设计、建立长效机制入手，在纵深推进行政村（社区）协商的同时，稳步开展乡镇（街道）协商、企事业单位协商；切实增强群众民主意识和参与协商意识；尊重群众主体地位，支持和帮助居民群众养成协商意识、掌握协商方法、提高协商能力，以长效激励机制引导群众持续参与；打造标志性成果，聚焦重点、聚力突破，持续在拓展协商主体、规范协商程序、强化党建引领、推进多方衔接互动等方面创特色、树品牌，协同推进实践成果、制度成果和理论成果创新。

案例

北京市福祥社区对居民的动员与接纳①

北京市东城区交道口街道福祥社区聚焦社区长远建设，致力于让所有居民参与议事协商，接纳每一位居民的诉求，为社区协商治理提供了宝贵经验。

在动员居民参与议事协商方面，福祥社区采取从小事入手的策略，不试图一蹴而就让众多居民参与，而是通过居委会解决2~3个人提出的实际问题，赢得认可后，逐步辐射周边人群。比如从解决某个院居民最关心的改造、修缮、卫生等问题开始，当获得更多居民认可，再处理更复杂问题，如今已能做到居民需求“抄底”，尽管不能满足所有需求，但会尽力回应居民诉求。对于社区中难动员的“刺头”居民，福祥社区选择接纳并积极沟通，社区工作人员认为这些居民是因问题未解决而有怨气，并非故意找茬，所以多次与这些居民交流，认可他（她）们、让他（她）们帮忙做事，了解他（她）们可能存在的诸如收入少、低保被停、在腾退政策中吃亏等困境后，会对其进行耐心的政策讲解，实现信息对称，释放其情绪，最终让他（她）们转变为社区骨干。福祥社区也关注到残疾人、孤寡老人、失独家庭等能量感低、表达诉求困难的群体。一方面通过定期走访、发放福利、收集需求来进行情感关怀，另一方面则着力培育爱满福祥志愿服务队以关爱老人群体，同时，针对中青年群体动员难的问题，瞄准青年需求，大力培育文体娱乐、志愿服务等自

① 本案例来自笔者在基层的调研观察。

组织。

福祥社区的做法有三个核心价值：一是明确议事协商目标是接纳所有居民，培养居民自主负责能力，让居民有表达空间，不评判居民诉求对错，尽力满足；二是在动员居民上，先让少数人参与，解决实际问题，从而产生波纹效应、点火效应，带动更多人参与，通过个案法和社区工作法接纳难动员居民；三是即便最难动员的人最初无法参与，议事协商也要先运转，为他们的加入积累基础和能力。

福祥社区的经验为其他社区提供了启发，解决了议事协商常停留在少数人参与上、对特殊人群接纳不足的问题，通过让少数人成为号召者，营造参与氛围，实现从少数人参与到全员参与的转变，让议事协商更加完善。

二　城乡协同和渠道衔接的关系

城乡协同和渠道衔接是整体、全面推进基层协商发展的两个方面。城乡协同主要强调促进乡镇、行政村与街道、社区及城乡社区协商的协调发展，推动多层次、全领域、广覆盖开展协作；渠道衔接主要任务是推动基层协商与其他渠道形成发展合力，形成实现协商资源优化配置的合作治理联合体。

（一）城乡协同问题

1. 认识城乡协同必要性

城乡协同涉及两个方面。首先，由经济发展水平、空间地域格局、基础设施建设、生产生活条件、文化观念特点等诸多方面存在的差异导致的基层协商城乡发展不平衡不协调问题。从同一地区的基层协商实践层面看，与街道、社区协商相比，偏远乡镇、行政村协商普遍存在重视程度不够、协商活动开展较少、议题数量不多、参与主体代表性不强、群众参与意识淡薄等不足，整体发展仍然滞后。其次，就城乡社区协商来说，协商制度在城市社区和农村社区两类社区中也存在发展失衡问题。尽管乡镇、行政村与街道、社区起点不同、发展阶段不同，但构建多方参与、共同治理的基层治理体系这一努力目标是相同的，增强协商议事能力、提升矛盾预防化解能力等提升治理水平的发展要求是一致的。

2. 主要策略

包括：以统筹谋划城乡基层治理现代化与乡村振兴双驱动为牵引，坚持城乡协同、以城促乡，促进基层协商的城乡区域协调发展。一是推进基层协商在偏远乡镇、行政村的成熟发展。重点是推动民情理事会从行政村再到自然村的全覆盖，让民情理事会在乡村振兴中落地生根、遍地开花。探索构建“村‘两委’+自然村村民理事会”的新型村级协商民主模式，规范自然村村民理事会的产生、运行、保障、赋权，切实强化议事协商。二是促进城市社区协商和农村社区协商同频共振。以积极推动城乡社区治理结对共建为契机，实现城乡社区协商的组织联建、资源共享和经验互鉴。围绕深化村（居）民自治，探索在结对城市社区和农村社区之间，组织群众开展协商文化宣教、法治建设、道德引领、邻里互助等活动，共同强化党建引领的“三治融合”。加快基层协商的城乡区域协调发展，需要乡镇（街道）和作为主管基层社会行政事务的县级民政部门，在加强工作指导、经费倾斜支持、开展议事协商能力培训等方面同步发力，加大人、财、物“三要素”保障力度。

（二）渠道衔接问题

《中共中央关于加强社会主义协商民主建设的意见》提出：“发挥各协商渠道自身优势，做好衔接配合，不断健全和完善社会主义协商民主制度。”① 这一要求，为各协商渠道相互衔接畅通了政策通道。相较于基层协商而言，政协协商、政府协商、人大协商向基层延伸更具制度优势、功能优势、资源优势和网络优势，且形成了一整套完整、有效的制度规范，可以为基层协商提供规范化的协商平

① 《十八大以来重要文献选编》中，中央文献出版社，2016，第293页。

台、专业化的技术指导，有助于提升基层协商的质量水平。就基层协商实践来看，在充分认识和定位自身优势和特点的基础上，重点是推动自身与政协协商、人大协商的衔接配合，助力基层治理体系和治理能力现代化。基层协商与市县级政协协商、政府协商、人大协商在协商主体、协商内容、协商方式等方面都有着很多融合点、交汇点，推动它们的相互促进融合、良性互动发展，既有客观的现实基础，又具有重要的实践意义，完全可以实现有效衔接和优势互补。此外，积极探索推动基层协商与社会组织协商相衔接，增强基层协商的针对性，充分发挥其在参与公共管理、整合社会资源、化解矛盾纠纷等方面的独特优势，推动社会问题的有效解决。

1. 主要策略

一是推进策略探索基层协商与政协协商、人大协商“六共”衔接（见图 8-1）。当前，由于基层协商的组织主体不明、协商主体分布不均、参与能力不足等因素的制约，基层协商的制度有待完善、质量有待提升、成果落实有待加强。因此，要准确把握基层协商与政协协商、人大协商的实践要求及其有效衔接的特点规律，在具体实践中实现独立性和互补性相统一。重点要发挥各自渠道优势，在党委统一领导下形成工作合力，在服务群众、体现民意、破解发展难题中找准方位、把牢定位，不断创新机制、突出特色、注重质效，探索推动协商主体共融、协商议题共商、协商形式共建、协商机制共享、协商品牌共创、协商氛围共营的“六共”衔接，实现基层协商与政协协商、人大协商的双向互动和全时衔接，从而发挥出协商民主的最大功效。科学合理的衔接制度，是推动基层协商与政协协商、人大协商有效衔接的必要保障。

二是推动渠道转化。在基层协商中，一些对地方发展具有较大意义或难以解决的协商事项，还可将其推动转化为政协协商或人大协商，借助政协“请你来协商”活动及“委员驿站”、“委员会客厅”和人大全过程人民民主实践站点、民生实事项目人大代表会商会议等创新性平台，实现联动创新发展。可以通过建立政协委员、人大代表与基层群众的常态化长效化联系制度，包括联系群众制度、社情民意反映制度等，加强政协委员、人大代表与基层群众之间的双向联系，将政协协商、人大协商与基层协商贯通起来。

图 8-1　基层协商与政协协商、人大协商“六共”衔接

2. 把握原则、尺度和差别

首先，在把握原则上，要充分认识到推进基层协商与其他协商的实际衔接，不是要谁取代谁或谁依赖谁，而是要实现相互配合、共同促进。换言之，基层协商借力其他协商渠道，是要对自身实践进行指导，使自身制度程序更加完善，通过相互搭台、相互唱戏，进而协同开创常态化、多层次、各方面有序参与的基层协商民主实践新局面。其次，在把握尺度上，要求厘清衔接边界。重点把握好三个方面：协商议题的选择不能盲目追求“高大上”，应立足群众需要解决的小事、难事、急事，体现及时性、群众性和实效性；协商主体的确定要适当、适中，特别要突出群众代表；协商活动的组织实施要彰显基层协商的样式，解决好“六共”衔接后结合体的归属、推广、维护等问题。最后，在把握差别上，要求侧重点有所不同。以推进基层协商与政协协商有效衔接为例。乡镇（街道）协商和行政村（社区）协商两个层次的基层协商，与政协协商有效衔接的参与方式必然有所差别。在乡镇（街道）协商层次，政协协商参与程度较深，委员履职小组按照政协协商的要求，充分体现政协元素，不仅操作较为规范，而且参与协商的人员也以政协委员为主。但在行政村（社区）协商层次，则坚持基层协商性质，主要是鼓励政协委员个人参与，通过委员参与，提升基层协商品质，并协商解决实际问题。[①] 特别要强调的是，政协协商不应是基层协商的替代者。近年来，各级政协主动聚焦服务基层治理和群众急难愁盼问题，向基

---

① 谈火生：《推进政协协商与基层协商有效衔接》，《人民政协报》2022 年 11 月 9 日。

层延伸开展的协商活动已越来越多，但不应与基层协商画等号。

延展

政协协商与基层协商的共用平台

政协协商和基层协商都是社会主义协商民主体系的重要组成部分。人民政协在推进“协商在基层”工作中，都致力于积极探索在乡镇（街道）、行政村（社区）和企事业单位搭建常态化的专门协商平台，建立政协协商与基层协商有效衔接的新阵地。其主要有三个类型，都是广泛凝聚共识、服务基层社会治理的重要载体平台。

第一，镇级协商议事平台。一般在乡镇（街道）设立委员工作室，组建协商议事会，设立协商议事室，作为乡镇（街道）协商工作平台。委员工作室、协商议事会在县级政协指导下和乡镇（街道）党（工）委领导下开展工作。

第二，行政村（社区）协商平台。在县级政协的指导下，成立行政村（社区）协商议事会，作为行政村（社区）协商工作平台。协商议事会在行政村（社区）党组织领导下，具体负责行政村（社区）协商议事工作。通常由行政村（社区）党组织书记担任协商议事会议第一召集人，联系行政村（社区）的政协委员担任第二召集人；村务监督委员会成员、党员代表、群众代表（业主委员会）、乡贤代表、外来务工人员代表、企事业单位代表等为成员。

第三，企事业单位协商议事平台。在县级政协指导下，成立企事业单位协商议事会，作为企事业单位协商工作平台。通常由企事业单位党组织负责人担任协商议事会议第一召集人，该行业的界别委员或本单位的政协委员担任第二召集人；职工代表、党员代表、工会代表、管理方代表等为成员。在党组织领导下开展工作，具体负责企事业单位协商民主议事工作。

三　结合实际与借鉴创新的关系

践行协商于民、协商为民要求没有终点，只有连续不断的新起点。把握好结合实际与借鉴创新的关系，实质就是坚持因地制宜。在社会治理与民主政治建设的进程中，践行“协商于民、协商为民”的要求并非一个阶段性的任务，而是一个动态发展、持续推进的过程。这需要把握好结合实际与借鉴创新的关系，从本质上来说，就是要坚持因地制宜这一重要原则。在协商民主实践过程中，实际情况具有多样性与复杂性，不同地区在经济发展水平、社会结构、文化传统以及民众需求等方面均存在显著差异。这就要求我们在开展协商民主工作时，不能一概而论、照搬照抄固定模式，必须紧密结合本地实际情况，精准识别本地的特点与问题，在此基础上制定切实可行的协商策略与方法。同时，借鉴创新也不可或缺，我们应积极学习国内外先进的协商民主经验，对其进行深入剖析与研究，结合本地实际情况进行本土化改造与创新应用，从而探索出更符合本地实际、更具实效性的协商民主实践模式。只有正确处理好结合实际与借鉴创新的关系，才能真正推动协商于民、协商为民，不断提升协商民主的质量与水平，为社会的和谐稳定发展奠定坚实基础。

（一）结合实际问题

基层协商的稳步有序发展，主要依赖其主体、程序等各要素的优化组合和有机衔接。各地推进基层协商，并没有一个固定、绝对模式，必须结合自身的实际情况和社会环境，坚持一切从实际出发。在把加强基层协商摆在重要位置之时，就要充分考量观念可变、财力可能、人力可用等客观因素量力而行，不能脱离发展差异和发展基础的这个最大实际。比如，加强对基层协商工作的支持和保障上，离不开县级和乡镇（街道）为开展协商活动提供必要条件和资金，在“乡镇（街道）—行政村（社区）—自然村（小区、居民小组）”三级协商场所（居民议事厅）的硬件设施建设方面，就需要因地制宜、盘活资源、均衡布局，条件好的地方可以统一设置建设标准，规范化建设议事场所。特别是国家级、省级乡村振兴重点帮扶县的乡镇（街道）、行政村（社区），要按照因地制宜、便民利民的原则，把握好协商场地建设的“度”，不能“一刀切”，切忌热衷于搞“形象工程”或者盲目对标。较为普遍的做法是，结合党组织设置、村组划分和群众意愿等实际，依托基层党群服务中心（便民服务中心）、新时代文明实践中心（所、站）等现有阵地资源，在群众易聚集地建立议事厅、协商广场、议事长廊等“嵌入式”议事协商场所，完善乡镇（街道）、行政村（社区）两级议事协商活动阵地；还可以共用政协、人大在基层设立的协商驿站、民生议事堂、协商议事室、委员工作站、社情民意联系点和人大代表之家（协商议事室）、民众联络所、人大代表联系点等平台。

案例

湖北荆州市沙市区中山街道：搭建完善社区三级协商议事平台①

近年来，中山街道聚焦为居民提供多样化的“有事好商量”协商议事平台，在打造富有社区特色的协商议事场所时，充分考虑社区居民的需求和利益，让议事协商既能够凝聚居民共识，又能够促进社区发展。为此，中山街道在辖区内8个社区搭建由社区“说事厅”、小区“说事吧”、楼栋“说事口”组成的三级议事协商平台，覆盖率达到100%。同步配齐居民议事平台内部设施：在“议事厅”，完成居民议事协商logo牌、制度牌和组织构架图上墙；在“议事吧”，上墙议事协商规则牌、流程牌、标识牌和“两栏”（进度栏、公示栏）；在“议事口”，上墙标识牌和议事队伍成员结构图，定期发放收集“三卡”（议题征集卡、议题登记卡和议题办理结果反馈卡）。同时，结合各社区特色优势资源打造出了“树下议事”“亭间议事”“议事广场”“说事长廊”等富有社区特色且便民利事的协商议事场所，畅通群众参与协商议事渠道，有效扩大和提升了协商议事工作服务的覆盖面和有效性。

（二）借鉴创新问题

总的来说，深化协商民主实践要以创新精神和创新意识为引领，

① 本案例来自湖北省荆州市民政局。

以创新思维、创新勇气面对和解决基层协商民主发展过程中出现的各种矛盾和问题，应对实践过程中的各种挑战和阻碍。在基层协商的具体实践中，就是要不断进行理论创新、观念创新、制度创新、形式创新、程序创新和内容创新。只有这样，才能不断拓展基层协商的领域和空间，不断提升基层协商的时代价值和现实意义，更好地发挥基层协商的功能和作用。开展基层协商实践，制度、模式的建立等都不可能“一劳永逸”，要不断适应新形势新变化，坚持学习先进、开拓视野，创新方法、探索路子，在学习中借鉴、在借鉴中创新，突出本地基层协商实践特色进行创新致用。以问题为导向加大创新力度，借鉴先进地区在建立协商机制、丰富协商形式、搭建协商平台等方面的成功做法和有益经验，把握协商关键环节，找准并破解制基层协商深入开展的难题，有针对性地推出若干行之有效的硬举措。重点是着眼解决新问题，以科学的部署和求真务实的实践态度，围绕提高协商议题与群众急难愁盼的契合度，突出制度创新，推进协商程序标准化、设计协商方案、创新议事协商工作模式、构建多级协商平台、宣讲协商政策、开展城乡社区协商示范点建设等多方面创新，最大限度整合主要利益主体的不同意见，形成有利于协商成果落实的环境和氛围。特别是协商方案上，各地应根据本地区实际确定的协商内容，结合农村地区、民族地区的实际和特点，优化协商方案，明确协商议事规则，提高协商的针对性、有效性和可操作性、规范性。江苏省扬州市邗江区政协在开展协商实践中，专门制定相关制度，为企事业单位依法、规范、有序进行协商提供了有力指导，这一创新经验就值得在企事业单位协商运行中借鉴。

案例

宁夏银川市创新开展“城乡社区（村）民主协商月”活动[①]

为深化基层协商和群众自治，自 2019 年起，银川市创新开展

---

① 参见银川市民政局《关于开展城乡“社区（村）协商月”活动工作的通知》（银民发〔2019〕143 号）。

"城乡社区（村）民主协商月"活动，让协商议事成为村（居）治理的"新常态"。活动集中利用1个月的时间，在全市社区（村）范围统一开展，通过网格走访收集民意，按照"民事民提、民事民议、民事民决、民事民评"的要求，聚焦村（居）微治理、"一老一小"服务、群众烦心事操心事、"社区安全大家议"等主题，由各社区（村）结合实际自选题目、自定形式，按照收集议题、确定议题、公示告知、开展协商、决策实施的步骤开展，在村（居）协商议事平台互融、多元协商群体共治、线上线下同频共振、协商议事典型经验共享、协商议事特色品牌共创等环节全面发力，旨在通过"众事、众议、众商"推动"共建、共治、共享"。

四　传统协商与数字赋能的关系

就协商形式而言，传统协商与数字赋能都强调两者互补，或者在不同情境下发挥各自独特价值和作用。应该清晰地看到，在互联网时代，"互联网+基层协商"可以为更多群众提供协商空间，开辟便捷而高效的参与途径。充分利用"互联网+"形式，是推动基层协商稳步发展的必然选择。

（一）传统协商问题

1. 存在制约

现实实践中，传统的"面对面"协商形式，有其弊端或者限制性因素。一是工作开展方面。基层协商组织实施工作推进面临一些需要解决的普遍性问题，主要表现为"四难"：议题公开征集难，城乡常年在外务工经商的青壮年人群，因为没有时间、没有渠道而不方便、不愿意反映问题；群众广泛参与难，对于常年在外而又确需参与的群众来讲，出于个人自身利益考虑，往往也无暇顾及回来参与这样那样的协商议事活动；各方资源融合难，"两委员一代表"、专家学者和各类社会组织、经济组织代表等重要资源和专门力量，大多身处不同的岗位、忙于各自的工作事务，很难在规定的时间集中统一到场；成效评议监督难，仅靠公示栏一类传统形式进行公示，由于公示的范围、时间有限，很多身在外乡的群众并不知晓，很难对协商成效进行全过程、即时性的跟踪监督。二是协商效果方面。一些参与代表不敢、不愿表达出自己的真实想法，其作为代表的功能发挥不到位；当组织实施主体就一些议题提出征询时，往往需要多次与利益相关方进行沟通，效率上打了折扣；受时空限制，一些“面对面”协商一定程度上存在“小圈子”讨论、决策的现象，也让参与主体感到参与度不足。传统基层协商形式带来的这些问题，需要借助网络优势来解决，设置更加便捷畅通的协商议事渠道，提升协商议事质效。

2. 发展思路

数字化议事协商作为基层协商的一项创新探索，可以跨越地理空间鸿沟、打破信息不对称障碍、推进规则规范化、构建全周期闭环管理、促进互联互通，实现协商主体、协商信息、协商规则、协商流程、协商机制的聚合，能够提升参与的广泛性、增强协商的互动性。但线上“屏对屏”“线连线”的协商形式，并不能完全替代听证会、民主恳谈会、社区议事会、公共政策听证会以及入户走访、“拉家常”等线下“面对面”的群众传统诉求途径。实践中，应做到“两个立足”，即立足大量村（居）民不常住的实际和立足村（居）民生产工作实际，为群众高效、便捷、精准参与协商提供便利与支持。关键在于做到线上线下相结合、场内场外齐发力，构建协商工作线上线下同步同时、融合互补和参与主体方便及时、广泛参与的新模式，让基层协商更有“智慧”，数字治理更有“温度”。

案例

北京市朝阳区小关街道高原街社区线上协商议事①

朝阳区小关街道高原街社区由 10 个居民小区、14 栋居民楼构

① 本案例来自笔者在基层的调研观察。

成，拥有2133户居民，且央属和市属单位众多，家属院占比较大。社区长期致力于议事协商工作，积累了丰富经验，还运营着已畅通运行多年的社区公众号平台（微信小程序），并借此展开了“云议事”探索。起初，线上议事面临居民发言不负责任的问题，社区便推行实名制。借助电子出入证办理契机，使实名关注平台人数达4000余人，覆盖全部居民户，成功解决居民实名制加入难题。

在议事推进过程中，社区以发放信息、征集需求和议题为起点，充分结合线上线下议事。例如文明公约修订，先让居民线上发表意见，再组织线下居民代表讨论，既扩大信息传播范围，又让更多居民有机会发声。为提高议事效率，社区采用精准议事、专题议事方式，依据小区、人群、项目等分类别议事。像改造小区花坛时，定向向对应小区发布通知，居民在平台上积极出谋划策并认领相关内容。线上议事还解决了诸多关键问题，如设置一天意见收集时间，避免发言混乱；根据事情大小、特殊时期等灵活选择线上线下议事方式；同时强调需在线下议事成熟、居民与居委会信任度良好时开展线上议事。通过这些举措，线上议事与线下议事优势互补，有力推动了社区治理。

（二）数字赋能问题

随着互联网等数字技术的飞速发展和城乡居民参政议政意识的不断增强，数字技术与协商民主的关系日益密切。截至2024年6月，我国互联网普及率达78%，网民规模近11亿人[①]，互联网已成为群众意见表达的最大平台和反映热点难点问题的集散地。基层协商实践应当紧抓时代机遇，充分发挥发挥网络平台优势汇聚社情民意，利用数字赋能开拓创新，大力提高线上协商的广度、深度和效度，助力基层协商更高效地运行，让基层协商的参与面更大、互动

① 参见中国互联网络信息中心（CNNIC）在2024中国国际大数据产业博览会“智能经济创新发展”交流活动上发布的第54次《中国互联网络发展状况统计报告》。

性更强、讨论更加深刻。

1. 价值

线上协商形式的应用，能够解决人员难集中、协商不充分、效果不理想等突出问题。除整合参与资源、提升协商效率、降低协商成本等利好外，更深层次的价值功能在于：打破了传统协商过程中地理位置限制、突发事件处置等带来的沟通壁垒，让相关利益主体能更便捷地参与到协商中，不仅可以减少群众诉求表达的随意性，为不同阶层、不同身份的人参与协商议事提供便捷通道，而且使参与者不受地位与权力的约束和限制，能够平等参与其中，充分表达自己的意见。同时，依托网络的时效性、开放性、交互性和广泛性的特点，可通过网站、微信客户端等多种渠道，展示基层协商成果，收集社会各界意见建议，实现群众与基层协商民主的双向互动。

2. 重点

在深化智慧城市发展的背景下，建立完善网络议题收集、协商互动、结果反馈和问题解决等一系列机制，深入推进智能化应用，就是要实现基层协商民情民意的网络吸纳、反映、处理和化解，以数字赋能打造“不落幕的协商平台”。目前，“互联网+基层协商民主”主要有四个运用类型：“一是以微博和论坛为依托的公开式讨论，二是基于微信群、公众号和直播平台的半公开式讨论，三是网络社群和问答平台的专业讨论，四是由社会热点事件而引发的专题性讨论。”① 现代信息技术的日新月异，为全国各地开展基层协商提供了更多赋能手段。近年来，全国许多行政村（社区）协商都运用了议事协商应用小程序、协商微信群、“码”上议、协商议事“数字会场”等新型协商手段，能够随时随地收集协商议题，并通过议题网上筛选确定协商主题，及时启动线上议事协商程序，实现议事日程线上浏览、议事直播即时参加、结果公示实时查看，真正做到“让数据多跑路，让群众少跑腿”，让基层群众议事省时、省力、省心。

---

① 刘璐璐、刘佳、付永清：《基于“互联网+”模式关照下的基层协商民主制度创新性研究》，《延边党校学报》2018年第4期。

（三）数字赋能推动传统协商发展

在数字化时代背景下，数据赋能在基层协商共治中发挥核心作用。利用大数据技术，可以实时采集、存储和分析协商过程中的大量数据，为决策提供科学的支撑，提高决策的科学性和精确度。① 通过线上平台、民意调查和村民反馈等渠道，可以建立一套完整的数据采集、存储和共享机制，并通过云计算与大数据技术实现数据的动态管理，同时确保数据的开放性和透明度，提升了基层群众对协商过程的信任。通过数据管理与分析的实施，可以确立全面系统的数据收集机制，通过整合数据源、清洗数据，提高数据的质量和可靠性。数据可视化技术的应用则将复杂数据简化为直观的图表和报告，增强了公众对决策的理解和信任，提升了协商共治的成效和影响力。同时，数据分析可以帮助识别协商中的问题和挑战，通过数据挖掘和人工智能技术深入分析基层群众的参与情况、意见分布和利益诉求，为议题设定和解决方案的制定提供数据支持。数据分析还有助于监测协商效果和进展，通过数据对比评估协商成果，指导基层及时优化协商机制，推动共治机制向更高效方向发展。数据监测和分析的实时性，为追踪协商效果和进展提供了有力支撑，确保了基层治理的连续性和有效性。然而，面对数据采集与整合的复杂性、数据安全与隐私保护问题的严峻性，以及数据分析的准确性与有效性等挑战，需建立统一的数据管理标准，采取先进的数据安全措施，并运用高效的数据分析工具，深入挖掘数据价值，确保数据的质量和安全，为基层协商共治提供坚实的数据支撑，推动基层治理体系和治理能力现代化，实现更加开放、透明和高效的基层治理。②

---

① 李春茹、黄君录：《数字治理赋能乡村共同体建设的实践经验及价值指向——基于苏南L村的考察》，《南京农业大学学报》（社会科学版）2024年第1期。

② 张国磊、龚蕊：《数字技术何以赋能基层协商共治？——基于浙江省小古城村的案例分析》，《北京理工大学学报》（社会科学版）2025年第1期。

附　录

全面发展协商民主的大事记

（一）

实现我们的奋斗目标，需要全国上下共同努力，需要加强中国共产党同各民主党派和无党派人士的团结合作。各民主党派是同中国共产党通力合作的中国特色社会主义参政党，无党派人士是我国政治生活中的一支重要力量。各民主党派和无党派人士一定要把坚持中国特色社会主义政治发展道路作为根本方向，提高参政议政、民主监督的水平，提高政治把握能力、组织领导能力、合作共事能力。工商联要加强思想政治建设和履职能力建设，努力成为政治坚定、特色鲜明、作风优良的人民团体和商会组织。

——2013 年 2 月 6 日在同党外人士共迎新春时的讲话

（二）

协商民主是我国社会主义民主政治的特有形式和独特优势，是党的群众路线在政治领域的重要体现。推进协商民主，有利于完善人民有序政治参与、密切党同人民群众的血肉联系、促进决策科学化民主化。

——2013 年 11 月 9 日关于《中共中央关于全面深化改革若干重大问题的决定》的说明

（三）

回顾人民政协65年的发展历程，我们更加深刻地认识到，人民政协植根于中国历史文化，产生于近代以后中国人民革命的伟大斗争，发展于中国特色社会主义光辉实践，具有鲜明中国特色，是实现国家富强、民族振兴、人民幸福的重要力量。我们有充分的理由相信，人民政协创造了辉煌的历史，也必将创造更加辉煌的未来！

——2014年9月21日在庆祝中国人民政治协商会议成立65周年大会上的讲话

（四）

人民政协是最广泛的爱国统一战线组织。统一战线是中国共产党夺取革命、建设、改革事业胜利的重要法宝，也是实现中华民族伟大复兴的重要法宝。

——2014年9月21日在庆祝中国人民政治协商会议成立65周年大会上的讲话

（五）

实现民主的形式是丰富多样的，不能拘泥于刻板的模式，更不能说只有一种放之四海而皆准的评判标准。人民是否享有民主权利，要看人民是否在选举时有投票的权利，也要看人民在日常政治生活中是否有持续参与的权利；要看人民有没有进行民主选举的权利，也要看人民有没有进行民主决策、民主管理、民主监督的权利。社会主义民主不仅需要完整的制度程序，而且需要完整的参与实践。人民当家作主必须具体地、现实地体现到中国共产党执政和国家治理上来，具体地、现实地体现到中国共产党和国家机关各个方面、各个层级的工作上来，具体地、现实地体现到人民对自身利益的实现和发展上来。

——2014年9月21日在庆祝中国人民政治协商会议成立65周年大会上的讲话

（六）

在中国社会主义制度下，有事好商量，众人的事情由众人商量，找到全社会意愿和要求的最大公约数，是人民民主的真谛。涉及人民利益的事情，要在人民内部商量好怎么办，不商量或者商量不够，要想把事情办成办好是很难的。我们要坚持有事多商量，遇事多商量，做事多商量，商量得越多越深入越好。涉及全国各族人民利益的事情，要在全体人民和全社会中广泛商量；涉及一个地方人民群众利益的事情，要在这个地方的人民群众中广泛商量；涉及一部分群众利益、特定群众利益的事情，要在这部分群众中广泛商量；涉及基层群众利益的事情，要在基层群众中广泛商量。在人民内部各方面广泛商量的过程，就是发扬民主、集思广益的过程，就是统一思想、凝聚共识的过程，就是科学决策、民主决策的过程，就是实现人民当家作主的过程。这样做起来，国家治理和社会治理才能具有深厚基础，也才能凝聚起强大力量。

——2014 年 9 月 21 日在庆祝中国人民政治协商会议成立 65 周年大会上的讲话

（七）

在总结新中国人民民主实践的基础上，我们明确提出，在我们这个人口众多、幅员辽阔的社会主义国家里，关系国计民生的重大问题，在中国共产党领导下进行广泛协商，体现了民主和集中的统一；人民通过选举、投票行使权利和人民内部各方面在重大决策之前进行充分协商，尽可能就共同性问题取得一致意见，是中国社会主义民主的两种重要形式。在中国，这两种民主形式不是相互替代、相互否定的，而是相互补充、相得益彰的，共同构成了中国社会主义民主政治的制度特点和优势。

——2014 年 9 月 21 日在庆祝中国人民政治协商会议成立 65 周年大会上的讲话

（八）

协商民主是中国社会主义民主政治中独特的、独有的、独到的民主形式，它源自中华民族长期形成的天下为公、兼容并蓄、求同存异等优秀政治文化，源自近代以后中国政治发展的现实进程，源自中国共产党领导人民进行革命、建设、改革的长期实践，源自新中国成立后各党派、各团体、各民族、各阶层、各界人士在政治制度上共同实现的伟大创造，源自改革开放以来中国在政治体制上的不断创新，具有深厚的文化基础、理论基础、实践基础、制度基础。

——2014 年 9 月 21 日在庆祝中国人民政治协商会议成立 65 周年大会上的讲话

（九）

全心全意为人民服务，始终代表最广大人民根本利益，是我们能够实行和发展协商民主的重要前提和基础。中国共产党党章规定：中国共产党除了工人阶级和最广大人民群众的利益，没有自己特殊的利益。中国共产党及其领导的国家是代表最广大人民根本利益的，其一切理论和路线方针政策，其一切工作部署和工作安排，都应该来自人民，都应该为人民利益而制定和实施。在这个大政治前提下，我们应该也能够广泛听取人民内部各方面的意见和建议。在中国共产党统一领导下，通过多种形式的协商，广泛听取意见和建议，广泛接受批评和监督，可以广泛达成决策和工作的最大共识，有效克服党派和利益集团为自己的利益相互竞争甚至相互倾轧的弊端；可以广泛畅通各种利益要求和诉求进入决策程序的渠道，有效克服不同政治力量为了维护和争取自己的利益固执己见、排斥异己的弊端；可以广泛形成发现和改正失误和错误的机制，有效克服决策中情况不明、自以为是的弊端；可以广泛形成人民群众参与各层次管理和治理的机制，有效克服人民群众在国家政治生活和社会治理中无法表达、难以参与的弊端；可以广泛凝聚全社会推进改革发展的智慧和力量，有效克服各项政策和工作共识不高、无以落实的弊端。这就是中国社会主义协商民主的独特优势所在。

——2014 年 9 月 21 日在庆祝中国人民政治协商会议成立 65 周年大会上的讲话

（十）

社会主义协商民主在我国有根、有源、有生命力，是中国共产党人和中国人民的伟大创造，是中国社会主义民主政治的特有形式和独特优势，是党的群众路线在政治领域的重要体现。对这个基本定性，我们要深刻理解，进一步凝聚共识，更好推进这项制度建设。我们坚持有事多商量，遇事多商量，做事多商量，商量得越多越深入越好，就是要通过商量出办法、出共识、出感情、出团结。

——2014 年 10 月 27 日在中央全面深化改革领导小组第六次会议上的讲话

（十一）

我们有符合国情的一套理论、一套制度，同时我们也抱着开放的态度，无论是传统的还是外来的，都要取其精华、去其糟粕，但基本的东西必须是我们自己的，我们只能走自己的道路。我们是中国共产党执政，各民主党派参政，没有反对党，不是三权鼎立、多党轮流坐庄，我国法治体系要跟这个制度相配套。

——2015 年 2 月 2 日在省部级主要领导干部学习贯彻党的十八届四中全会精神全面推进依法治国专题研讨班上的讲话

（十二）

要发挥社会各方面作用，激发全社会活力，群众的事同群众多商量，大家的事人人参与。

——2017 年 3 月 5 日在参加十二届全国人大五次会议上海代表团审议时的讲话

（十三）

发挥社会主义协商民主重要作用。有事好商量，众人的事情由众人商量，是人民民主的真谛。协商民主是实现党的领导的重要方式，是我国社会主义民主政治的特有形式和独特优势。要推动协商民主广泛、多层、制度化发展，统筹推进政党协商、人大协商、政府协商、政协协商、人民团体协商、基层协商以及社会组织协商。加强协商民主制度建设，形成完整的制度程序和参与实践，保证人民在日常政治生活中有广泛持续深入参与的权利。

——2017 年 10 月 18 日在中国共产党第十九次全国代表大会上的报告

（十四）

中国共产党领导的多党合作和政治协商制度作为我国一项基本政治制度，是中国共产党、中国人民和各民主党派、无党派人士的伟大政治创造，是从中国土壤中生长出来的新型政党制度。说它是新型政党制度，新就新在它是马克思主义政党理论同中国实际相结合的产物，能够真实、广泛、持久代表和实现最广大人民根本利益、全国各族各界根本利益，有效避免了旧式政党制度代表少数人、少数利益集团的弊端；新就新在它把各个政党和无党派人士紧密团结起来、为着共同目标而奋斗，有效避免了一党缺乏监督或者多党轮流坐庄、恶性竞争的弊端；新就新在它通过制度化、程序化、规范化的安排集中各种意见和建议、推动决策科学化民主化，有效避免了旧式政党制度囿于党派利益、阶级利益、区域和集团利益决策施政导致社会撕裂的弊端。它不仅符合当代中国实际，而且符合中华民族一贯倡导的天下为公、兼容并蓄、求同存异等优秀传统文化，是对人类政治文明的重大贡献。

——2018 年 3 月 4 日在看望参加全国政协十三届一次会议的民盟、致公党、无党派人士、侨联界委员并参加联组会时的讲话

（十五）

人民政协是中国共产党把马克思列宁主义统一战线理论、政党理论、民主政治理论同中国实际相结合的伟大成果，是中国共产党领导各民主党派、无党派人士、人民团体和各族各界人士在政治制度上进行的伟大创造。70 年来，在中国共产党领导下，人民政协坚持团结和民主两大主题，服务党和国家中心任务，在建立新中国和社会主义革命、建设、改革各个历史时期发挥了十分重要的作用。

——2019 年 9 月 20 日在中央政协工作会议暨庆祝中国人民政治协商会议成立 70 周年大会上的讲话

（十六）

党的十八大以来，我们总结经验，对人民政协工作提出了一系列新要求，主要有以下几个方面。

一是加强党对人民政协工作的领导。中国共产党的领导是包括各民主党派、各团体、各民族、各阶层、各界人士在内的全体中国人民的共同选择，是成立政协时的初心所在，是人民政协事业发展进步的根本保证。要把坚持党的领导贯穿到政协全部工作之中，切实落实党中央对人民政协工作的各项要求。

二是准确把握人民政协性质定位。人民政协作为统一战线的组织、多党合作和政治协商的机构、人民民主的重要实现形式，是社会主义协商民主的重要渠道和专门协商机构，是国家治理体系的重要组成部分，是具有中国特色的制度安排。人民政协要坚持性质定位，坚定不移走中国特色社会主义政治发展道路。

三是发挥好人民政协专门协商机构作用。协商民主是实现党的领导的重要方式，是我国社会主义民主政治的特有形式和独特优势。要发挥好人民政协专门协商机构作用，把协商民主贯穿履行职能全过程，坚持发扬民主和增进团结相互贯通、建言资政和凝聚共识双向发力，积极围绕贯彻落实党和国家重要决策部署情况开展民主监督。

四是坚持和完善我国新型政党制度。中国共产党领导的多党合作和政治协商制度是我国的一项基本政治制度，是从中国土壤中生长出来的新型政党制度，人民政协要为民主党派和无党派人士在政协更好发挥作用创造条件。

五是广泛凝聚人心和力量。人民政协要发挥统一战线组织功能，坚持大团结大联合，坚持一致性和多样性统一，不断巩固共同思想政治基础，加强思想政治引领，广泛凝聚共识，努力寻求最大公约数、画出最大同心圆，汇聚起实现民族复兴的磅礴力量。

六是聚焦党和国家中心任务履职尽责。人民政协要以实现第一个百年奋斗目标、向第二个百年奋斗目标迈进为履职方向，以促进解决好发展不平衡不充分的问题为工作重点，紧紧围绕大局，瞄准抓重点、补短板、强弱项的重要问题，深入协商集中议政，强化监督助推落实。

七是坚持人民政协为人民。人民政协要把不断满足人民对美好生活的需要、促进民生改善作为重要着力点，倾听群众呼声，反映群众愿望，抓住民生领域实际问题做好工作，协助党和政府增进人民福祉。

八是以改革创新精神推进履职能力建设。人民政协要坚持改革创新，着力增强政治把握能力、调查研究能力、联系群众能力、合作共事能力。要加强委员队伍建设，教育引导委员懂政协、会协商、善议政，守纪律、讲规矩、重品行。

——2019 年 9 月 20 日在中央政协工作会议暨庆祝中国人民政治协商会议成立 70 周年大会上的讲话

（十七）

70年的实践证明，人民政协制度具有多方面的独特优势。马克思、恩格斯说过："民主是什么呢？它必须具备一定的意义，否则它就不能存在。因此全部问题就在于确定民主的真正意义。"实现民主政治的形式是丰富多彩的，不能拘泥于刻板的模式。实践充分证明，中国式民主在中国行得通、很管用。新形势下，我们必须把人民政协制度坚持好、把人民政协事业发展好，增强开展统一战线工作的责任担当，把更多的人团结在党的周围。

——2019年9月20日在中央政协工作会议暨庆祝中国人民政治协商会议成立70周年大会上的讲话

（十八）

在新时代，加强和改进人民政协工作的总体要求是：以新时代中国特色社会主义思想为指导，增强"四个意识"、坚定"四个自信"、做到"两个维护"，把坚持和发展中国特色社会主义作为巩固共同思想政治基础的主轴，把服务实现"两个一百年"奋斗目标作为工作主线，把加强思想政治引领、广泛凝聚共识作为中心环节，坚持团结和民主两大主题，提高政治协商、民主监督、参政议政水平，更好凝聚共识，担负起把党中央决策部署和对人民政协工作要求落实下去、把海内外中华儿女智慧和力量凝聚起来的政治责任，为决胜全面建成小康社会、进而全面建设社会主义现代化强国作出贡献。

——2019年9月20日在中央政协工作会议暨庆祝中国人民政治协商会议成立70周年大会上的讲话

（十九）

我说过，在中国社会主义制度下，有事好商量、众人的事情由众人商量，找到全社会意愿和要求的最大公约数，是人民民主的真谛。协商民主是党领导人民有效治理国家、保证人民当家作主的重要制度设计，同选举民主相互补充、相得益彰。人民政协在协商中促进广泛团结、推进多党合作、实践人民民主，既秉承历史传统，又反映时代特征，充分体现了我国社会主义民主有事多商量、遇事多商量、做事多商量的特点和优势。

——2019 年 9 月 20 日在中央政协工作会议暨庆祝中国人民政治协商会议成立 70 周年大会上的讲话

（二十）

党的十八大以来，我们深化对民主政治发展规律的认识，提出全过程人民民主的重大理念。我国全过程人民民主不仅有完整的制度程序，而且有完整的参与实践。我国实行工人阶级领导的、以工农联盟为基础的人民民主专政的国体，实行人民代表大会制度的政体，实行中国共产党领导的多党合作和政治协商制度、民族区域自治制度、基层群众自治制度等基本政治制度，巩固和发展最广泛的爱国统一战线，形成了全面、广泛、有机衔接的人民当家作主制度体系，构建了多样、畅通、有序的民主渠道。全体人民依法实行民主选举、民主协商、民主决策、民主管理、民主监督，依法通过各种途径和形式管理国家事务，管理经济和文化事业，管理社会事务。我国全过程人民民主实现了过程民主和成果民主、程序民主和实质民主、直接民主和间接民主、人民民主和国家意志相统一，是全链条、全方位、全覆盖的民主，是最广泛、最真实、最管用的社会主义民主。我们要继续推进全过程人民民主建设，把人民当家作主具体地、现实地体现到党治国理政的政策措施上来，具体地、现实地体现到党和国家机关各个方面各个层级工作上来，具体地、现实地体现到实现人民对美好生活向往的工作上来。

——2021 年 10 月 13 日在中央人大工作会议上的讲话

（二十一）

全面发展协商民主。协商民主是实践全过程人民民主的重要形式。完善协商民主体系，统筹推进政党协商、人大协商、政府协商、政协协商、人民团体协商、基层协商以及社会组织协商，健全各种制度化协商平台，推进协商民主广泛多层制度化发展。坚持和完善中国共产党领导的多党合作和政治协商制度，坚持党的领导、统一战线、协商民主有机结合，坚持发扬民主和增进团结相互贯通、建言资政和凝聚共识双向发力，发挥人民政协作为专门协商机构作用，加强制度化、规范化、程序化等功能建设，提高深度协商互动、意见充分表达、广泛凝聚共识水平，完善人民政协民主监督和委员联系界别群众制度机制。

——2022 年 10 月 16 日在中国共产党第二十次全国代表大会上的报告

（二十二）

“第二个结合”让我们掌握了思想和文化主动，并有力地作用于道路、理论和制度。从这个角度看，我们党开创的人民代表大会制度、政治协商制度，与中华文明的民本思想，天下共治理念，“共和”、“商量”的施政传统，“兼容并包、求同存异”的政治智慧都有深刻关联。我们没有搞联邦制、邦联制，确立了单一制国家形式，实行民族区域自治制度，就是顺应向内凝聚、多元一体的中华民族发展大趋势，承继九州共贯、六合同风、四海一家的中国文化大一统传统。更重要的是，“第二个结合”是又一次的思想解放，让我们能够在更广阔的文化空间中，充分运用中华优秀传统文化的宝贵资源，探索面向未来的理论和制度创新。

——2023 年 6 月 2 日在文化传承发展座谈会上的讲话

（二十三）

在民主和法治领域改革方面，对健全全过程人民民主制度体系、完善中国特色社会主义法治体系分别作出部署。提出加强人民当家作主制度建设；健全协商民主机制；健全基层民主制度；完善大统战工作格局。

——2024 年 7 月 18 日关于《中共中央关于进一步全面深化改革、推进中国式现代化的决定》的说明

（二十四）

协商民主是全过程人民民主的重要组成部分，是我国社会主义民主政治的特有形式和独特优势，是党的群众路线在政治领域的重要体现。新时代新征程，要按照中共二十大和二十届三中全会部署，不断推动协商民主广泛多层制度化发展。

一是始终坚持正确政治方向。协商民主是中国共产党领导人民有效治理国家、保证人民当家作主的重要制度安排。全面发展协商民主，要坚持党的全面领导，坚定不移走中国特色社会主义政治发展道路，全面贯彻发展全过程人民民主的要求。要尊重群众首创精神，紧紧依靠人民推进。要坚持民主基础上的集中和集中指导下的民主相统一，确保协商依法开展、有序进行。

二是统筹完善协商民主体系。我国协商民主包括政党协商、人大协商、政府协商、政协协商、人民团体协商、基层协商以及社会组织协商，是一个有机整体。全面发展协商民主，既要立足不同协商渠道的特点和实际，突出各自工作重点，遵循各自规则，发挥各自独特作用；又要加强各种协商渠道的协同配合，做到目标一致、形成合力，不断提升整体效能。

三是着力健全协商民主机制。制度化、规范化、程序化是协商民主发展的必然要求。全面发展协商民主，要坚持协商于决策之前和决策实施之中，针对不同协商渠道，分类形成制度规范和工作规则，明确协商什么、同谁协商、怎样协商、协商成果如何运用等。要按照科学合理、规范有序、简便易行、民主集中的要求，妥善制定协商计划、明确协商内容、确定协商人员、开展协商活动，完善协商成果采纳、落实、反馈机制。

四是不断拓展协商方式和平台。这是提高协商民主质量的重要

基础。全面发展协商民主，要健全提案、调研、考察、会议、论证、听证、公示、评估、咨询、网络、民意调查、民主监督等方式，结合实际搭建对话交流、恳谈沟通平台。要拓宽社情民意反映渠道，完善公众参与政策评估方式，发挥专家学者、智库机构积极作用，使吸纳民意、汇集民智更加机制化常态化。

五是积极营造良好氛围和条件。全面发展协商民主，需要全党全国上下共同努力、积极探索、丰富实践。要深入宣传我国社会主义民主实质和真谛，大力弘扬中华民族兼容并蓄、求同存异等优良传统，广泛倡导有事多协商、遇事多协商、做事多协商，积极培育协商民主文化。要鼓励讲真话、建诤言、献良策，做到平等协商而不强加于人，有序协商而不各说各话，真诚协商而不偏激偏执，形成既畅所欲言、各抒己见又理性有度、合法依章的良好协商氛围。

——2024 年 9 月 20 日在庆祝中国人民政治协商会议成立 75 周年大会上的讲话

中共中央党校（国家行政学院）
马克思主义理论研究丛书书目

第一批（11册）

探求中国道路密码	张占斌/著
对外开放与中国经济发展	陈江生/著
国家治理现代化的唯物史观基础	牛先锋/著
中国道路的哲学自觉	辛　鸣/著
历史唯物主义的“名”与“实”	王虎学/著
马克思主义中国化的理论逻辑	李海青/著
发展：在人与自然之间	邱耕田/著
马克思主义基本原理若干问题研究	王中汝/著
马克思人学的存在论阐释	陈曙光/著
新时代中国特色新型城镇化道路	黄　锟/著
比较视野下的中国道路	张　严/著

第二批（12册）

马克思主义经典著作与当代中国	赵　培/著
马克思主义政治经济学与当代中国经济发展	蒋　茜/著
马克思早期思想文本分析	李彬彬/著
出场语境中的马克思话语	李双套/著
当代资本主义新变化	张雪琴/编译
当代马克思主义若干问题研究	崔丽华/著
中国道路与中国话语	唐爱军/著
历史唯物主义的返本开新	王　巍/著
新时代中国乡村振兴问题研究	王海燕/著
被遮蔽的马克思精神哲学	王海滨/著
论现代性与现代化	刘莹珠/著
青年马克思与施泰因	王淑娟/著

第三批（6册）

异化劳动与劳动过程	毕照卿/著
政党治理的逻辑	柳宝军/著
身份政治的历史演进研究	张丽丝/著
西方马克思主义文化批判理论研究	张楠楠/著
马克思利润率趋向下降规律研究	周钊宇/著
马克思恩格斯对黑格尔历史观的批判与超越	朱正平/著

第四批（6册）

构建与超越：中国式现代化道路研究　　王慧娟/著
新时代中国基层协商的理论与实践　　刘文郡/著
马克思所有权理论研究　　梅沙白/著
历史唯物主义视域中的“精神”研究　　王海滨/著
防范金融风险与稳定经济增长　　王学凯/著
阿尔都塞的哲学思想研究　　王文轩/著

图书在版编目（CIP）数据

新时代中国基层协商的理论与实践 / 刘文郡著 . -- 北京：社会科学文献出版社，2025. 8. --（中共中央党校（国家行政学院）马克思主义理论研究丛书）.

ISBN 978-7-5228-5764-0

Ⅰ. D63

中国国家版本馆 CIP 数据核字第 2025MC7931 号

中共中央党校（国家行政学院）马克思主义理论研究丛书

新时代中国基层协商的理论与实践

著　　者 / 刘文郡

出 版 人 / 冀祥德

责任编辑 / 岳梦夏

文稿编辑 / 陈彩伊

责任印制 / 岳　阳

出　　版 / 社会科学文献出版社 · 马克思主义分社（010）59367126

地址：北京市北三环中路甲 29 号院华龙大厦　邮编：100029

网址：www. ssap. com. cn

发　　行 / 社会科学文献出版社（010）59367028

印　　装 / 三河市尚艺印装有限公司

规　　格 / 开　本：787mm × 1092mm　1/16

印　张：19. 5　字　数：265 千字

版　　次 / 2025 年 8 月第 1 版　2025 年 8 月第 1 次印刷

书　　号 / ISBN 978-7-5228-5764-0

定　　价 / 98. 00 元

读者服务电话：4008918866

版权所有 翻印必究